上海图书馆馆藏拂尘·老课本

开明国语课本

（上册）

叶圣陶◎编
丰子恺◎绘

上海科学技术文献出版社

序

旧书新读的意义

赵长天

鸦片战争以后，以科举为中心的封建教育体系随着中国封建社会的解体而发生了根本性的变化。私塾和书院被西式的学校所逐步替代。到了辛亥革命，帝制被废除，旧的教育机构基本上更换成了新式的学校。在体制和教育方法上，当时的学校是基本照搬西方的，但是教学的内容没有寻找到突破口，即教材没有革命。新文化运动以后，白话文兴起，四书五经被雪藏了，于是有了新编教材。上海科学技术文献出版社这次重新影印出版的，就是在中国教育制度发生根本变革以后使用的比较广泛的三套小学国文教材。

各个国家无不重视教育，因为它是社会发展进步的根本。教育又是最难的一件事情，特别在社会大变动的现代。教育要规范，要有公认的评定标准，那就必须保持相对的稳定；教育又要与时俱进，要适应瞬息万变的时代步伐。这两条要求对于教育，都是理所当然的必需，却又相互对立，于是注定了教育的两难。简单地对现行教育表示不满是最容易的，但也最没有意义。在一片对现行教育不满的讨伐声中，出版这套老课本系列，从对历史的回顾中，总结现代教育的经验，倒是对教育的改革和发展有着实际的意义。

张元济、叶圣陶、丰子恺都是一代大家，我们难以想象现在的大作家大画家来屈身编写“先生，早。”“小朋友，早。”但他们大概不觉得大材小用，因为他们知道，这些看来最浅近最简单的文字，是最重要的文章。人的智力的开发、道德情操的培养、人格的确立，最要紧的是在幼儿、小学时期。最不能糊弄的是孩子。把真善美、把爱、把正直传达给孩子，是为人的一生打基础，也是为一个健康的社会打基础。

真理其实并不复杂。就像自然科学中的公理一样，真理都能用最简单的语言表达。能把做人最要紧的道理用最浅显明白和生动有趣的文字表达出来，才是大家。所以，这套老课本系列的重印，对于现在的教育工作者很有借鉴和启迪的作用，也可以作为儿童的课外读物。特别是叶、丰合作的开明课本，我相信孩子们会喜欢；即使成年人读读看看，也不是浪费时间，有时候，最简单的道理是最容易忘记的。

作者系上海作家协会副主席
《萌芽》主编、新概念作文大赛策划人

序

表现和培育儿童的探索精神

徐根荣

深秋的阳光下，我的书桌上放着一叠很特别的书稿清样。说它特别，因为这不是一般意义上的儿童读物，而是被历史掩埋了近百年的一套低年级语文课本——《商务国语教科书》、《世界书局国语读本》、《开明国语课本》。在人类大步跨入21世纪的今天，上海科学技术文献出版社重新选编出版这套尘封百年的老课本，它们能遇到读者吗？

带着疑问，怀着好奇，我顺手打开了这本散发着油墨芳香的清样。随手翻到的一篇是《太阳》，跳入我眼帘的是几个十分生动的短句：

太阳，太阳，
你起来得早。
昨天晚上，
你在什么地方睡觉？

以太阳为题材的课文，在语文课本中出现的频率是相当高的，但这一篇却与众不同。它写的是儿童的视角，表现的是儿童的心理，用的语言是儿童的口吻。读着那几句天真的话语，我仿佛真切地看到一个可爱的小朋友在和太阳公公对话，而对话的内容是他心里一直存在的疑问："你起得这么早，昨天晚上在什么地方睡觉呀？"这样的问题，很可能是许许多多小朋友心里都曾经有过的，而课文正是借这个小朋友之口写出了儿童最可宝贵的好奇心和求知欲。所以不知哪个教育家说过，原话记不清了，大意是儿童的心里有问不完的问题，他们是天生的探索家。我想，表现并培育儿童的这种探究精神，正是语文教材编写者义不容辞的责任 。

就这样，这套百年老课本一下子吸引了我的注意。我一篇一篇地翻阅下去，精彩的篇目令我目不暇接。有些课文我品味再三，不愿意翻过，真有点爱不释手。如《小猫姓什么》，取材于儿童间的生活小事，写的全部是两个小孩的对话。一个问得天真，一个答得有趣，让我们看的人不禁哑然失笑。又如《绿衣邮差上门来》，巧妙地给“信”编了一则别有情趣的谜语。特别是“薄薄几张纸，纸上许多黑蚂蚁。蚂蚁不做声，事事说得清了。”这几句，给信以生命，给信以情感，给信以色彩，真的是把“信”写活了！对这样妙趣横生的课文，哪一个小朋友会不爱读呢？有哪一个聪明的孩子会猜不出这个谜呢！有几篇课文既是琅琅上口的儿歌，又是孩子们百玩不厌的游戏。学生上课的时候可以边学边唱，边唱边玩；可以一个人玩，也可以几个小朋友一起玩。这是情境化、游戏化的课文。

如《摇摇船》、《火车往北开》、《飞机快》等。而知名度最高的大概要数《一箩麦》，那真是家喻户晓、妇孺皆知的。因为直到现在，我还常常听到爷爷奶奶在教自己的小孙子一边唱，一边做拍大麦的游戏：“一箩麦，两箩麦，三箩麦，大家来拍麦。劈劈拍！ 劈劈拍！小麦新，做面粉。大麦黄，做麦糖。劈劈拍！ 劈劈拍！……”在课本中，还有一些寓言、笑话、自然故事、生活趣闻、历史传说和儿童歌谣，好多课文都是适合儿童学习心理、符合儿童阅读口味的妙文佳作。限于篇幅，我不能再一一介绍。

当然，老课本文白交加的语言和一些久远的生活内容，可能会让今天的学生感到陌生，但它丰富的取材、有趣的内容、活泼的文体、规范的语言、精美的插图和新颖的编排，一定能引起人们的阅读兴趣。

写到这里，作为现行小学语文教材的编写者,我不禁对《开明国语课本》的编写者肃然起敬。开明课本均出自叶圣陶先生的手笔，有的是创作，有的是再创作。课本的文字采用学生喜欢的手写体，全部由丰子恺先生亲笔书写。丰先生还给每一篇课文精心绘制了插图，插图不仅仅是文字的说明，而且起到了启发思考和想象的作用，图画与文字融为一体，相得益彰，使教材锦上添花。一位是大作家，一位是大画家，他们能为小学教材倾注这么大的精力，这在中外教材编写史上不说绝无仅有，也恐怕是很少见的。

历史在新旧交替中向前发展，文化在传承中不断更新。相信昔日的老课本会给我们的教育工作者以有益的启示，祝愿“上海图书馆馆藏拂尘·老课本”在今天的孩子中找到自己的知音。

作者系《上海市小学语文教材》主编

目录

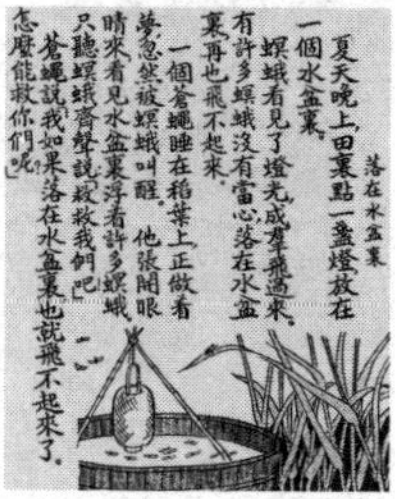

落在水盆裏

夏天晚上，田裏點一盞燈，放在一個水盆裏。

螟蛾看見了燈光，成羣飛過來。有許多螟蛾沒有當心，落在水盆裏，再也飛不起來。

一個蒼蠅睡在稻葉上正做着夢，忽然被螟蛾叫醒。他張開眼睛來，看見水盆裏浮着許多螟蛾，只聽螟蛾齊聲說「救救我們吧」

蒼蠅說「我如果落在水盆裏，也就飛不起來了。怎麼能救你們呢？」

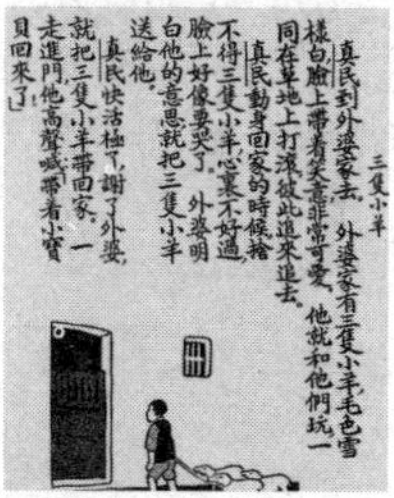

三隻小羊

真民到外婆家去。外婆家有三隻小羊，毛色雪樣白，臉上帶着笑，意思非常可愛。他就和他們玩，一同在草地上打滾，彼此追來追去。

真民動身回家的時候，捨不得三隻小羊，心裏很不好過，臉上好像要哭了。外婆明白他的意思，就把三隻小羊送給他。

真民快活極了，謝了外婆，就把三隻小羊帶回家。一走進門，他高聲喊「帶着小寶貝回來了」

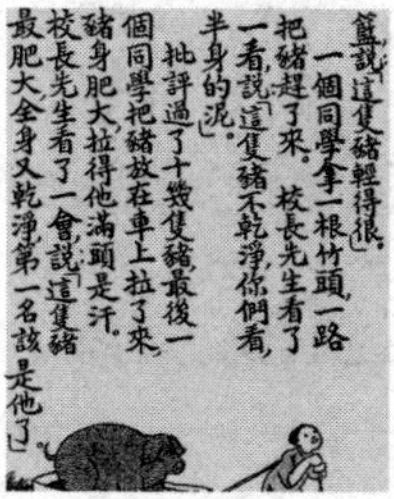

篤說「這隻豬輕得很」。

一個同學拿一根竹頭，一路把豬趕了來。校長先生看了一看，說「這隻豬不乾淨，你們看，半身的泥。」

批評過了十幾隻豬，最後一個同學把豬放在車上拉了來，豬身肥大，拉得他滿頭是汗。校長先生看了一會，說「這隻豬最肥大，全身又乾淨，第一名該是他了」

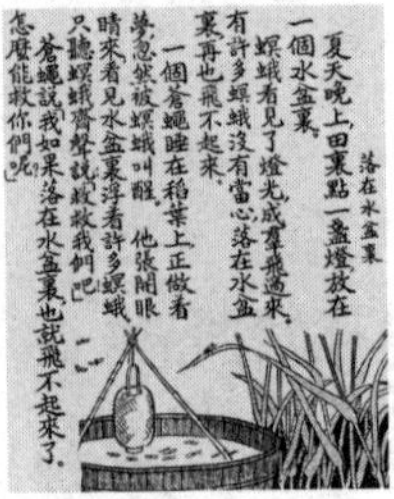
落在水盆裏
夏天晚上，田裏點一盞燈，放在
一個水盆裏。
螟蛾看見了燈光，成羣飛過來。
有許多螟蛾沒有當心，落在水盆
裏，再也飛不起來。
一個蒼蠅睡在稻葉上，正做着
夢，忽然被螟蛾叫醒。他張開眼
睛來，看見水盆裏浮着許多螟蛾，
只聽螟蛾齊聲說，「救救我們吧！」
蒼蠅說，「我如果落在水盆裏，也就飛不起來了。
怎麼能救你們呢？」

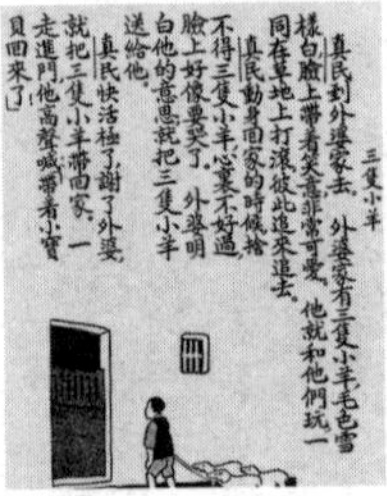
三隻小羊
真民到外婆家去。外婆家有三隻小羊，毛色雪
樣白，臉上帶着笑意，非常可愛。他就和他們玩，一
同在草地上打滾，彼此追來追去。
真民動身回家的時候，捨
不得三隻小羊，心裏不好過，
臉上好像要哭了。外婆明
白他的意思，就把三隻小羊
送給他。
真民快活極了，謝了外婆，
就把三隻小羊帶回家。一
走進門，他高聲喊，「帶着小寶
貝回來了！」

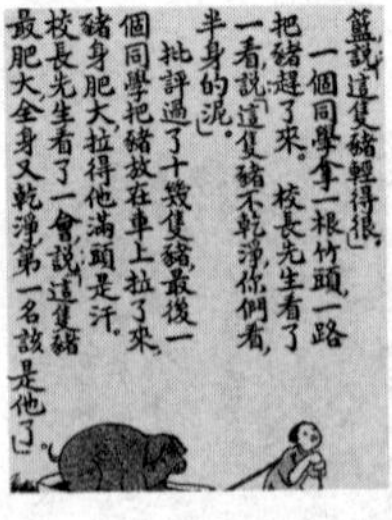
籃，說，「這隻豬輕得很。」
一個同學拿一根竹頭，一路
把豬趕了來。校長先生看了
一看，說，「這隻豬不乾淨，你們看，
半身的泥。」
批評過了十幾隻豬，最後一
個同學把豬放在車上拉了來。
豬身肥大，拉得他滿頭是汗。
校長先生看了一會，說，「這隻豬
最肥大，全身又乾淨，第一名該是他了。」

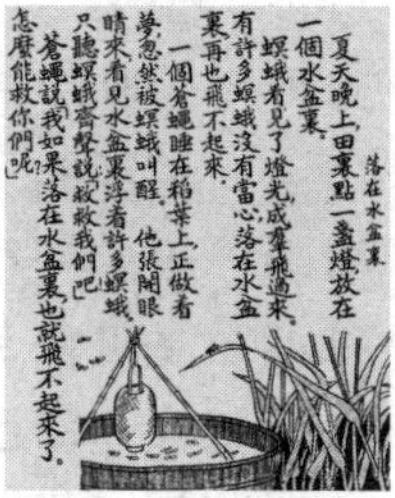
落在水盆裏
夏天晚上，田裏點一盞燈，放在一個水盆裏。
螟蛾看見了燈光，成羣飛過來。有許多螟蛾沒有當心，落在水盆裏，再也飛不起來。
一個蒼蠅睡在稻葉上，正做着夢，忽然被螟蛾叫醒。他張開眼睛來，看見水盆裏浮着許多螟蛾，只聽螟蛾齊聲說「救救我們吧！」
蒼蠅說「我如果落在水盆裏，也就飛不起來了。怎麼能救你們呢？」

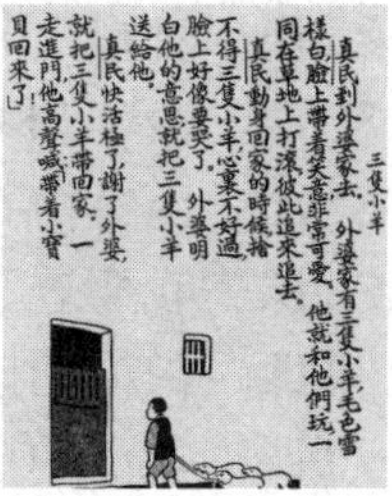
三隻小羊
真民到外婆家去。外婆家有三隻小羊，毛色雪樣白，臉上帶着笑意，非常可愛。他就和他們玩，一同在草地上打滾，彼此追來追去。
真民動身回家的時候，捨不得三隻小羊，心裏不好過，臉上好像要哭了。外婆明白他的意思，就把三隻小羊送給他。
真民快活極了，謝了外婆，就把三隻小羊帶回家。一走進門，他高聲喊「帶着小寶貝回來了！」

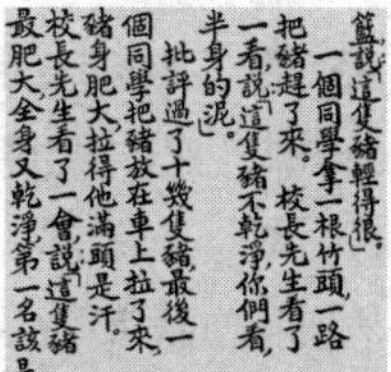
籃說「這隻豬輕得很。」
一個同學拿一根竹頭，一路把豬趕了來。校長先生看了一看，說「這隻豬不乾淨，你們看，半身的泥。」
批評過了十幾隻豬，最後一個同學把豬放在車上拉了來，豬身肥大，拉得他滿頭是汗。校長先生看了一會，說「這隻豬最肥大，全身又乾淨，第一名該是他了。」

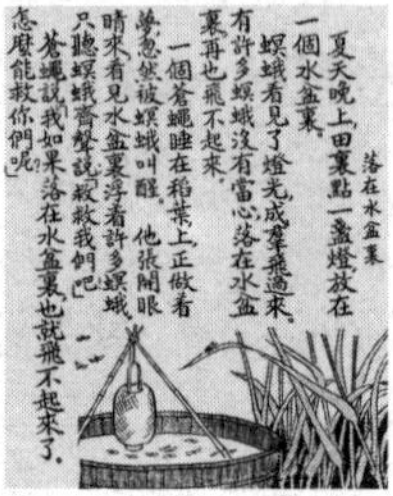
落在水盆裏
夏天晚上，田裏點一盞燈，放在一個水盆裏。
螟蛾看見了燈光，成羣飛過來。有許多螟蛾沒有當心，落在水盆裏，再也飛不起來。
一個蒼蠅睡在稻葉上，正做着夢，忽然被螟蛾叫醒。他張開眼睛來，看見水盆裏浮着許多螟蛾，只聽螟蛾齊聲說「救救我們吧」
蒼蠅說「我如果落在水盆裏，也就飛不起來了。怎麼能救你們呢？」

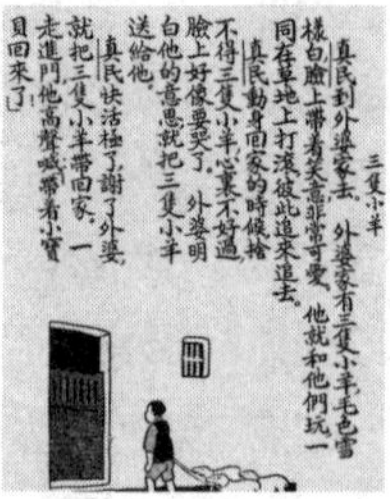
三隻小羊
真民到外婆家去。外婆家有三隻小羊，毛色雪樣白，臉上帶着笑意，非常可愛。他就和他們玩，一同在草地上打滾，彼此追來追去。
真民動身回家的時候，捨不得三隻小羊，心裏不好過，臉上好像要哭了。外婆明白他的意思，就把三隻小羊送給他。
真民快活極了，謝了外婆，就把三隻小羊帶回家。一走進門，他高聲喊「帶着小寶貝回來了！」

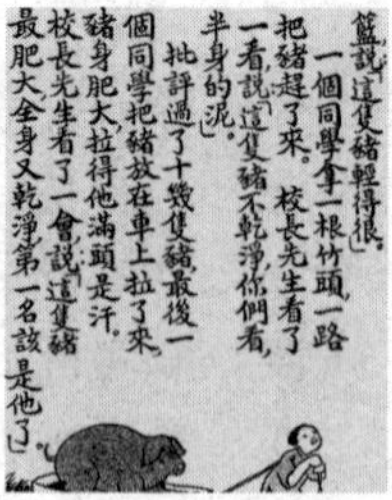
篇說「這隻豬輕得很。」
一個同學拿一根竹頭，一路把豬趕了來。校長先生看了一看，說「這隻豬不乾淨，你們看，半身的泥。」
批評過了十幾隻豬，最後一個同學把豬放在車上拉了來，豬身肥大，拉得他滿頭是汗。校長先生看了一會，說「這隻豬最肥大，全身又乾淨，第一名該是他了。」

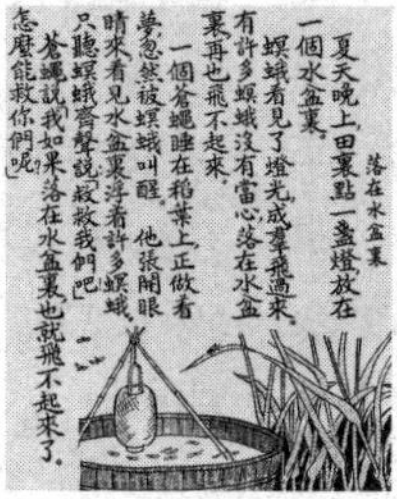
落在水盆裏
夏天晚上，田裏點一盞燈，放在一個水盆裏。
螟蛾看見了燈光，成羣飛過來。有許多螟蛾沒有當心，落在水盆裏，再也飛不起來。
一個蒼蠅睡在稻葉上，正做着夢，忽然被螟蛾叫醒。他張開眼睛來，看見水盆裏浮着許多螟蛾，只聽螟蛾齊聲說：「救救我們吧！」
蒼蠅說：「我如果落在水盆裏，也就飛不起來了，怎麼能救你們呢？」

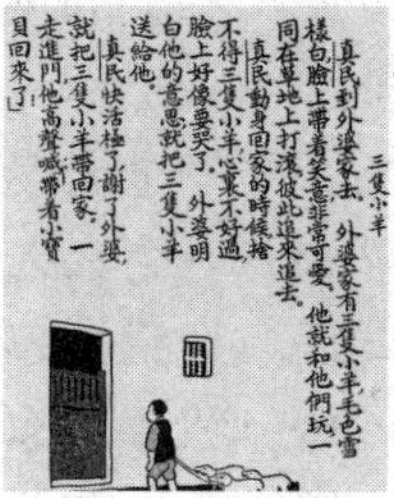
三隻小羊
真民到外婆家去。外婆家有三隻小羊，毛色雪樣白，臉上帶着笑意，非常可愛。他就和他們玩，一同在草地上打滾，彼此追來追去。
真民動身回家的時候，捨不得三隻小羊，心裏不好過，臉上好像要哭了。外婆明白他的意思，就把三隻小羊送給他。
真民快活極了，謝了外婆，就把三隻小羊帶回家。一走進門，他高聲喊：「帶着小寶貝回來了！」

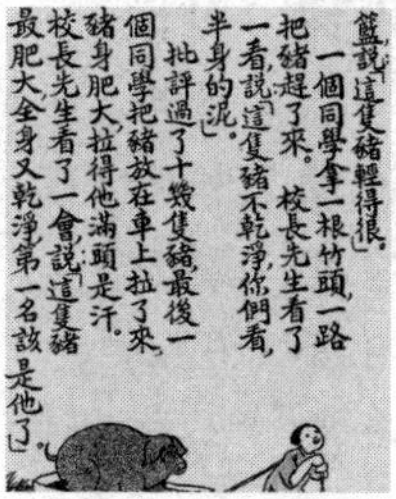
籃，說：「這隻豬輕得很。」
一個同學拿一根竹頭，一路把豬趕了來。校長先生看了一看，說：「這隻豬不乾淨，你們看，半身的泥。」
批評過了十幾隻豬，最後一個同學把豬放在車上拉了來。豬身肥大，拉得他滿頭是汗。校長先生看了一會，說：「這隻豬最肥大，全身又乾淨，第一名該是他了。」

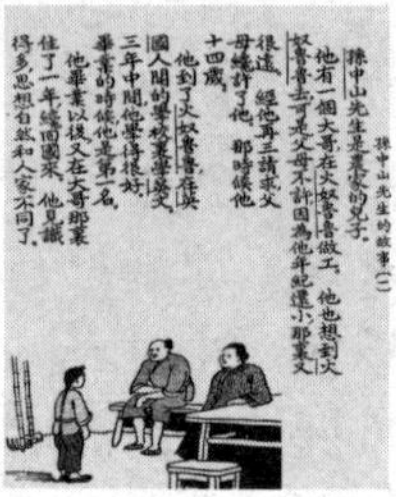

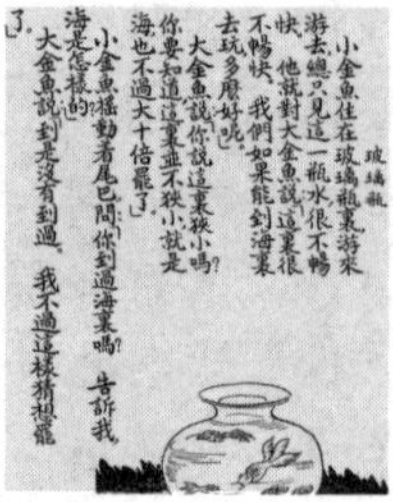

玻璃瓶
小金魚住在玻璃瓶裏游來
游去，總只見這一瓶水，很不暢
快。他就對大金魚說，「這裏很
不暢快。我們如果能到海裏
去玩，多麼好呢。」
大金魚說，「你說這裏狹小嗎？
你要知道這裏並不狹小，就是
海也不過大十倍罷了。」
小金魚搖動着尾巴問，「你到過海裏嗎？告訴我
海是怎樣的？」
大金魚說，「到是沒有到過。我不過這樣猜想罷
了。」

採棉
棉花田裏採棉回，
棉絮像雪積成堆。
彈棉絮，ㄆㄤㄆㄤㄆㄤ。
搓棉條，細又長。
白天紡棉紡不完，
晚上點燈再來紡。
開布機，
織棉布。
棉絮棉布都有了，全家縫身棉衣褲。

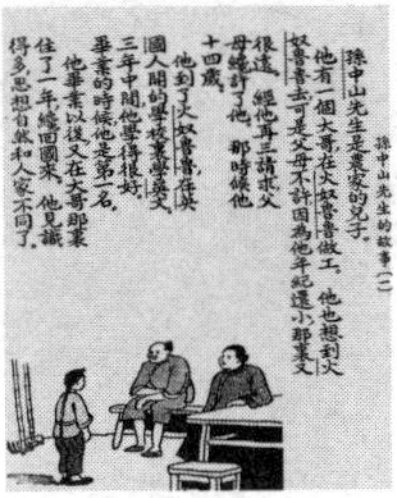

孫中山先生的故事(二)
孫中山先生是農家的兒子。
他有一個大哥在火奴魯魯做工。他也想到火奴魯魯去，可是父母不許，因為他年紀還小，那裏又很遠。經他再三請求，父母纔許了他。那時候他十四歲。
他到了火奴魯魯，在英國人開的學校裏學英文。三年中間，他學得很好。畢業的時候他是第一名。
他畢業以後，又在大哥那裏住了一年，纔回國來。他見識得多，思想自然和人家不同了。

採棉
棉花田裏採棉回，
棉絮像雪積成堆。
彈棉絮，ㄊㄤㄊㄤㄊㄤㄊㄤ。
搓棉條，細又長。
白天紡棉紡不完，
晚上點燈再來紡。
開布機，
織棉布。
棉絮棉布都有了，全家縫身棉衣褲。

採棉
棉花田裏採棉回，
棉絮像雪積成堆。
彈棉絮，ㄊㄤㄊㄤㄊㄤㄊㄤ。
搓棉條，細又長。
白天紡棉紡不完，
晚上點燈再來紡。
開布機，
織棉布。
棉絮棉布都有了，全家縫身棉衣褲。

第1课 早上起来

第2课 上学去

第3课 先生早

“先生，早。”“小朋友，早。”

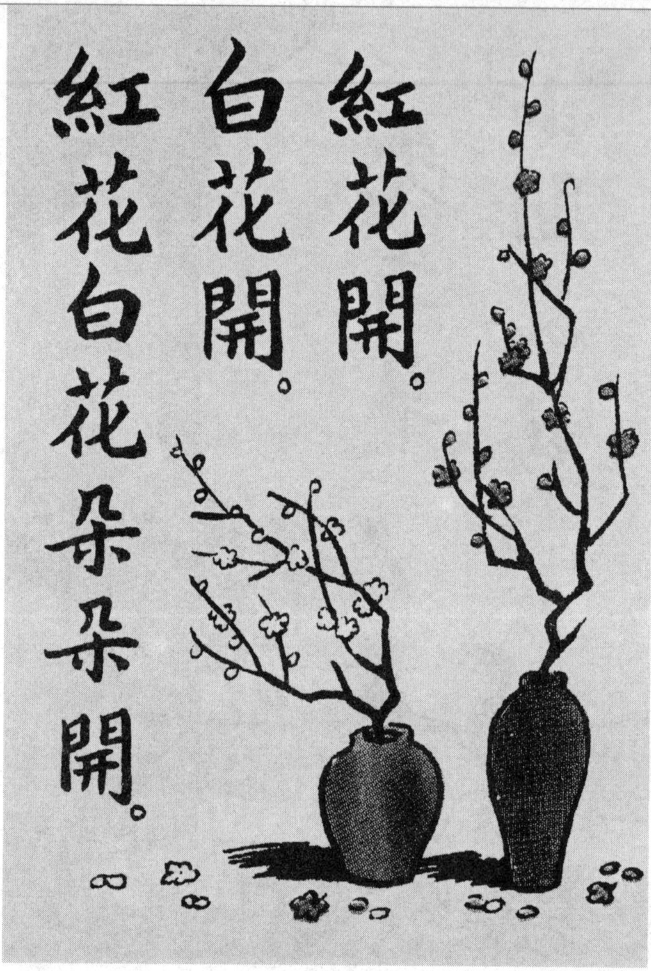

第4课 红花开

红花开。白花开。红花白花朵朵开。

第5课 来拍球

来，来，来，小朋友，来拍球。

第6课　我拍白球

我拍白球。你拍红球。拍得多，拍拍手。

第7课　一二

一二。一，二，三。我拍得少。你拍得多。你拍手。我不拍手。

第8课 大家看书

先生说：“小朋友坐，大家看书。”小朋友都坐了看书。

第9课 书上

书上画三只牛，两只羊。牛多羊少。牛大羊小。

三隻牛喫草。一隻羊也喫草。一隻羊不喫草，他看着花。

第10课　三只牛吃草

三只牛吃草。一只羊也吃草。一只羊不吃草，它看着花。

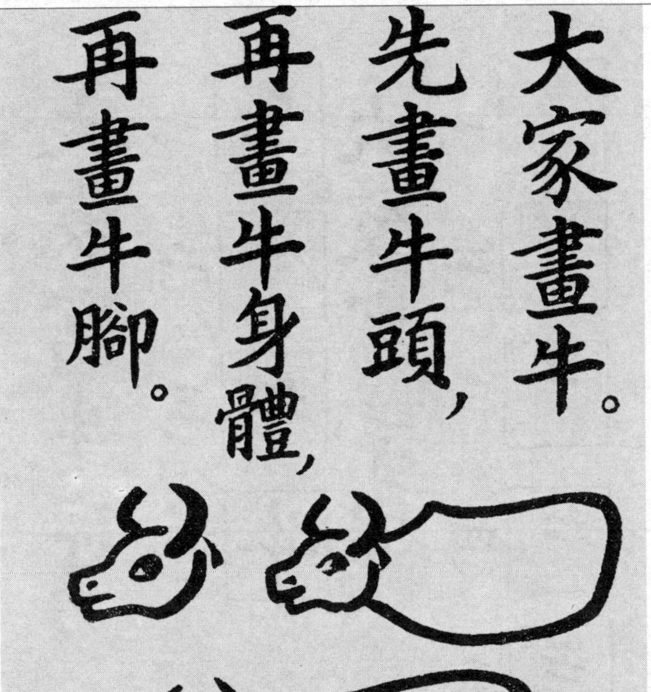

第11课 大家画牛

大家画牛。先画牛头，再画牛身体，再画牛脚。

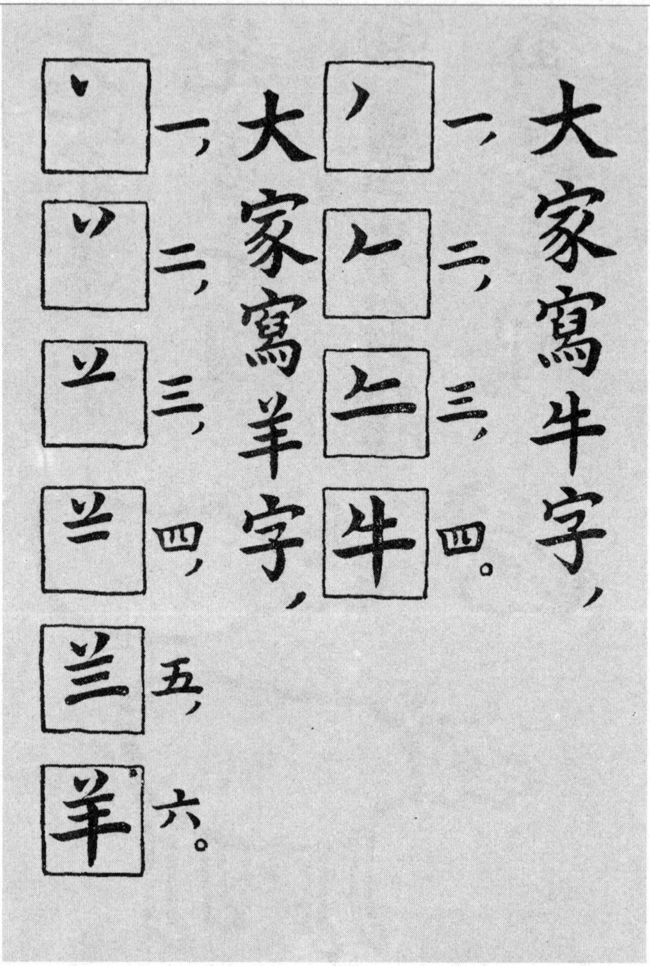
大家寫牛字，一，二，三，四。
丿 𠂉 𠂊 牛
大家寫羊字，一，二，三，四，五，六。
丶 丷 䒑 兰 兰 羊

第12课 大家写字

大家写牛字，一，二，三，四。大家写羊字，一，二，三，四，五，六。

一：丿　二：𠂉　三：𠂊　四：牛

一：丶　二：丷　三：䒑　四：兰　五：兰　六：羊

第13课 明天会

“先生，明天会。”“小朋友，明天会。”小朋友都回家去。

第14课 月亮出来了

月亮出来了。天上也明亮，地上也明亮，像白天一样。

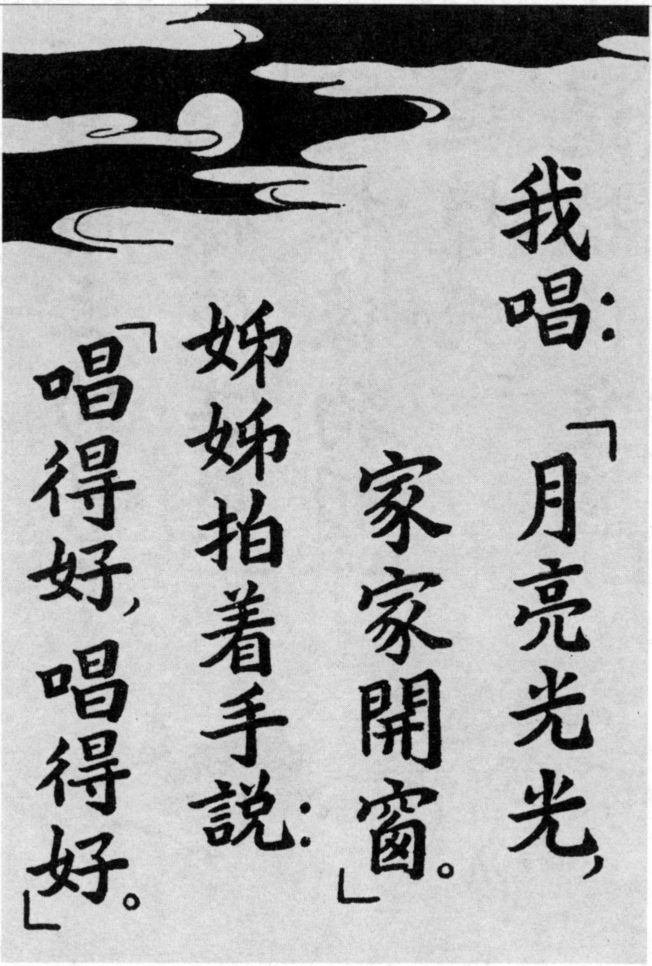

第15课 月亮光光

我唱："月亮光光，家家开窗。"姐姐拍着手说："唱得好，唱得好。"

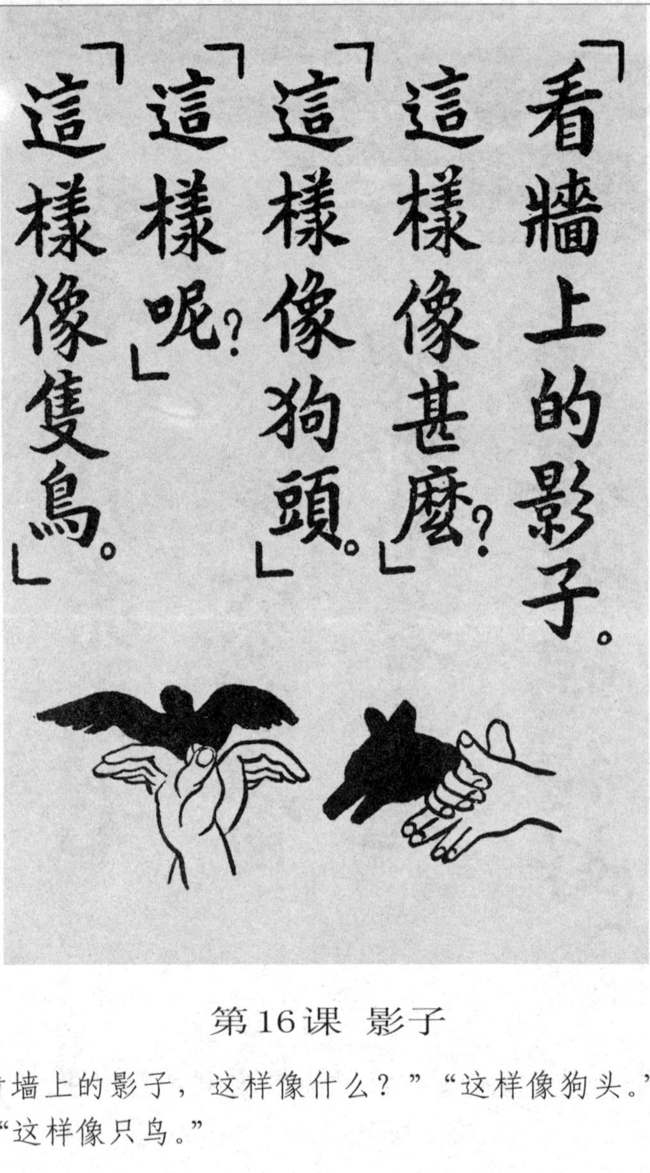

第16课 影子

“看墙上的影子，这样像什么？”“这样像狗头。”“这样呢？”“这样像只鸟。”

第17课 起来

鸡叫了。天亮了。起来，起来，快快起来。我开窗。我看见红红的太阳。

第18课 太阳

太阳，太阳，你起来得早。昨天晚上，你在什么地方睡觉？

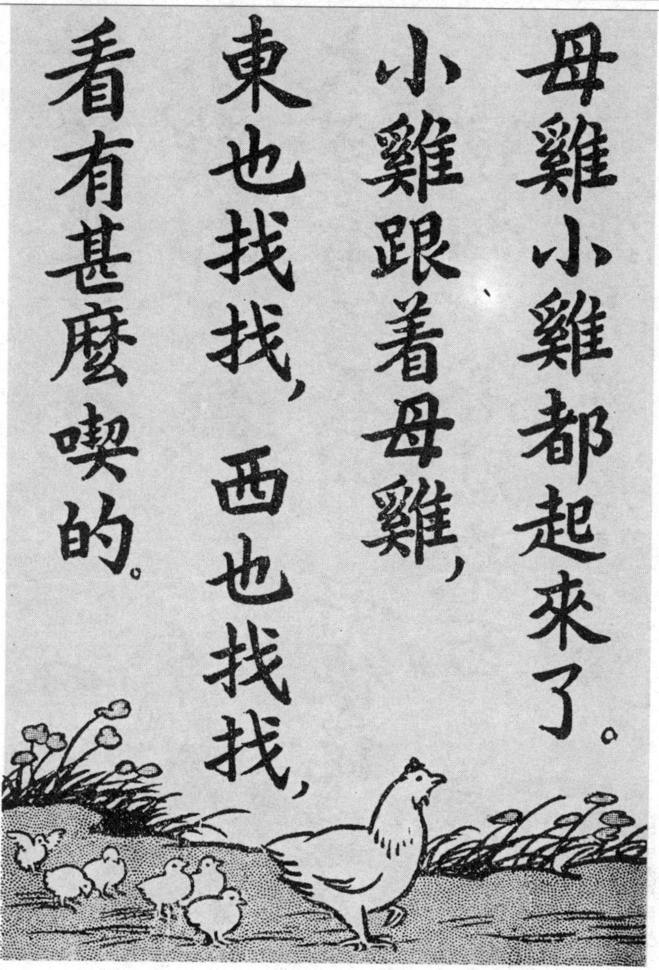

第19课　母鸡小鸡

母鸡小鸡都起来了。小鸡跟着母鸡，东也找找，西也找找，看有什么吃的。

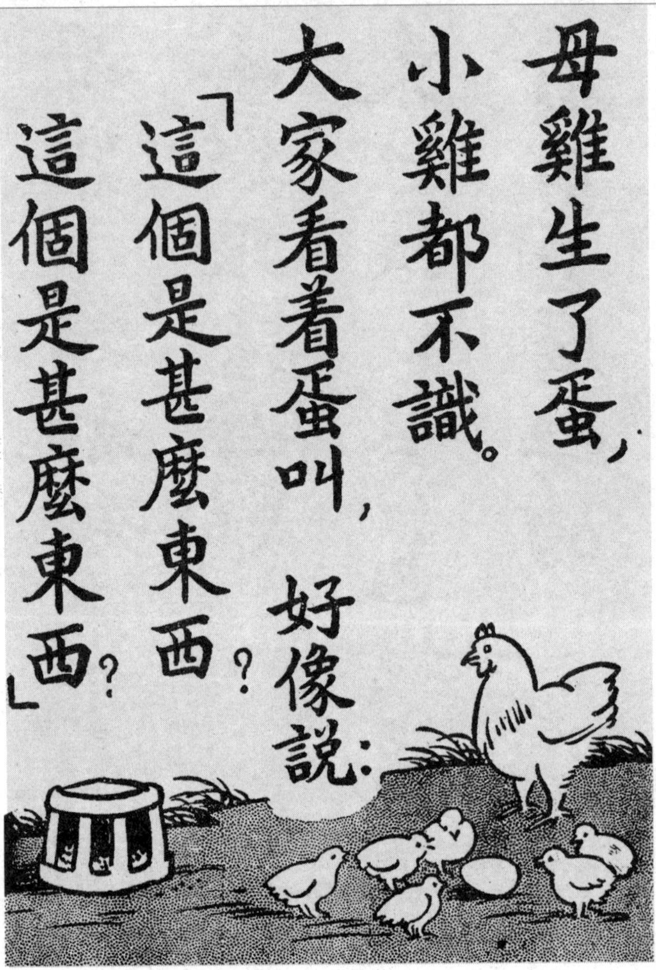

第20课 小鸡都不识

母鸡生了蛋，小鸡都不识。大家看着蛋叫，好像说：“这个是什么东西？这个是什么东西？”

小小房子，沒有窗子。
黃毛小東西，
睡在房子裏。
開門出來，
叫你們哥哥姊姊。

第21课 小小房子

小小房子，没有窗子。黄毛小东西，睡在房子里。开门出来，叫你们哥哥姐姐。

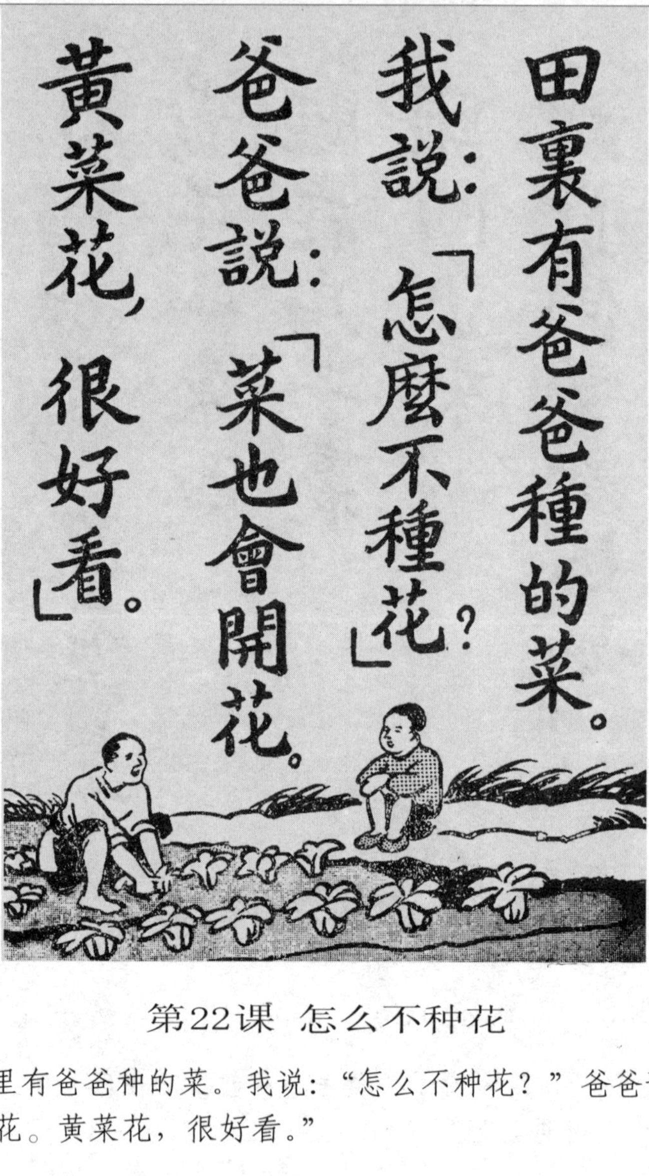

第22课　怎么不种花

田里有爸爸种的菜。我说：“怎么不种花？”爸爸说：“菜也会开花。黄菜花，很好看。”

第23课 田里的菜

我天天去看田里的菜。昨天看看，比前天大了。今天看看，又比昨天大了。

第24课 桃花开了

桃花开。柳条长。满地菜花黄。黄菜花，大家爱。东家也来看，西家也来看。

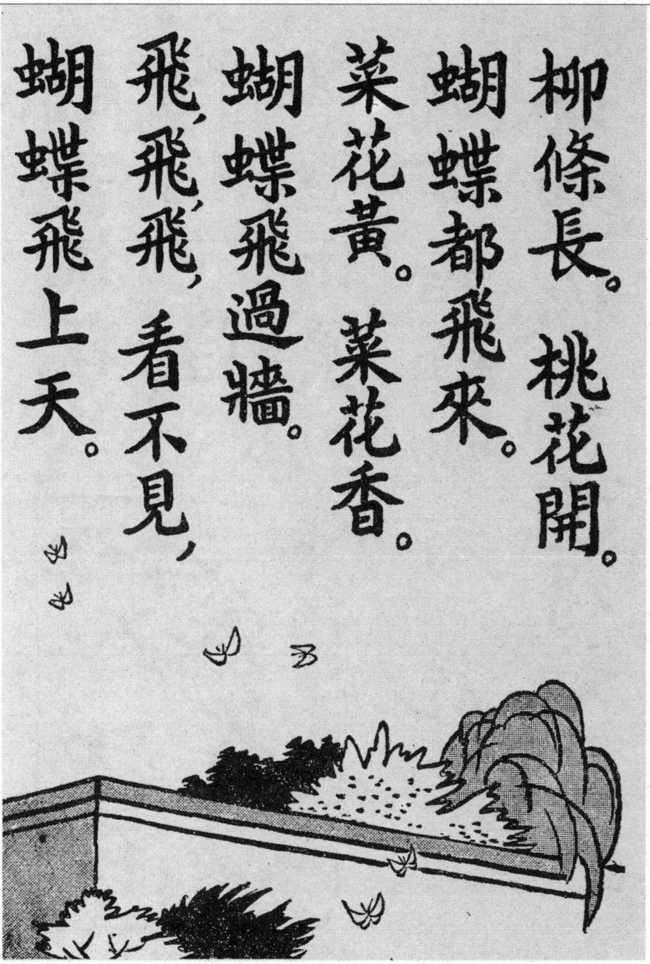

第25课 柳条长

柳条长。桃花开。蝴蝶都飞来。菜花黄。菜花香。蝴蝶飞过墙。飞，飞，飞，看不见，蝴蝶飞上天。

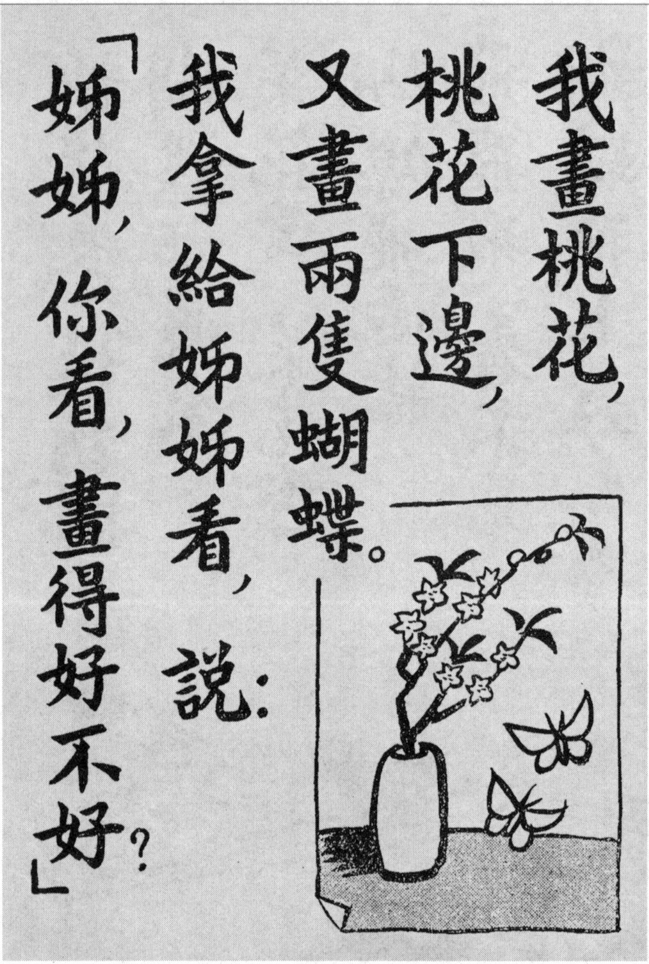

我畫桃花，
桃花下邊，
又畫兩隻蝴蝶。
我拿給姊姊看，說：
「姊姊，你看，畫得好不好？」

第26课 我画桃花

我画桃花，桃花下边，又画两只蝴蝶。我拿给姐姐看，说：“姐姐，你看，画得好不好？”

姊姊說：「桃花畫得很好，只是蝴蝶太大了。」我把蝴蝶畫小了，再拿給姊姊看。姊姊說：「這樣就好了」。

第27课 这样就好了

姐姐说：“桃花画得很好，只是蝴蝶太大了。”我把蝴蝶画小了，再拿给姐姐看。姐姐说：“这样就好了。”

第28课 雨下着

雨下着。远处的山、远处的树都没有了。太阳也看不见了。只看见满天的云。

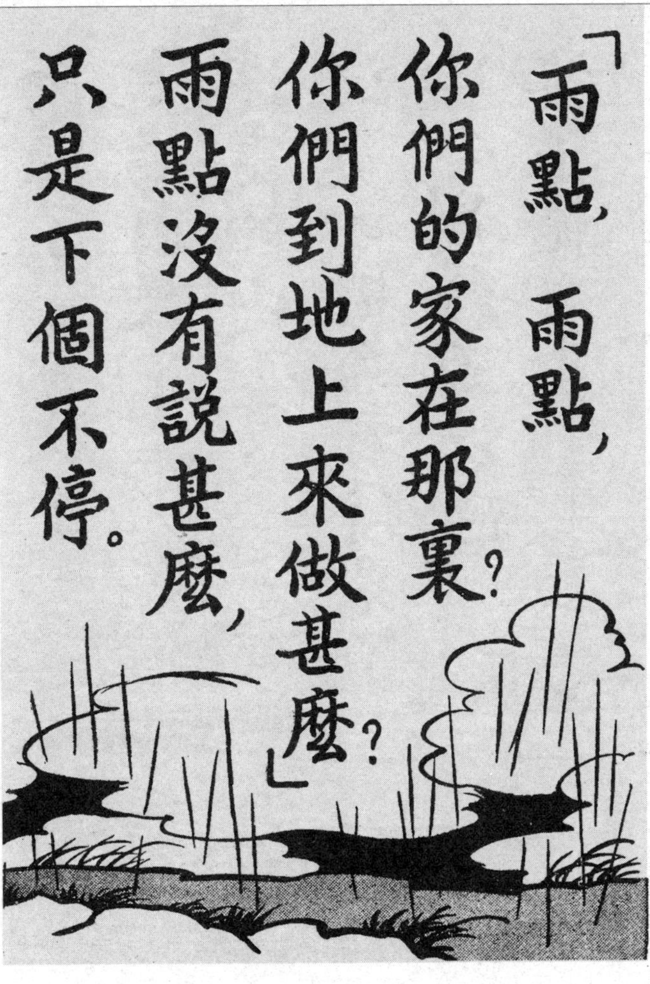

第 29 课　雨点，雨点

“雨点，雨点，你们的家在哪里？你们到地上来做什么？”雨点没有说什么，只是下个不停。

第30课 雨停了

雨停了。云散了。太阳出来了。远处的山、远处的树又看得见了。山和树给雨洗过，都很干净。

第31课 田里

田里是黄黄的麦，又有许多的小鸟。一阵风来，麦都点着头，小鸟都飞散了。

農人種田。
有的種麥。有的種棉。
農人種了麥，大家有得喫。
農人種了棉，大家有得穿。

第32课　农人种田

农人种田。有的种麦。有的种棉。农人种了麦，大家有得吃。农人种了棉，大家有得穿。

妹妹搭了八九所小房子，
指着說：
「那邊是田。這邊是房子。
白天，我們到田裏去種田。
晚上，我們回到房子裏睡覺。」

第33课 小房子

妹妹搭了八九所小房子，指着说：“那边是田。这边是房子。白天，我们到田里去种田。晚上，我们回到房子里睡觉。”

第34课　妹妹哭了

小狗跑过来，把八九所小房子冲坍。妹妹哭了。妈妈说：“哭什么呢？小狗冲坍你的小房子，你不会再搭起来吗？”

第35课 再搭起来

妹妹再搭起小房子来，又把十多条柳条，插在小房子前面。她拍着手说：“比以前更好了。我们种田回来，可以在柳树下坐坐。”

「媽媽，你縫衣服，給那一個穿？」
「我縫衣服，給一個愛乾淨的孩子穿。」
「我愛乾淨。我的身體乾淨，
頭和手、腳也乾淨。
那個孩子就是我嗎？」
「是的，是的。」

第36课 妈妈缝衣服

“妈妈，你缝衣服，给哪一个穿？”“我缝衣服，给一个爱干净的孩子穿。”“我爱干净。我的身体干净，头和手、脚也干净。那个孩子就是我吗？”“是的，是的。”

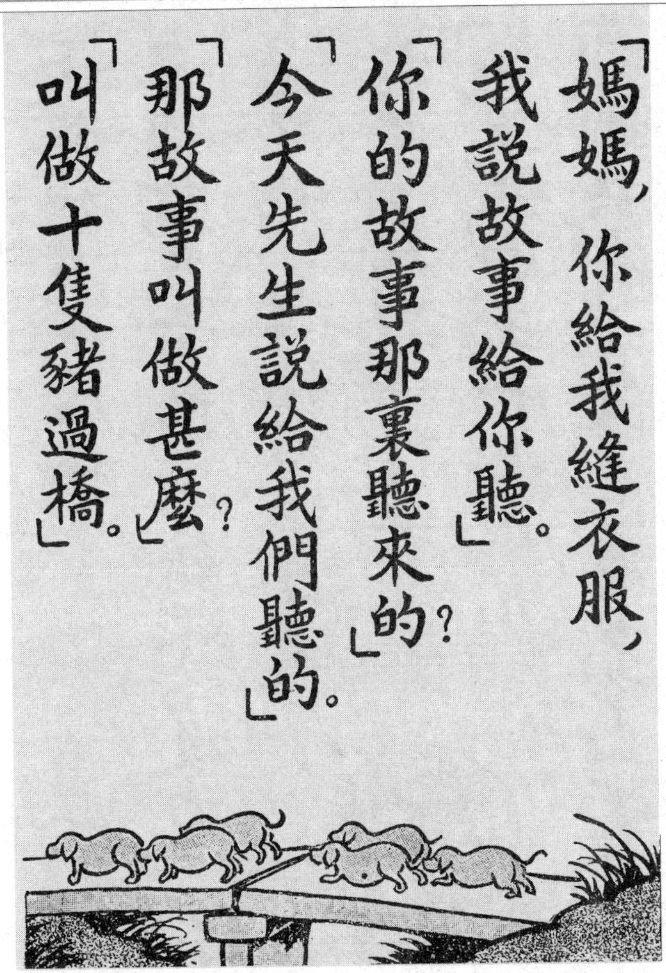
「媽媽，你給我縫衣服，我說故事給你聽。」「你的故事那裏聽來的？」「今天先生說給我們聽的。」「那故事叫做甚麼？」「叫做十隻豬過橋。」

第37课 说故事

“妈妈，你给我缝衣服，我说故事给你听。”“你的故事哪里听来的？”“今天先生说给我们听的。”“那故事叫做什么？”“叫做十只猪过桥。”

十隻豬過一座橋，母豬跑在前面，小豬跟在後面。過了橋，母豬回過身來，指着小豬說：「一，二，三，四，五，六，七，八，九。我們共有十隻，怎麼少了一隻呢？」

第38课　十只猪过桥

十只猪过一座桥，母猪跑在前面，小猪跟在后面。过了桥，母猪回过身来，指着小猪说：“一，二，三，四，五，六，七，八，九。我们共有十只，怎么少了一只呢？”

我叫做黃小雲。今年年頭上學。到現在，識了不少的字了。識過的字我都會寫。以後識字更多，就可以看許多的書了。有甚麼話，就可以寫甚麼話了。

第39课 我叫黄小云

我叫做黄小云。今年年头上学。到现在，识了不少的字了。识过的字我都会写。以后识字更多，就可以看许多的书了。有什么话，就可以写什么话了。

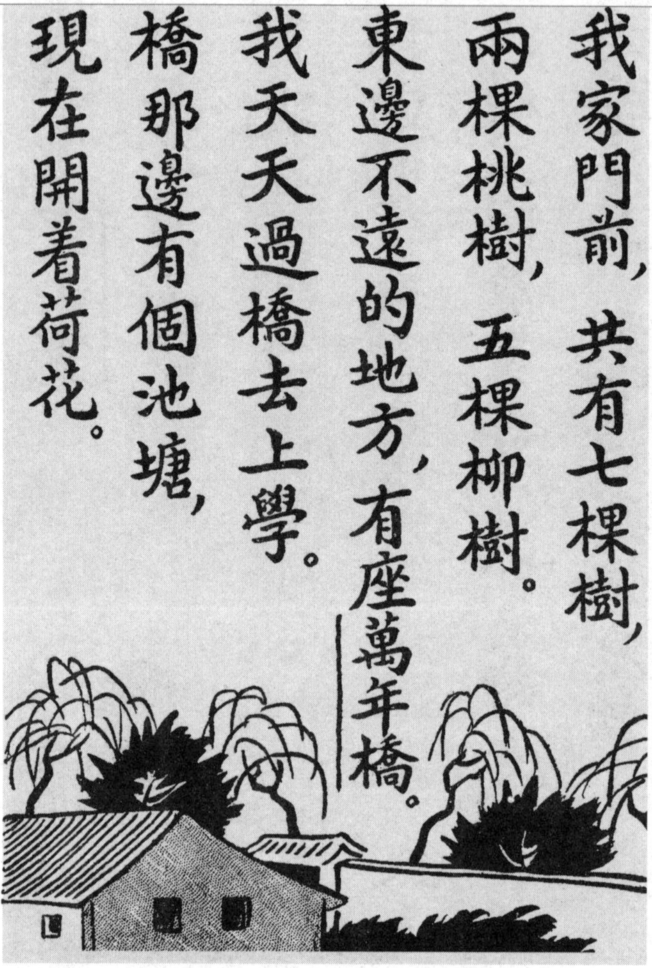
我家門前，共有七棵樹，
兩棵桃樹，五棵柳樹。
東邊不遠的地方，有座萬年橋。
我天天過橋去上學。
橋那邊有個池塘，
現在開着荷花。

第40课　我家门前

我家门前，共有七棵树，两棵桃树，五棵柳树。东边不远的地方，有座万年桥。我天天过桥去上学。桥那边有个池塘，现在开着荷花。

第41课 荷花

万年桥边小池塘，红白荷花开满塘。上桥去，看荷花。一阵风来一阵香。

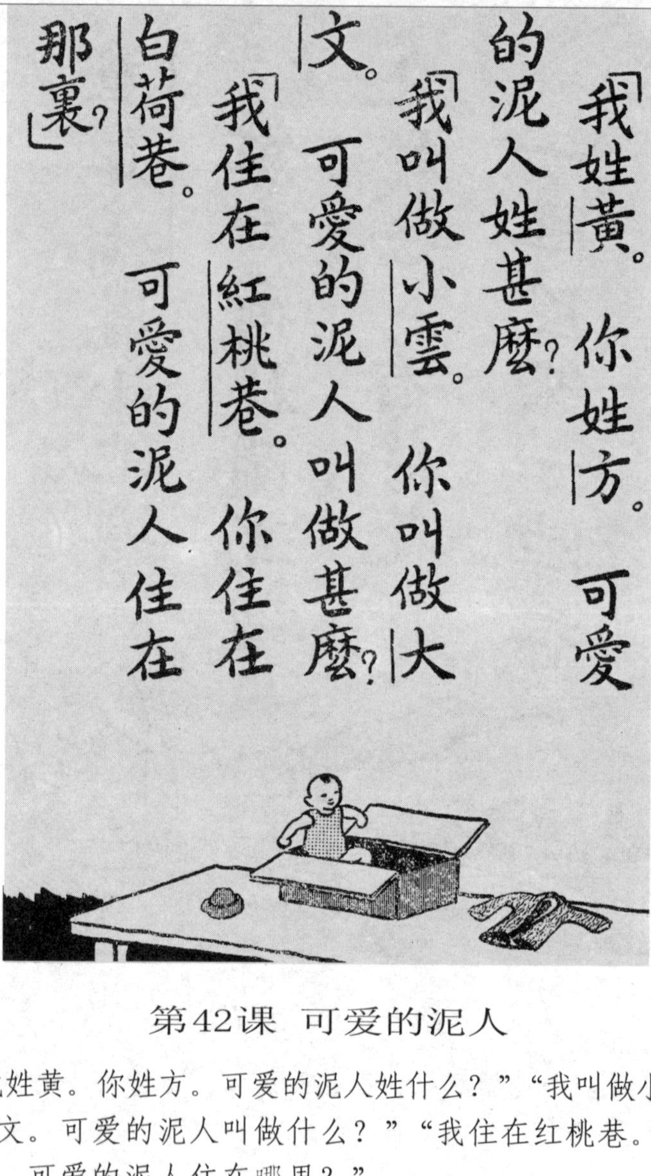

「我姓黃。你姓方。可愛的泥人姓甚麼？」「我叫做小雲。你叫做大文。可愛的泥人叫做甚麼？」「我住在紅桃巷。你住在白荷巷。可愛的泥人住在那裏？」

第42课　可爱的泥人

“我姓黄。你姓方。可爱的泥人姓什么？”“我叫做小云。你叫做大文。可爱的泥人叫做什么？”“我住在红桃巷。你住在白荷巷。可爱的泥人住在哪里？”

第43课 我也不知道

“泥人住在纸匣子里，我知道的。泥人姓什么，泥人叫做什么，我都不知道。只有问它的爸爸、妈妈。”“它的爸爸、妈妈在哪里？”“我也不知道。”

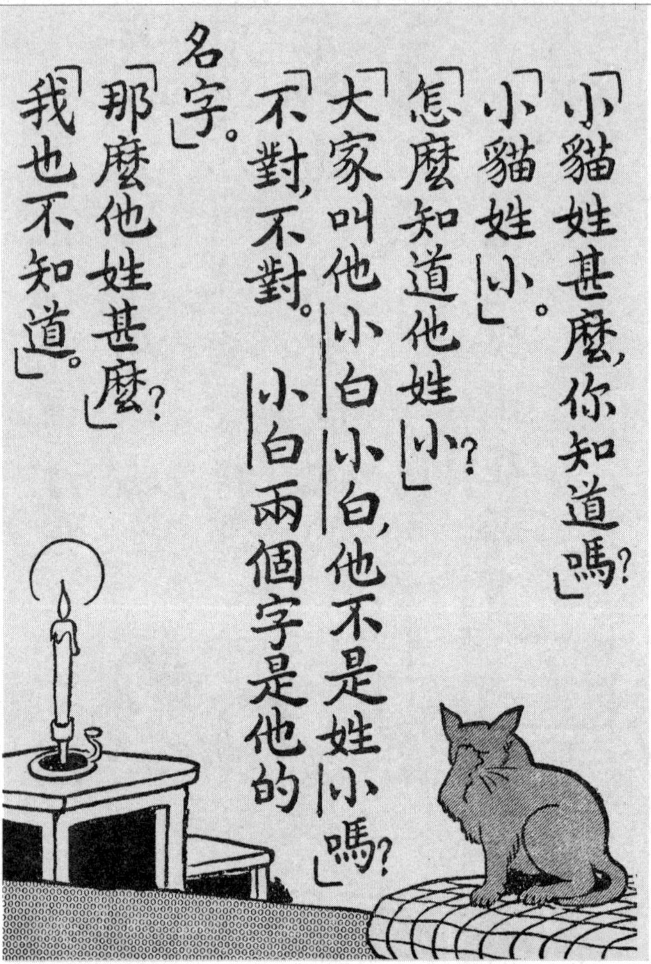

第44课　小猫姓什么

“小猫姓什么，你知道吗？”“小猫姓小。”“怎么知道它姓小？”“大家叫它小白小白，它不是姓小吗？”“不对，不对。小白两个字是它的名字。”“那么它姓什么？”“我也不知道。”

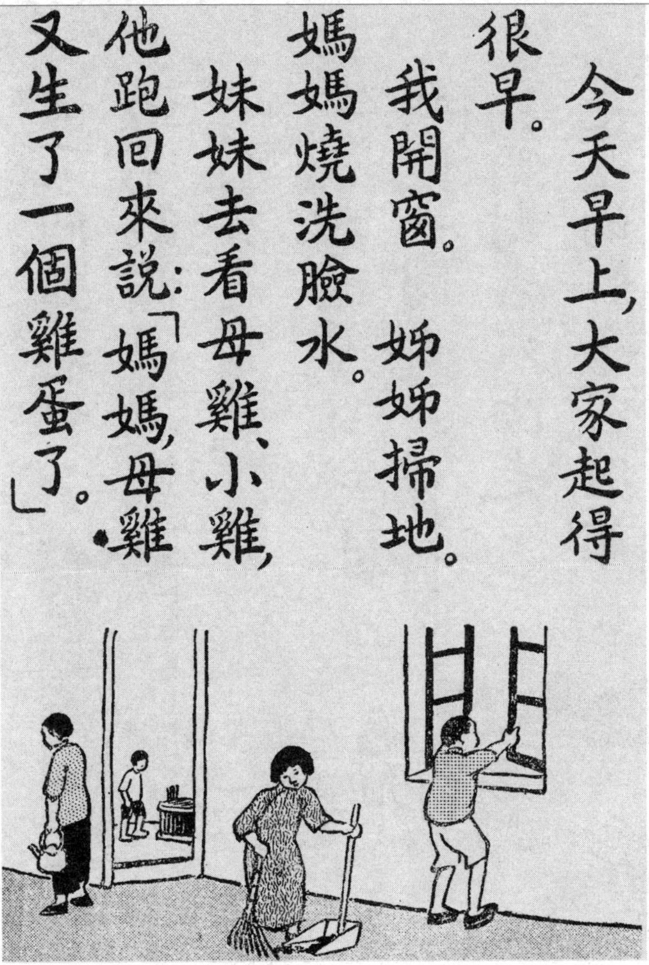
今天早上，大家起得很早。
我開窗。姊姊掃地。
媽媽燒洗臉水。
妹妹去看母雞、小雞，
他跑回來說：「媽媽，母雞又生了一個雞蛋了。」

第45课 今天早上

今天早上，大家起得很早。我开窗。姐姐扫地。妈妈烧洗脸水。妹妹去看母鸡、小鸡，她跑回来说：“妈妈，母鸡又生了一个鸡蛋了。”

第46课 出家门

出家门，到巷口，遇见几个小朋友。小朋友，我们拉着手，我们一同走。我们对着太阳走，长长的影子在后头。

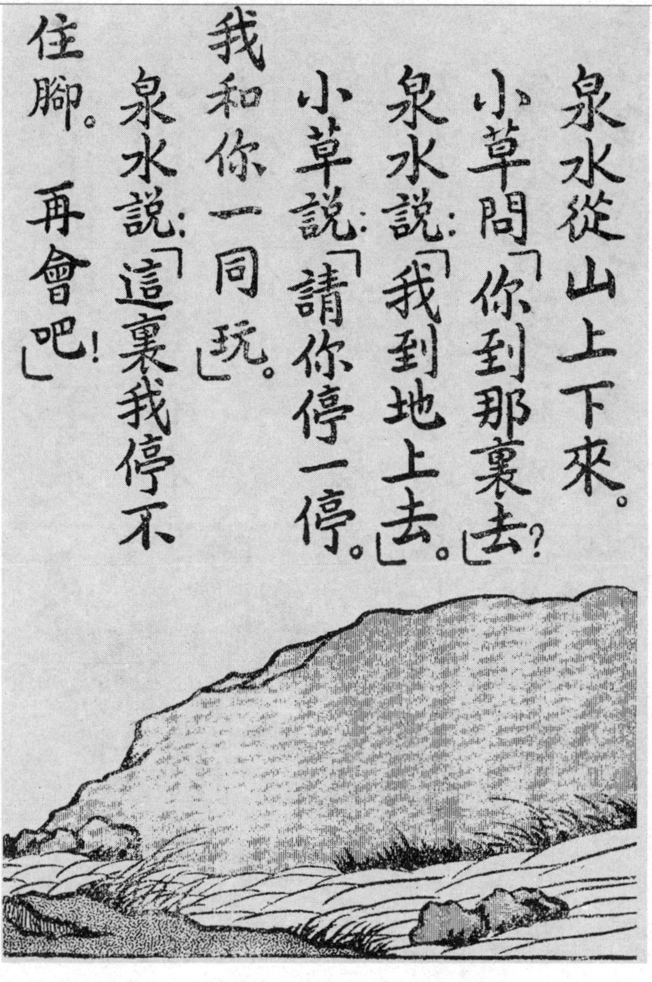

泉水從山上下來。
小草問「你到那裏去?」
泉水說:「我到地上去。」
小草說:「請你停一停。
我和你一同玩。」
泉水說「這裏我停不
住腳。再會吧!」

第47课　泉水和小草

泉水从山上下来。小草问：“你到哪里去？”泉水说：“我到地上去。”小草说：“请你停一停。我和你一同玩。”泉水说：“这里我停不住脚。再会吧！”

泉水從山上下來。老樹說：「我看你很忙。可以停一停嗎？」泉水問：「你有甚麼事？」老樹說：「請你幫助我。我渴得很。」泉水跑過老樹的根下，對老樹說：「現在你不渴了。再會吧！」

第48课 泉水和老树

泉水从山上下来。老树说：“我看你很忙。可以停一停吗？”泉水问：“你有什么事？”老树说：“请你帮助我。我渴得很。”泉水跑过老树的根下，对老树说：“现在你不渴了。再会吧！”

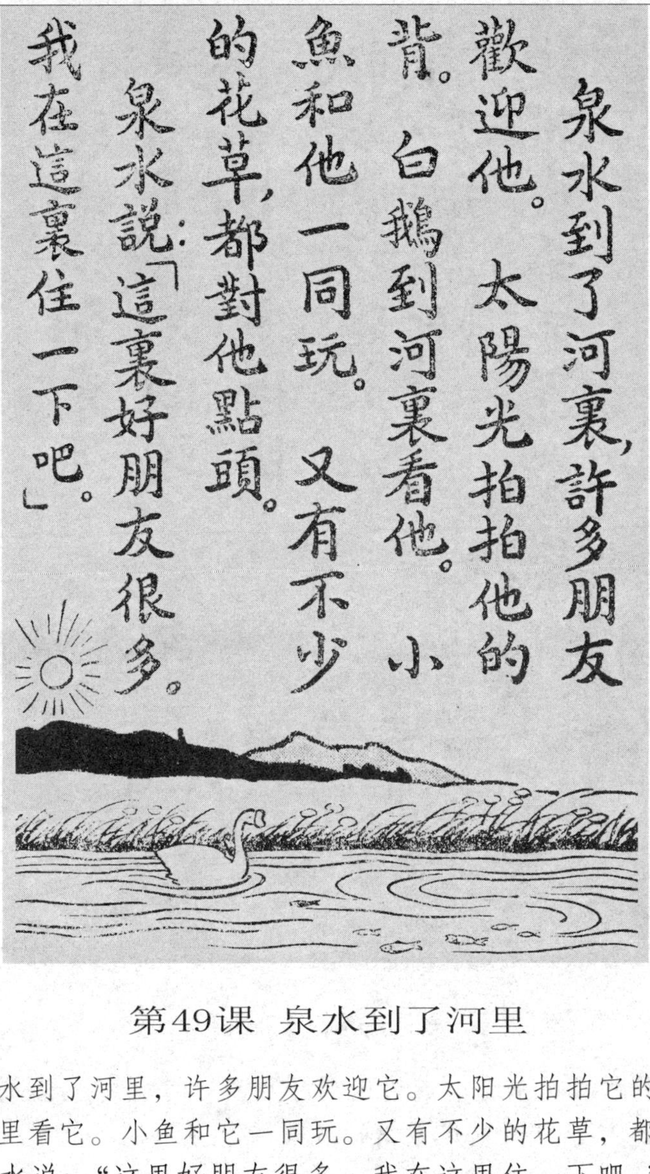

泉水到了河裏，許多朋友歡迎他。太陽光拍拍他的背。白鵝到河裏看他。小魚和他一同玩。又有不少的花草，都對他點頭。

泉水說：「這裏好朋友很多。我在這裏住一下吧。」

第49课 泉水到了河里

泉水到了河里，许多朋友欢迎它。太阳光拍拍它的背。白鹅到河里看它。小鱼和它一同玩。又有不少的花草，都对它点头。泉水说：“这里好朋友很多。我在这里住一下吧。”

小河小河向東流，
流呀流呀不回頭。
小河小河流得快，
快呀快呀到大海。
海裏風景好，
說不完，看不了。

第50课 小河

小河小河向东流，流呀流呀不回头。小河小河流得快，快呀快呀到大海。海里风景好，说不完，看不了。

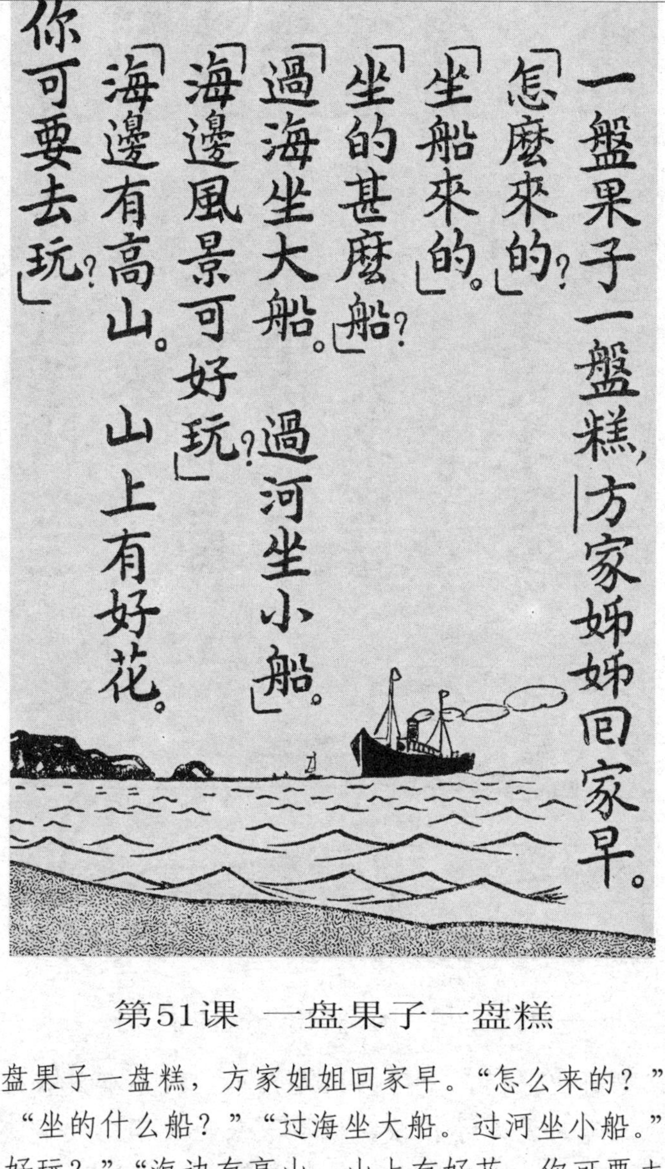

第51课　一盘果子一盘糕

一盘果子一盘糕，方家姐姐回家早。“怎么来的？”“坐船来的。”“坐的什么船？”“过海坐大船。过河坐小船。”“海边风景可好玩？”“海边有高山。山上有好花。你可要去玩？”

黃家哥哥出了門，坐上門前人力車。人力車夫滿頭汗。他就下來上馬車。馬車不很快。他再下來上火車。火車快，好像飛。
妹妹問：「火車，火車，可像小鳥一樣飛？」

第52课 黄家哥哥出了门

黄家哥哥出了门，坐上门前人力车。人力车夫满头汗。他就下来上马车。马车不很快。他再下来上火车。火车快，好像飞。妹妹问：“火车，火车，可像小鸟一样飞？”

第53课 纸船

小云折了一只纸船，放在水盆里。轻轻一吹，纸船就向前去了。小云对姐姐说：“我要坐了这只船过海。”姐姐把小火车放在水盆旁边，说：“你过了海，再坐这火车吧。”

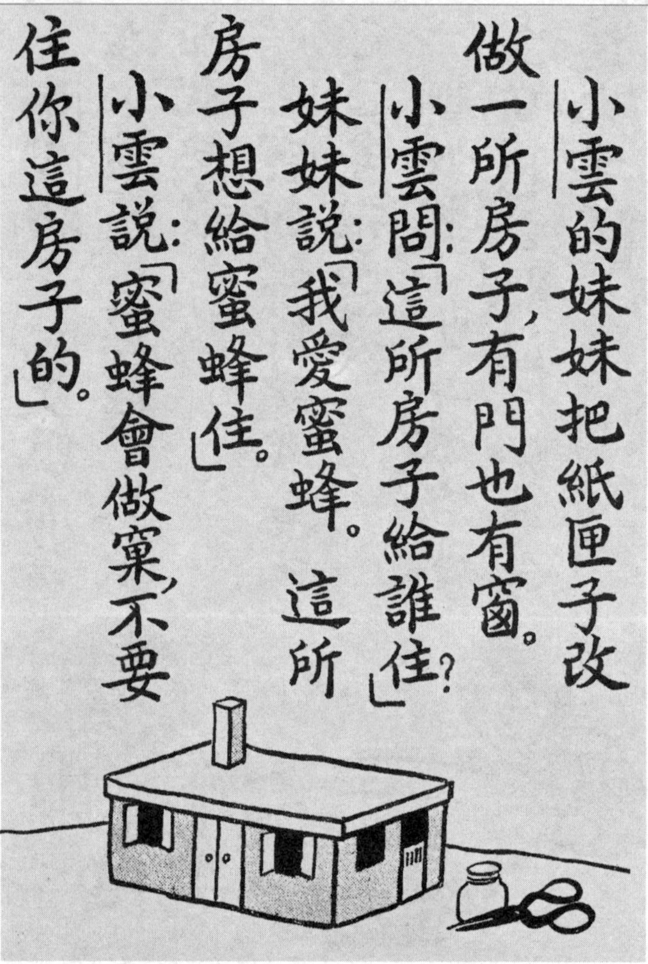
小雲的妹妹把紙匣子改做一所房子，有門也有窗。小雲問：「這所房子給誰住？」妹妹說：「我爱蜜蜂。這所房子想給蜜蜂住。」小雲說：「蜜蜂會做窠，不要住你這房子的。」

第54课 纸匣子改做的房子

小云的妹妹把纸匣子改做一所房子，有门也有窗。小云问：“这所房子给谁住？”妹妹说：“我爱蜜蜂。这所房子想给蜜蜂住。”小云说：“蜜蜂会做窠，不要住你这房子的。”

妹妹說「那麼我給雞造所木房子吧。」他先畫一張圖樣，照着圖樣造房子。前門向南，寫着「雞的家」三個字。後門向北。東西兩旁邊都有窗子。

小雲看了，說：「好，給母雞在裏面生蛋吧。」

第55课 鸡的家

妹妹说：“那么我给鸡造所木房子吧。”她先画一张图样，照着图样造房子。前门向南，写着“鸡的家”三个字。后门向北。东西两旁边都有窗子。小云看了，说：“好，给母鸡在里面生蛋吧。”

我到林中砍木頭。你在窰裏燒甎頭。林中木頭砍來了。窰裏甎頭燒好了。用力呀，用力呀，造所房子大又高。新房子，誰來住？我來住，你來住，大家都來住。

第56课 大家都来住

我到林中砍木头。你在窑里烧砖头。林中木头砍来了。窑里砖头烧好了。用力呀，用力呀，造所房子大又高。新房子，谁来住？我来住，你来住，大家都来住。

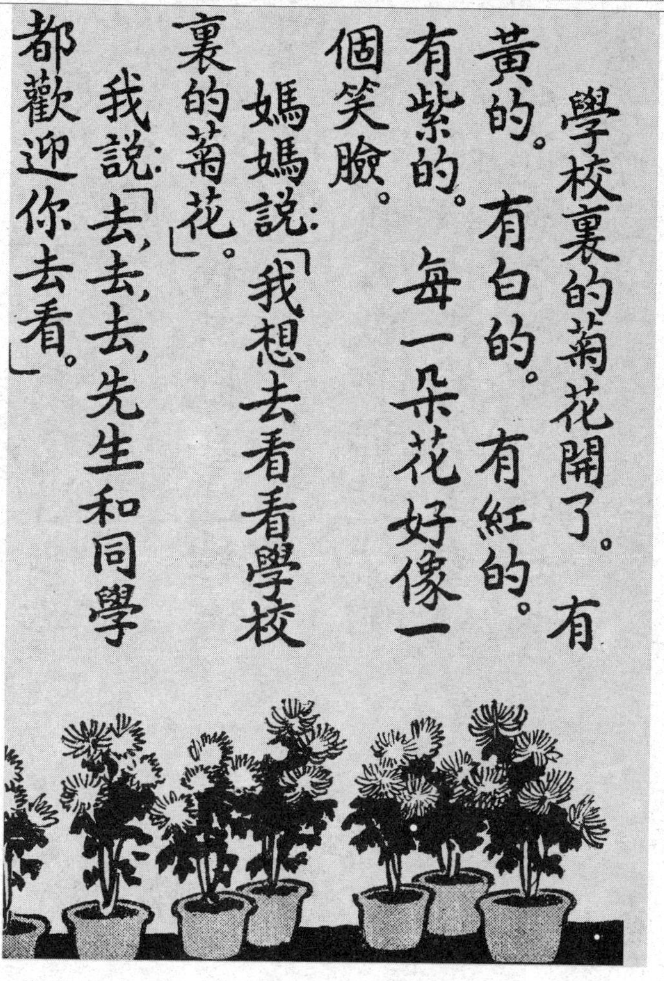
學校裏的菊花開了。有黃的。有白的。有紅的。有紫的。每一朵花好像一個笑臉。媽媽說：「我想去看看學校裏的菊花。」我說：「去，去，去，先生和同學都歡迎你去看。」

第57课 学校里的菊花

学校里的菊花开了。有黄的。有白的。有红的。有紫的。每一朵花好像一个笑脸。妈妈说："我想去看看学校里的菊花。"我说："去，去，去，先生和同学都欢迎你去看。"

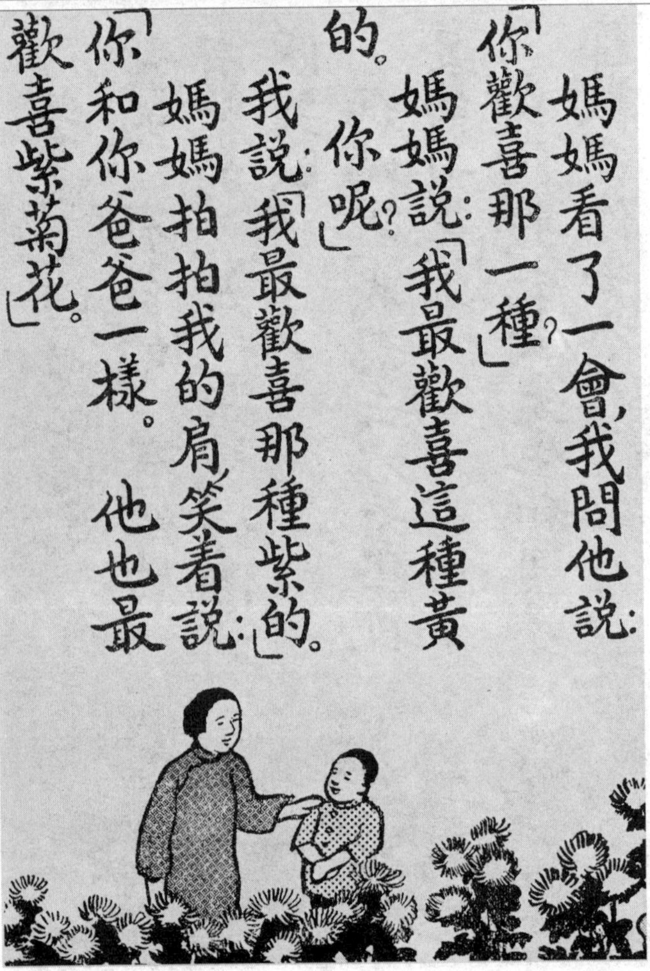

媽媽看了一會，我問他說：「你歡喜那一種？」媽媽說：「我最歡喜這種黃的。你呢？」我說：「我最歡喜那種紫的。」媽媽拍拍我的肩，笑着說：「你和你爸爸一樣。他也最歡喜紫菊花。」

第58课　你喜欢哪一种

妈妈看了一会，我问她说：“你欢喜哪一种？”妈妈说：“我最欢喜这种黄的。你呢？”我说：“我最欢喜那种紫的。”妈妈拍拍我的肩，笑着说：“你和你爸爸一样。他也最欢喜紫菊花。”

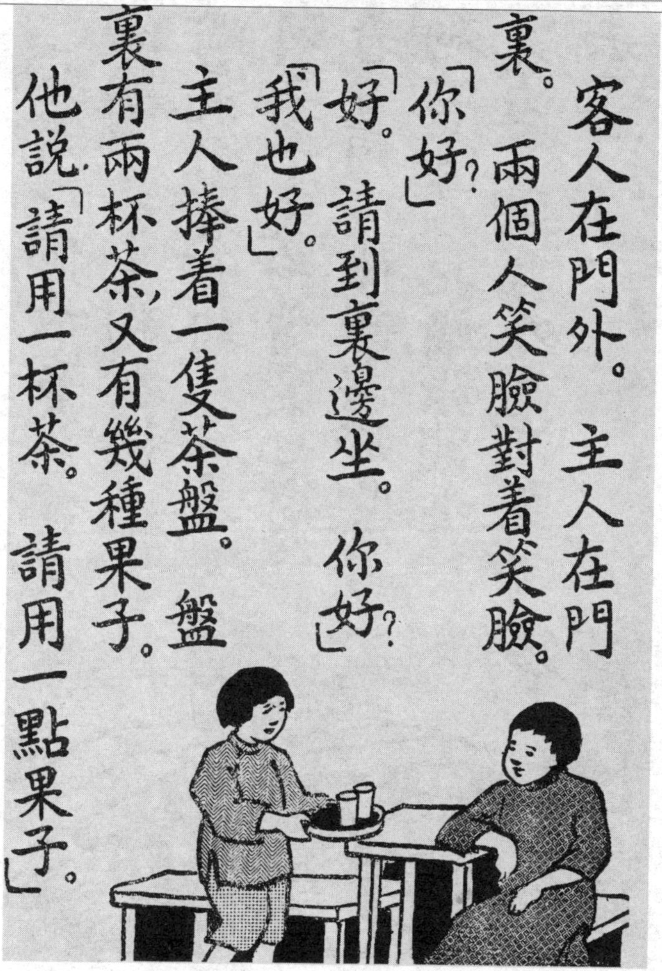

客人在門外。主人在門裏。兩個人笑臉對着笑臉。「你好？」「好。請到裏邊坐。你好？」「我也好。」主人捧着一隻茶盤。盤裏有兩杯茶，又有幾種果子。他說「請用一杯茶。請用一點果子。」

第59课 客人和主人

客人在门外。主人在门里。两个人笑脸对着笑脸。“你好？”“好。请到里边坐。你好？”“我也好。”主人捧着一只茶盘。盘里有两杯茶，又有几种果子。她说：“请用一杯茶。请用一点果子。”

「我有一個故事，說給你聽。一隻狗在橋上，嘴裏銜着骨頭。看見河裏一隻狗，嘴裏也銜着骨頭。他想喫那隻狗的骨頭，把嘴張開，嘴裏的骨頭就落到河裏去了。」

第60课 说故事

“我有一个故事，说给你听。一只狗在桥上，嘴里衔着骨头。看见河里一只狗，嘴里也衔着骨头。它想吃那只狗的骨头，把嘴张开，嘴里的骨头就落到河里去了。”

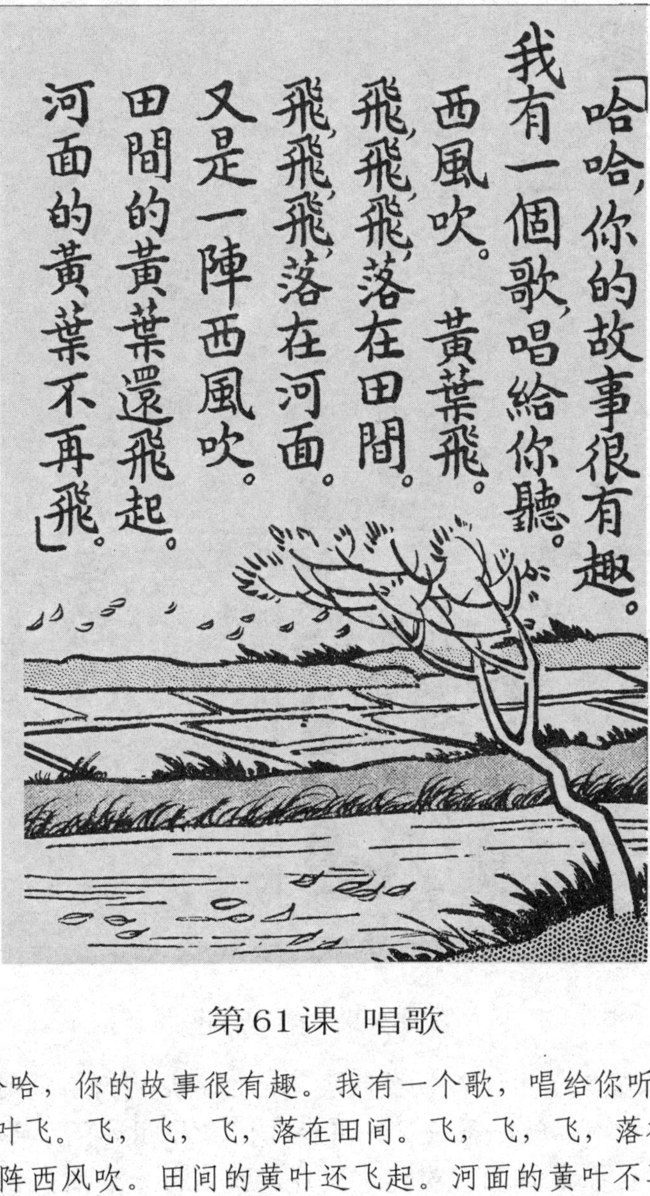

第61课 唱歌

“哈哈，你的故事很有趣。我有一个歌，唱给你听。西风吹。黄叶飞。飞，飞，飞，落在田间。飞，飞，飞，落在河面。又是一阵西风吹。田间的黄叶还飞起。河面的黄叶不再飞。”

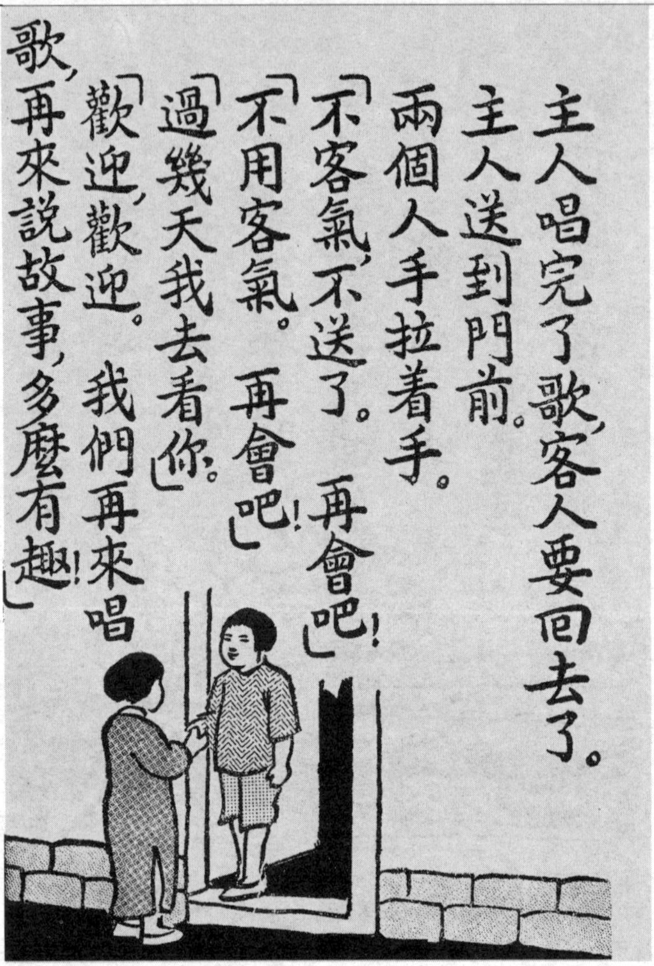

第62课　再会吧

主人唱完了歌，客人要回去了。主人送到门前。两个人手拉着手。“不客气，不送了。再会吧！”“不用客气。再会吧！”“过几天我去看你。”“欢迎，欢迎。我们再来唱歌，再来说故事，多么有趣！”

第63课 大家开店

大家开店。大文的姐姐开米店。大文的妹妹开布店。大文的弟弟开打铁店。小云的姐姐开缝衣店。小云的妹妹开玩具店。小云说：“没有人开书店，我来开书店吧。”

小雲的妹妹說：「我們開店，拿甚麼做店櫃呢？」大文的弟弟說：「這裏有椅子，就把椅子做店櫃好了。」小雲的姊姊說：「有了店櫃，沒有招牌，還不像店呢。」大文說：「拿幾張紙來，我給你們寫招牌。」

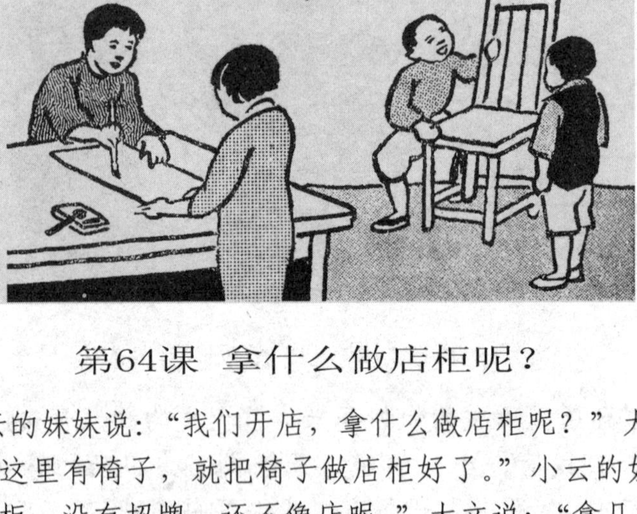

第64课　拿什么做店柜呢？

小云的妹妹说：“我们开店，拿什么做店柜呢？”大文的弟弟说：“这里有椅子，就把椅子做店柜好了。”小云的姐姐说：“有了店柜，没有招牌，还不像店呢。”大文说：“拿几张纸来，我给你们写招牌。”

大文寫好了招牌，貼在椅子的靠背上。幾個店主人站在椅子的旁邊。
大文的弟弟說：「我們開了店，該有人來買東西。哥哥，你做買客吧。」
幾個店主人都說：「不錯，不錯。你做買客，大家歡迎。」

第65课 你做买客

大文写好了招牌，贴在椅子的靠背上。几个店主人站在椅子的旁边。大文的弟弟说：“我们开了店，该有人来买东西。哥哥，你做买客吧。”几个店主人都说：“不错，不错。你做买客，大家欢迎。”

第66课 买东西

大文走到米店前，说：“我要买三升米。”走到打铁店前，说：“给我打一把菜刀。”走到布店前，说：“我要买六尺布。”走到缝衣店前，说：“给我缝一身衣服。”走到书店前，说：“我要买一本书。”走到玩具店前，说：“我要买两个泥人。”

大文的弟弟穿着綠衣服。他掛起書包來，說：「我做郵差。」他走到媽媽面前，從書包裏拿出一張紙來給媽媽，說：「信來了。」媽媽問：「誰來的信？」弟弟說：「爸爸來的信。」媽媽聽了很歡喜。

第67课　信来了

大文的弟弟穿着绿衣服。他挂起书包来，说：“我做邮差。”他走到妈妈面前，从书包里拿出一张纸来给妈妈，说：“信来了。”妈妈问：“谁来的信？”弟弟说：“爸爸来的信。”妈妈听了很欢喜。

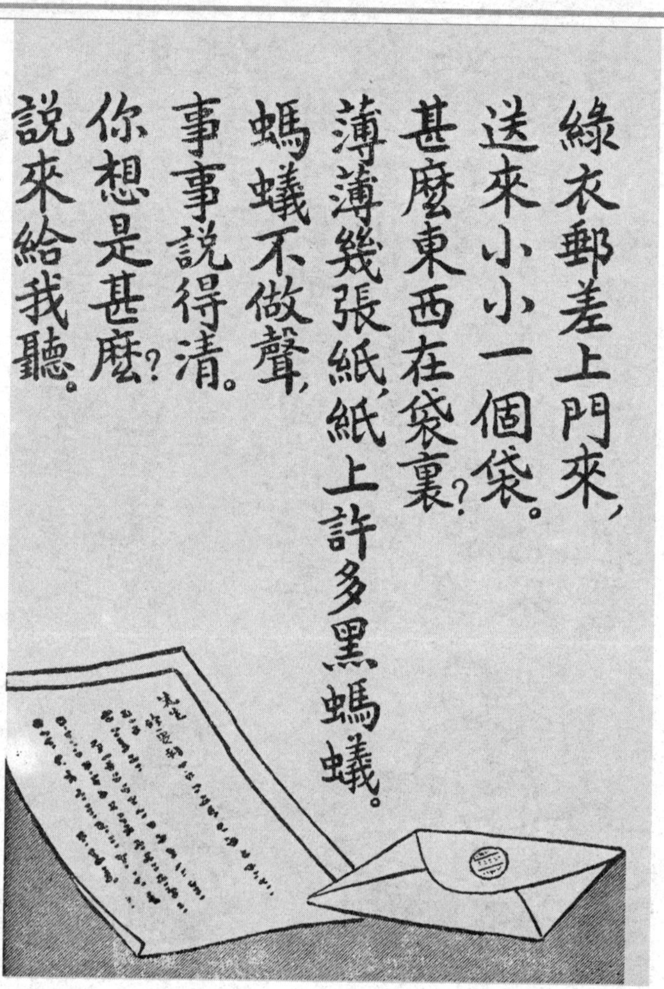

第68课 绿衣邮差上门来

绿衣邮差上门来，送来小小一个袋。什么东西在袋里？薄薄几张纸，纸上许多黑蚂蚁。蚂蚁不做声，事事说得清。你想是什么？说来给我听。

先生：
你要我寫信。現在寫一封信給你。我在家裏，每天看書。又寫一張字，畫兩張圖。我用心看，用心寫，用心畫。媽媽洗了衣服，我幫助他摺衣服。客人來了，我捧茶杯敬客人。
寫完了。你看這封信寫得像不像？
黃小雲 十二月八日

第69课 一封信

先生：你要我写信。现在写一封信给你。我在家里，每天看书。又写一张字，画两张图。我用心看，用心写，用心画。妈妈洗了衣服，我帮助她折衣服。客人来了，我捧茶杯敬客人。写完了。你看这封信写得像不像？黄小云 十二月八日

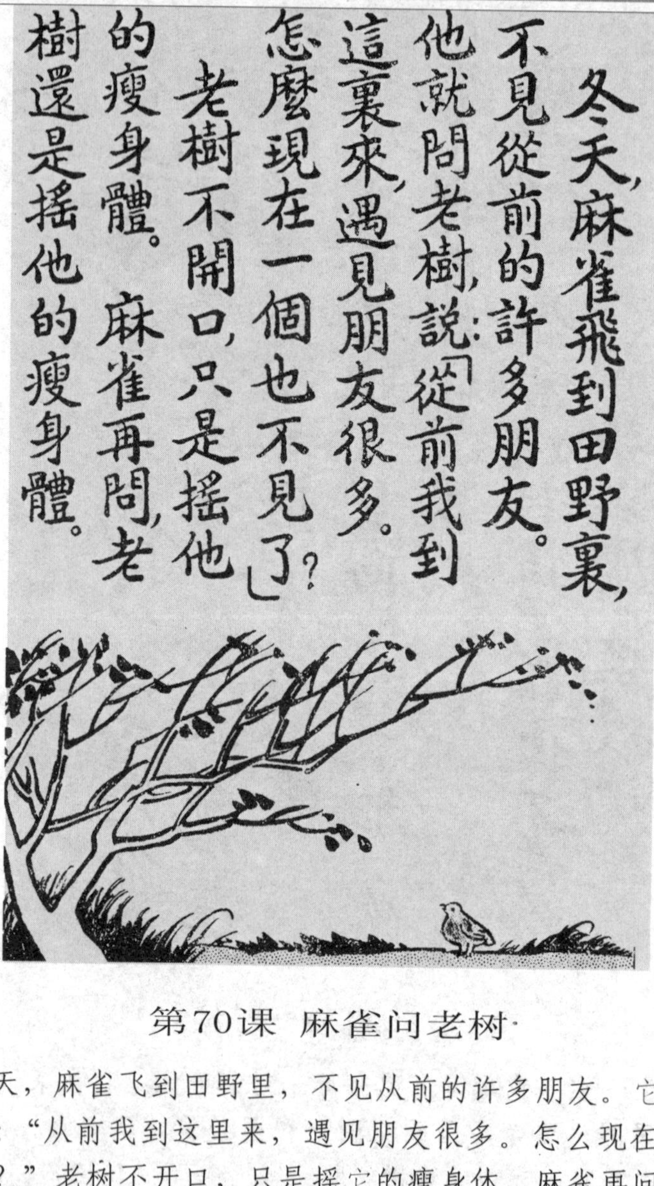

冬天，麻雀飛到田野裏，不見從前的許多朋友。他就問老樹，說：「從前我到這裏來，遇見朋友很多。怎麼現在一個也不見了？」老樹不開口，只是搖他的瘦身體。麻雀再問，老樹還是搖他的瘦身體。

第70课　麻雀问老树

冬天，麻雀飞到田野里，不见从前的许多朋友。它就问老树，说：“从前我到这里来，遇见朋友很多。怎么现在一个也不见了？”老树不开口，只是摇它的瘦身体。麻雀再问，老树还是摇它的瘦身体。

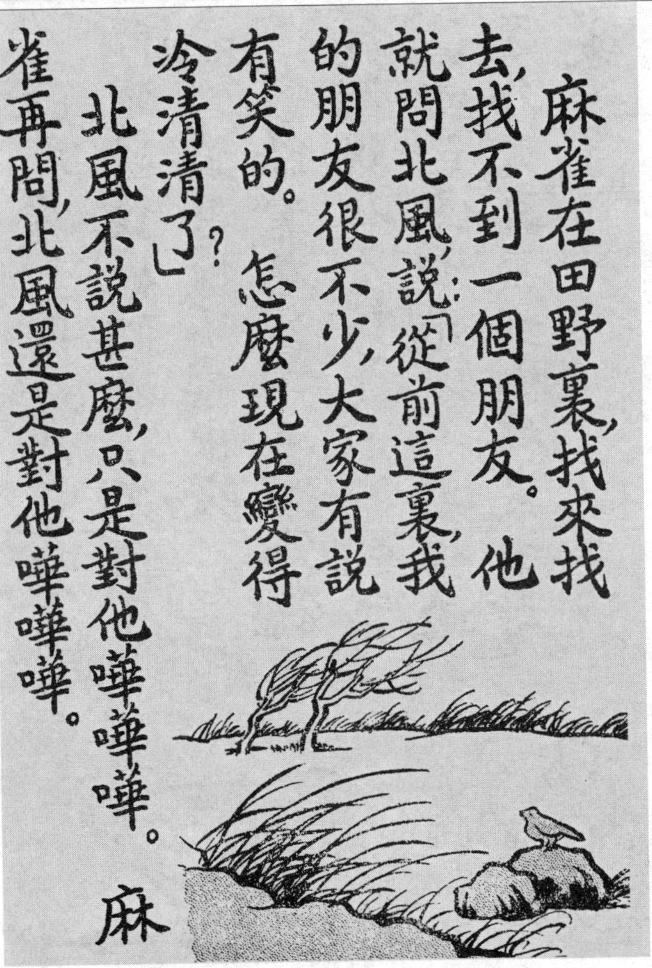

麻雀在田野裏，找來找去，找不到一個朋友。他就問北風，說：「從前這裏，我的朋友很不少，大家有說有笑的。怎麼現在變得冷清清了？」北風不說甚麼，只是對他嘩嘩嘩。麻雀再問，北風還是對他嘩嘩嘩。

第71课 麻雀问北风

麻雀在田野里，找来找去，找不到一个朋友。它就问北风，说：“从前这里，我的朋友很不少，大家有说有笑的。怎么现在变得冷清清了？”北风不说什么，只是对它哗哗哗。麻雀再问，北风还是对它哗哗哗。

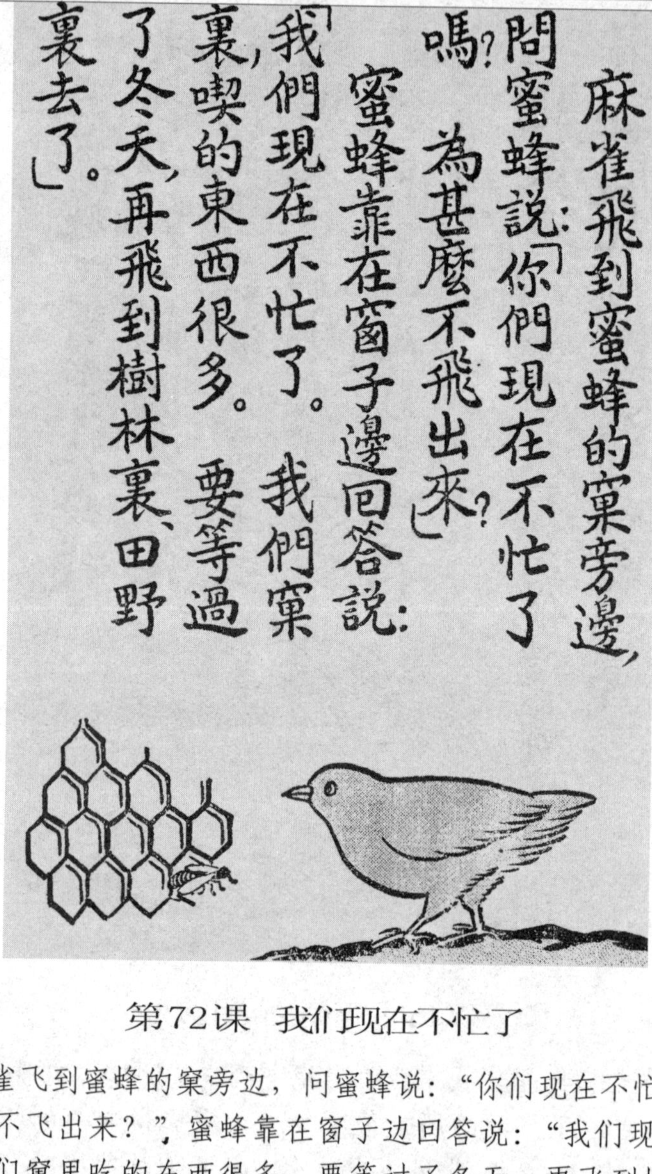
麻雀飛到蜜蜂的窠旁邊，問蜜蜂說：「你們現在不忙了嗎？為甚麼不飛出來？」蜜蜂靠在窗子邊回答說：「我們現在不忙了。我們窠裏，喫的東西很多。要等過了冬天，再飛到樹林裏、田野裏去了。」

第72课　我们现在不忙了

麻雀飞到蜜蜂的窠旁边，问蜜蜂说：“你们现在不忙了吗？为什么不飞出来？”，蜜蜂靠在窗子边回答说：“我们现在不忙了。我们窠里吃的东西很多。要等过了冬天，再飞到树林里、田野里去了。”

麻雀飛到青蛙的洞門口，問青蛙說：「你不想喫東西嗎？為甚麼不跳出來？」青蛙正要睡覺，眼睛也張不大開，回答說：「我不想喫東西。我只想睡，我只想睡。要等過了冬天，再跳出洞去了」。

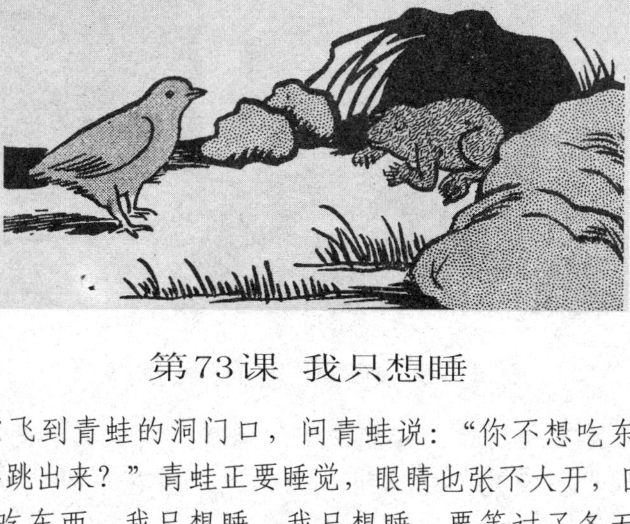

第73课 我只想睡

麻雀飞到青蛙的洞门口，问青蛙说：“你不想吃东西吗？为什么不跳出来？”青蛙正要睡觉，眼睛也张不大开，回答说：“我不想吃东西。我只想睡，我只想睡。要等过了冬天，再跳出洞去了。”

第74课 窗外雪花飞满天

窗外雪花飞满天。姐姐说它好像糖。妹妹说它好像盐。我说不像糖也不像盐。糖味甜。盐味咸。雪花不甜也不咸。

第75课 雪人

大家不怕冷，扫雪做雪人。雪人坐在地上，有三尺多高。身体很大，像个大胖子。姐姐说：“雪人的眼睛该改做黑的。”妹妹说：“雪人的眉毛也该改做黑的。”我说：“眼睛也不用改，眉毛也不用改。满身白色最好看。”

雪人在太陽光裏曬了半天，身體小了許多。四圍的地上都是水。妹妹對雪人說：「大胖子，大胖子，你曬了半天，出了一身汗，就變得這樣瘦了。早知道你怕太陽光，我們該請你坐在房子裏。」

第76课 大胖子瘦了

雪人在太阳光里晒了半天，身体小了许多。四围的地上都是水。妹妹对雪人说：“大胖子，大胖子，你晒了半天，出了一身汗，就变得这样瘦了。早知道你怕太阳光，我们该请你坐在房子里。”

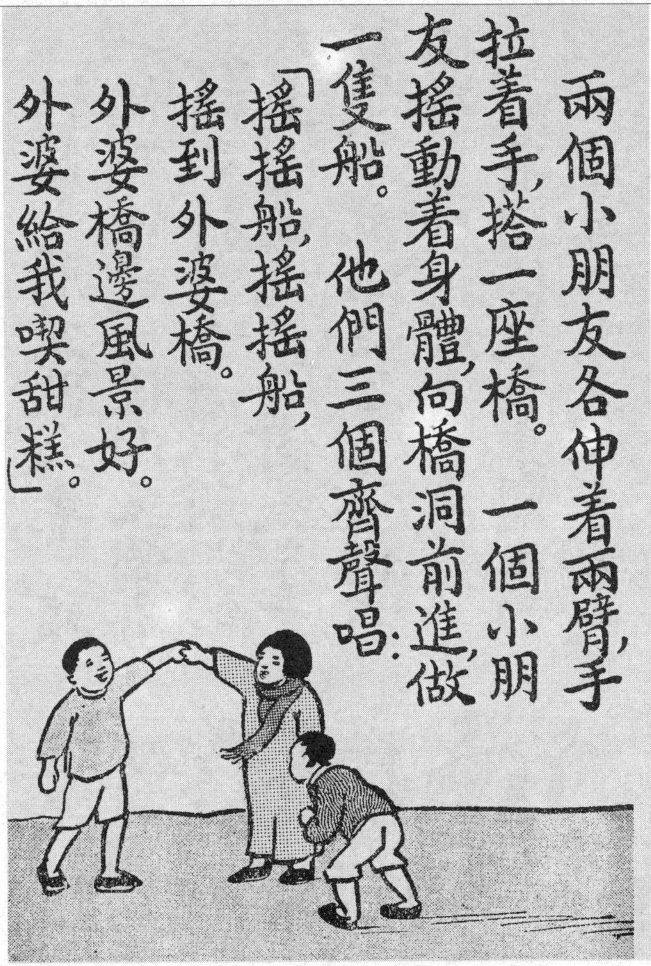
兩個小朋友各伸着兩臂，手拉着手，搭一座橋。一個小朋友搖動着身體，向橋洞前進，做一隻船。他們三個齊聲唱：

「搖搖船，搖搖船，
搖到外婆橋。
外婆橋邊風景好。
外婆給我喫甜糕。」

第77课 摇摇船

两个小朋友各伸着两臂，手拉着手，搭一座桥。一个小朋友摇动着身体，向桥洞前进，做一只船。他们三个齐声唱：“摇摇船，摇摇船，摇到外婆桥。外婆桥边风景好。外婆给我吃甜糕。”

六個小朋友做火車。頭一個不伸手。後面五個各把兩手搭在前面小朋友的肩上。「嗚嗚!」頭一個喊了一聲,火車就前進了。他們六個齊聲唱:「火車開往北,火車開往南。不怕風和雪,過水又過山。」

第78课 火车开往北

六个小朋友做火车。头一个不伸手。后面五个各把两手搭在前面小朋友的肩上。“呜呜!”头一个喊了一声，火车就前进了。他们六个齐声唱：“火车开往北，火车开往南。不怕风和雪，过水又过山。”

四個小朋友，一個跟着一個来回跑，做
四架飛機。他們的兩臂都向旁邊伸着，
一動也不動。他們四個齊聲唱：
「飛機快，飛機快。
一架在前，三架跟來。
飛高了，飛高了，
地面的風景看不見，
飛飛到了青雲外。」

第79课 飞机快

四个小朋友，一个跟着一个来回跑，做四架飞机。他们的两臂都向旁边伸着，一动也不动。他们四个齐声唱：“飞机快，飞机快。一架在前，三架跟来。飞高了，飞高了，地面的风景看不见，飞飞到了青云外。”

第80课 欢迎新朋友

欢迎，欢迎，欢迎，欢迎各位新朋友！今天我们初见面，大家过来拉拉手。我们从此在一起，相亲相爱相帮助，同说同笑同行走。欢迎，欢迎，欢迎，欢迎各位新朋友！

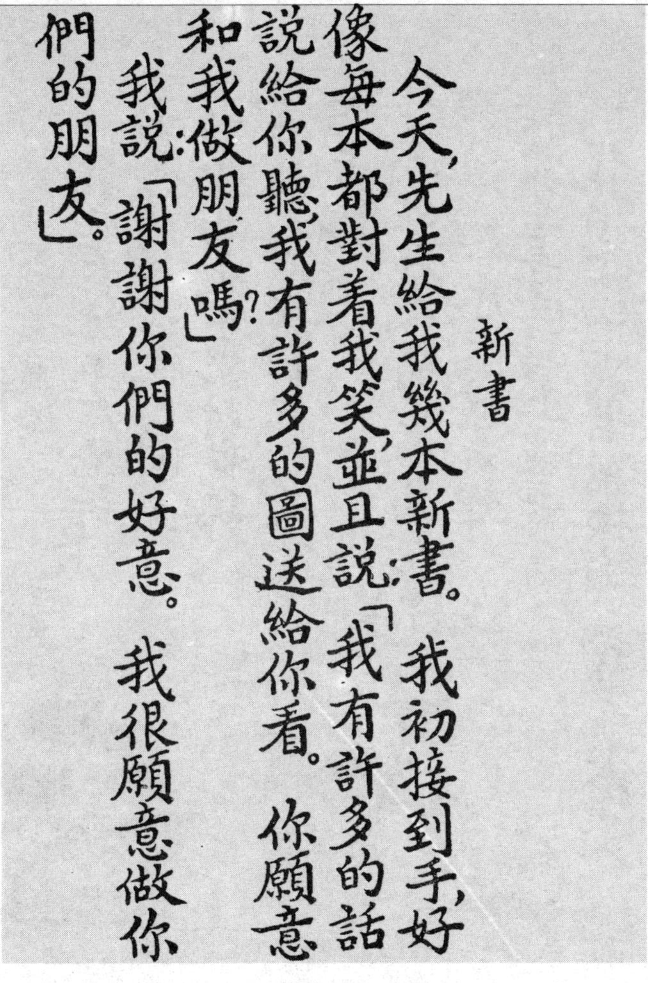
新書

今天，先生給我幾本新書。我初接到手，好像每本都對着我笑，並且說：「我有許多的話說給你聽，我有許多的圖送給你看。你願意和我做朋友嗎？」

我說：「謝謝你們的好意。我很願意做你們的朋友。」

第81课 新书

今天，先生给我几本新书。我初接到手，好像每本都对着我笑，并且说：“我有许多的话说给你听，我有许多的图送给你看。你愿意和我做朋友吗？”我说：“谢谢你们的好意。我很愿意做你们的朋友。”

第82课 我坐飞机了

我睡在床上，看见新书像门一样大。图里的小鸟飞下来对我说："快起来。我和你到天空去玩。"我就起来，骑在小鸟的背上。小鸟扑着翅膀，穿过青云向上飞去。我拍手说："我坐飞机了！我坐飞机了！"

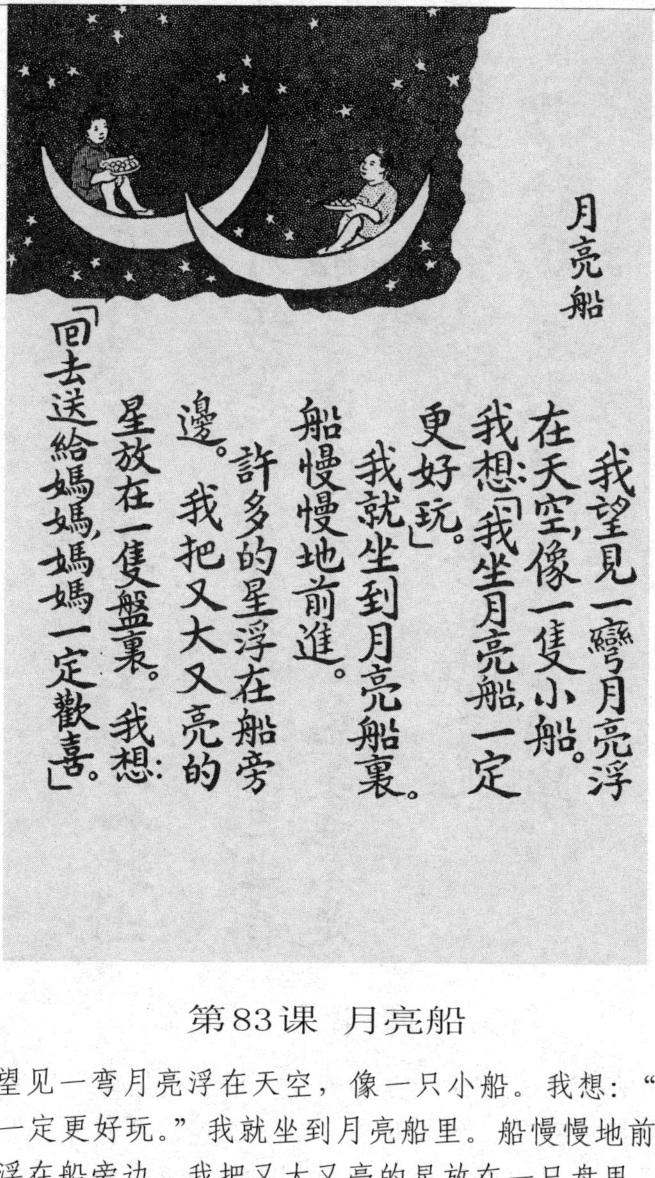

月亮船

我望見一彎月亮浮在天空，像一隻小船。我想：「我坐月亮船，一定更好玩。」我就坐到月亮船裏。船慢慢地前進。許多的星浮在船旁邊。我把又大又亮的星放在一隻盤裏。我想：「回去送給媽媽，媽媽一定歡喜。」

第83课 月亮船

我望见一弯月亮浮在天空，像一只小船。我想：“我坐月亮船，一定更好玩。”我就坐到月亮船里。船慢慢地前进。许多的星浮在船旁边。我把又大又亮的星放在一只盘里。我想：“回去送给妈妈，妈妈一定欢喜。”

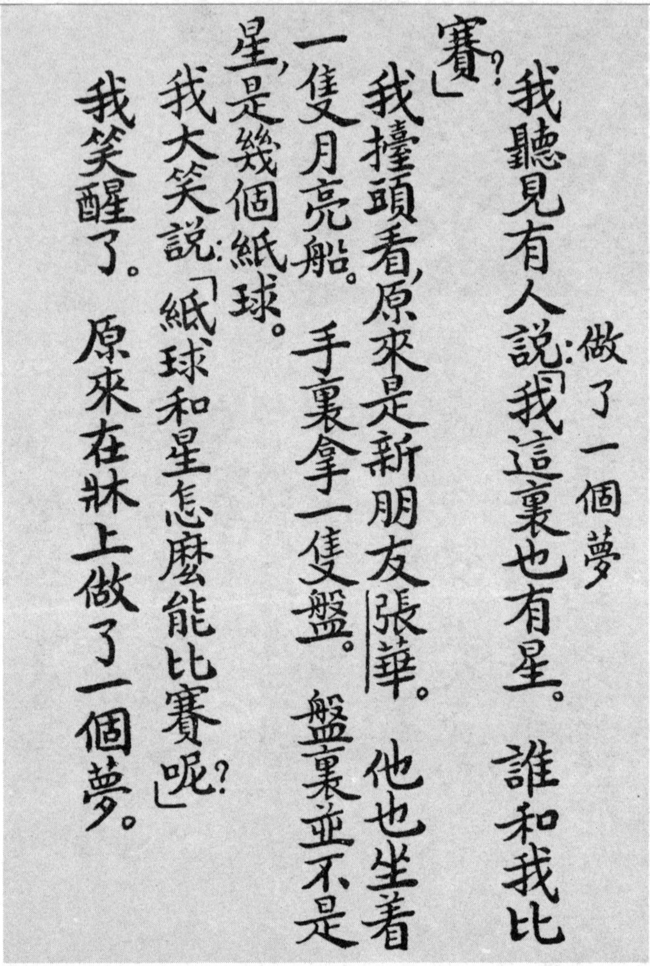
做了一個夢

我聽見有人說:「我這裏也有星。誰和我比賽?」

我擡頭看,原來是新朋友張華。他也坐着一隻月亮船。手裏拿一隻盤。盤裏並不是星,是幾個紙球。

我大笑說:「紙球和星怎麼能比賽呢?」

我笑醒了。原來在牀上做了一個夢。

第84课 做了一个梦

我听见有人说:“我这里也有星。谁和我比赛?”我抬头看,原来是新朋友张华。他也坐着一只月亮船。手里拿一只盘。盘里并不是星,是几个纸球。我大笑说:“纸球和星怎么能比赛呢?”我笑醒了。原来在床上做了一个梦。

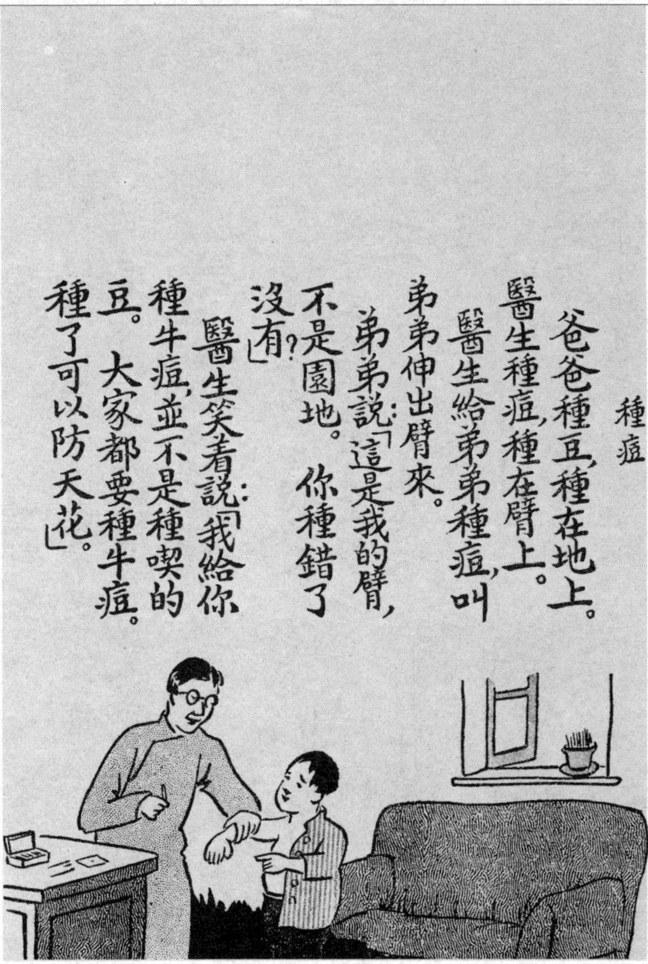

第85课 种痘

爸爸种豆，种在地上。医生种痘，种在臂上。医生给弟弟种痘，叫弟弟伸出臂来。弟弟说：“这是我的臂，不是园地。你种错了没有？”医生笑着说：“我给你种牛痘，并不是种吃的豆。大家都要种牛痘。种了可以防天花。”

少喫和多喫
媽媽煮雞蛋，給弟弟喫了一個。弟弟說：「雞蛋很好喫。再給我喫幾個。」媽媽說：「中午再喫吧。少喫多滋味。」媽媽走開了，弟弟又喫了三個雞蛋。不多一會，他的肚子痛起來了。媽媽跑來問明白了，說：「雞蛋喫得太多了。你可知道，多喫少滋味？」

第86课 少吃和多吃

妈妈煮鸡蛋，给弟弟吃了一个。弟弟说：“鸡蛋很好吃。再给我吃几个。”妈妈说：“中午再吃吧。少吃多滋味。”妈妈走开了，弟弟又吃了三个鸡蛋。不多一会，他的肚子痛起来了。妈妈跑来问明白了，说：“鸡蛋吃得太多了。你可知道，多吃少滋味？”

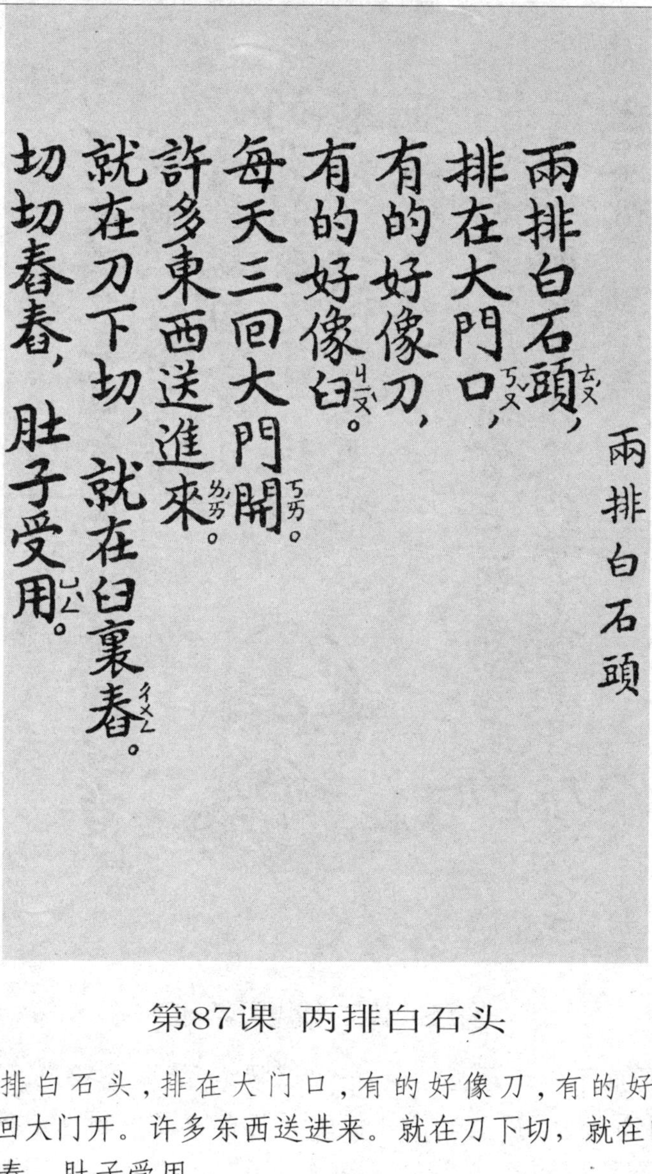

兩排白石頭

兩排白石頭，排在大門口，有的好像刀，有的好像臼。每天三回大門開。許多東西送進來。就在刀下切，就在臼裏舂。切切舂舂，肚子受用。

第87课 两排白石头

两排白石头，排在大门口，有的好像刀，有的好像臼。每天三回大门开。许多东西送进来。就在刀下切，就在臼里舂，切切舂舂，肚子受用。

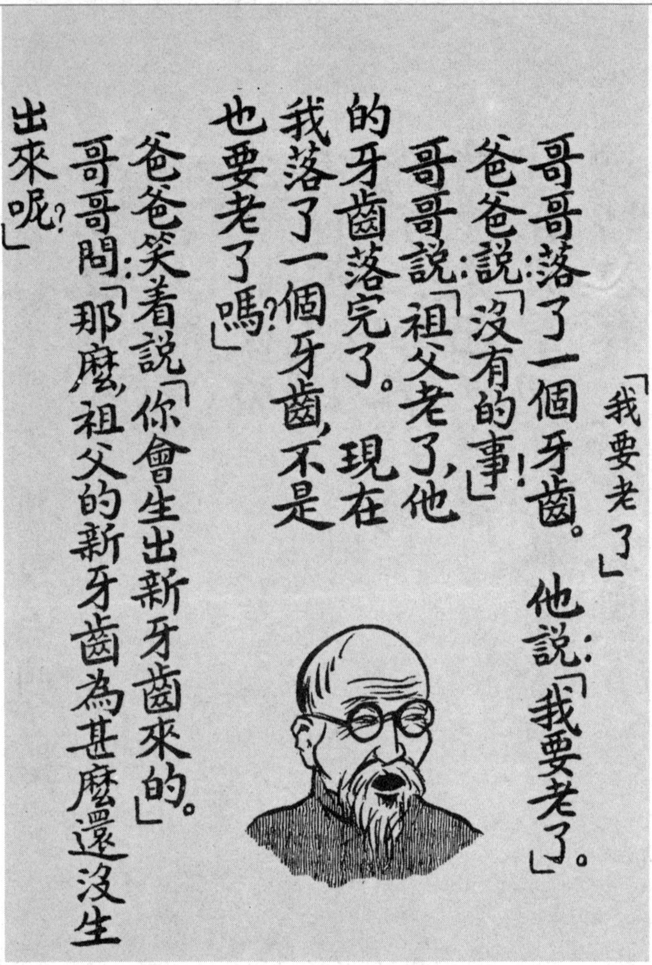
「我要老了」
哥哥落了一個牙齒。他說：「我要老了」。爸爸說：「沒有的事！」哥哥說：「祖父老了，他的牙齒落完了。現在我落了一個牙齒，不是也要老了嗎？」爸爸笑着說：「你會生出新牙齒來的。」哥哥問：「那麼，祖父的新牙齒為甚麼還沒生出來呢？」

第88课 我要老了

哥哥落了一个牙齿。他说：“我要老了。”爸爸说：“没有的事！”哥哥说：“祖父老了，他的牙齿落完了。现在我落了一个牙齿，不是也要老了吗？”爸爸笑着说：“你会生出新牙齿来的。”哥哥问：“那么，祖父的新牙齿为什么还没生出来呢？”

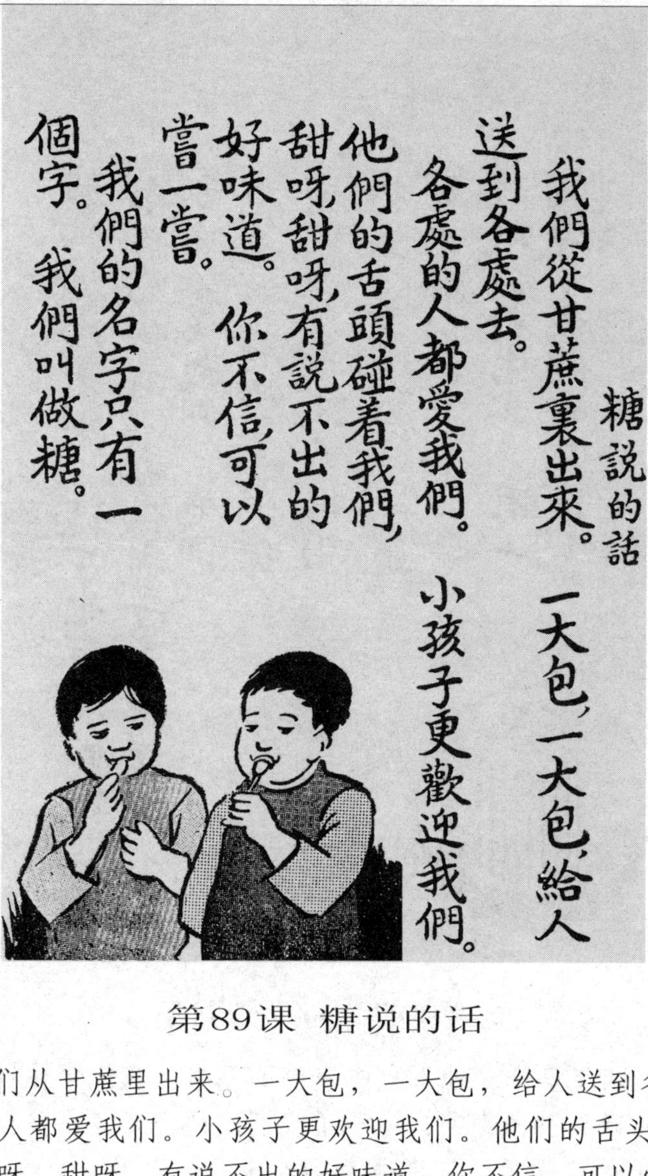

糖說的話

我們從甘蔗裏出來。一大包，一大包，給人送到各處去。各處的人都愛我們。小孩子更歡迎我們。他們的舌頭碰着我們，甜呀，甜呀，有說不出的好味道。你不信，可以嘗一嘗。我們的名字只有一個字。我們叫做糖。

第89课　糖说的话

我们从甘蔗里出来。一大包，一大包，给人送到各处去。各处的人都爱我们。小孩子更欢迎我们。他们的舌头碰着我们，甜呀，甜呀，有说不出的好味道。你不信，可以尝一尝。我们的名字只有一个字。我们叫做糖。

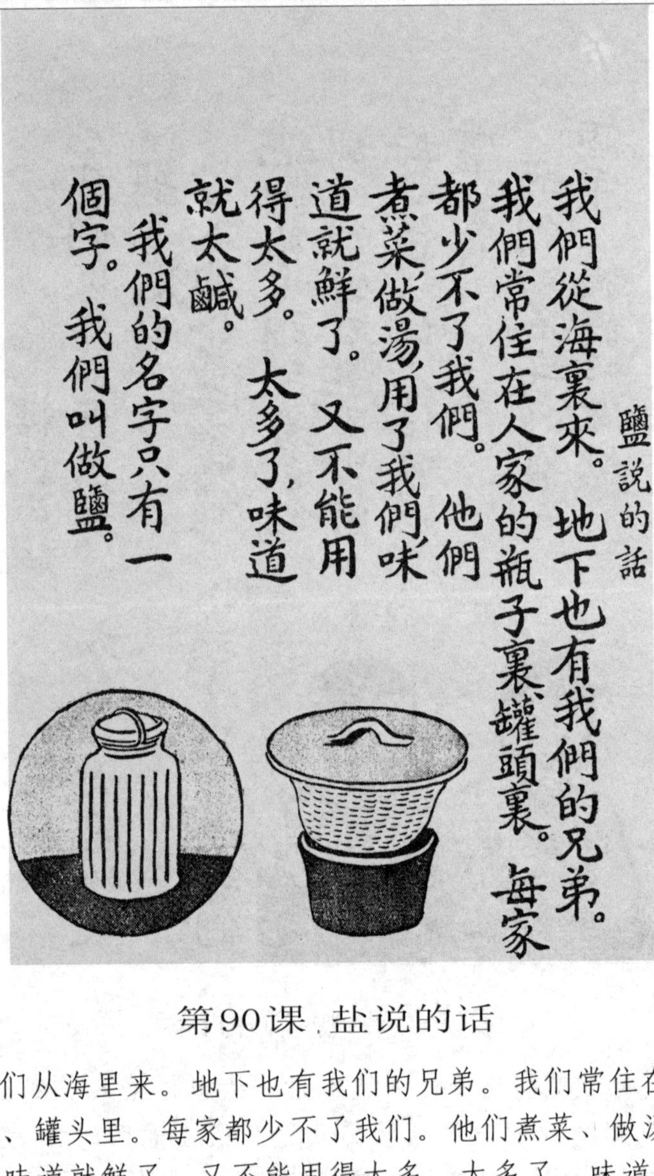
鹽說的話

我們從海裏來。地下也有我們的兄弟。我們常住在人家的瓶子裏、罐頭裏。每家都少不了我們。他們煮菜、做湯，用了我們，味道就鮮了。又不能用得太多。太多了，味道就太鹹。我們的名字只有一個字。我們叫做鹽。

第90课 盐说的话

我们从海里来。地下也有我们的兄弟。我们常住在人家的瓶子里、罐头里。每家都少不了我们。他们煮菜、做汤，用了我们，味道就鲜了。又不能用得太多。太多了，味道就太咸。我们的名字只有一个字。我们叫做盐。

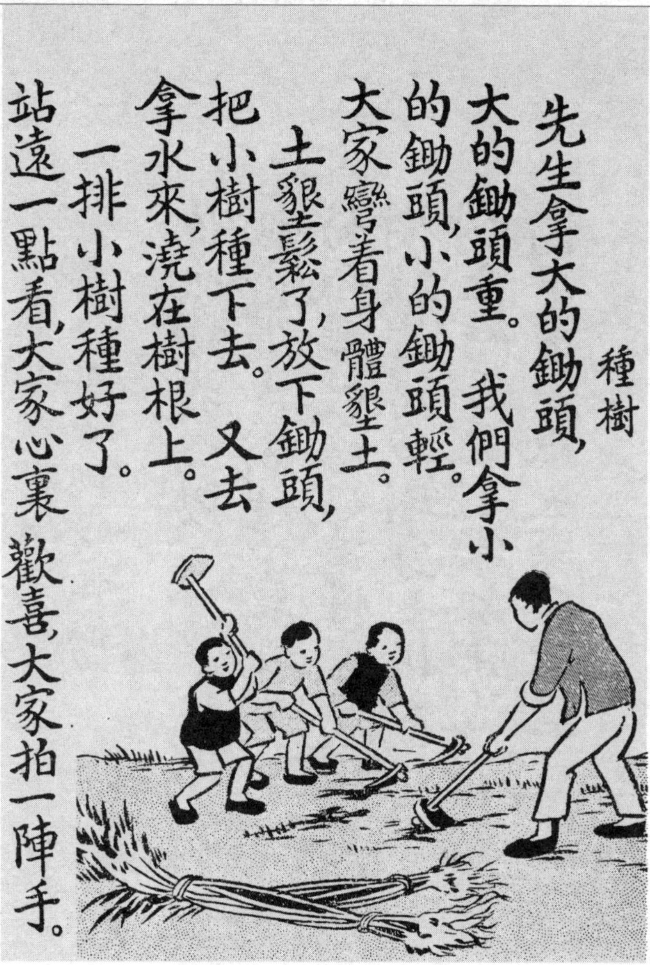

種樹

先生拿大的鋤頭，大的鋤頭重。我們拿小的鋤頭，小的鋤頭輕。大家彎着身體墾土。土墾鬆了，放下鋤頭，把小樹種下去。又去拿水來，澆在樹根上。一排小樹種好了。站遠一點看，大家心裏歡喜，大家拍一陣手。

第91课 种树

先生拿大的锄头，大的锄头重。我们拿小的锄头，小的锄头轻。大家弯着身体垦土。土垦松了，放下锄头，把小树种下去。又去拿水来，浇在树根上。一排小树种好了。站远一点看，大家心里欢喜，大家拍一阵手。

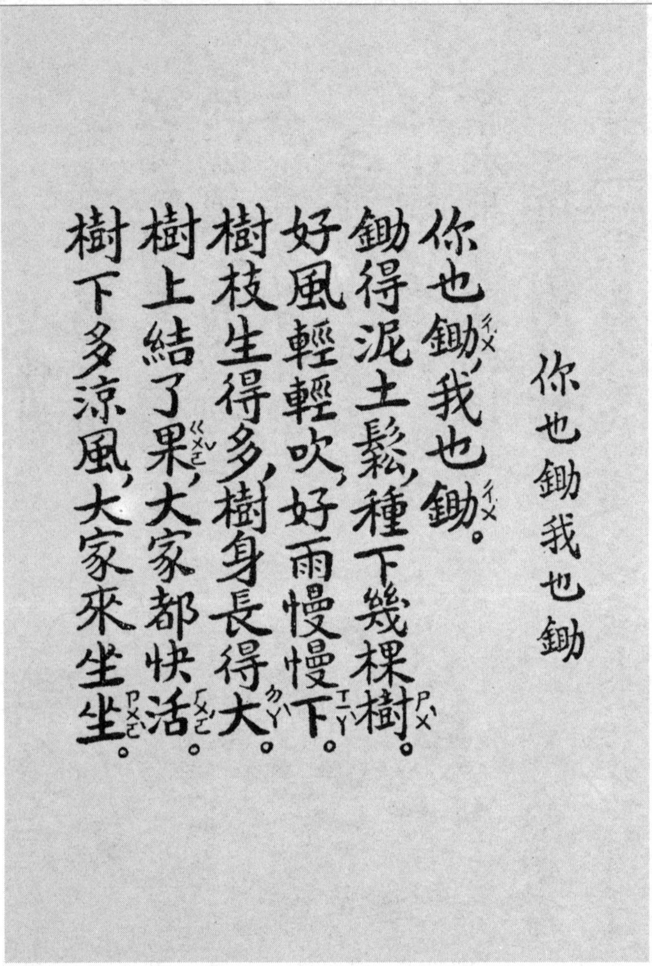
你也鋤我也鋤

你也鋤，我也鋤。鋤得泥土鬆，種下幾棵樹。好風輕輕吹，好雨慢慢下。樹枝生得多，樹身長得大。樹上結了果，大家都快活。樹下多涼風，大家來坐坐。

第92课　你也锄我也锄

你也锄，我也锄。锄得泥土松，种下几棵树。好风轻轻吹，好雨慢慢下。树枝生得多，树身长得大。树上结了果，大家都快活。树下多凉风，大家来坐坐。

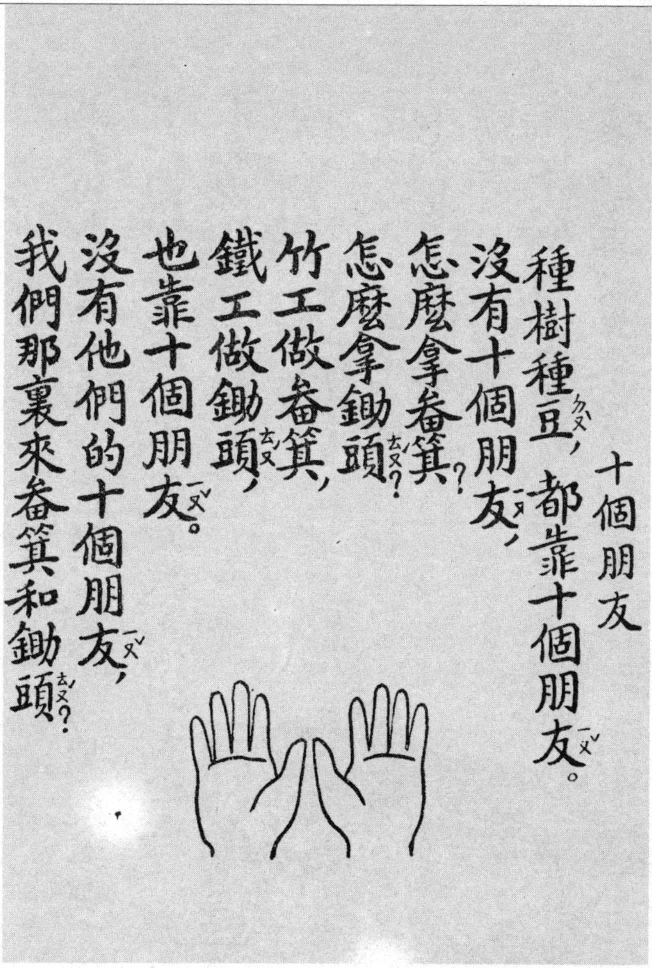

十個朋友

種樹種豆，都靠十個朋友。沒有十個朋友，怎麼拿畚箕？怎麼拿鋤頭？竹工做畚箕，鐵工做鋤頭，也靠十個朋友。沒有他們的十個朋友，我們那裏來畚箕和鋤頭？

第93课 十个朋友

种树种豆，都靠十个朋友。没有十个朋友，怎么拿畚箕？怎么拿锄头？竹工做畚箕，铁工做锄头，也靠十个朋友。没有他们的十个朋友，我们哪里来畚箕和锄头？

「燒熟了再喫吧」
上古的人出去打獵。拿到鳥和獸，就切開來生喫。有一回，樹林裏起了火。等火滅了，他們走過去，看見燒死的野獸。拿來嘗嘗，味道很好。他們說：「我們改了吧。我們把東西燒熟了再喫吧。」從此他們喫燒熟的東西，不再喫生東西了。

第94课　烧熟了再吃吧

上古的人出去打猎。拿到鸟和兽，就切开来生吃。有一回，树林里起了火。等火灭了，他们走过去，看见烧死的野兽。拿来尝尝，味道很好。他们说：“我们改了吧。我们把东西烧熟了再吃吧。”从此他们吃烧熟的东西，不再吃生东西了。

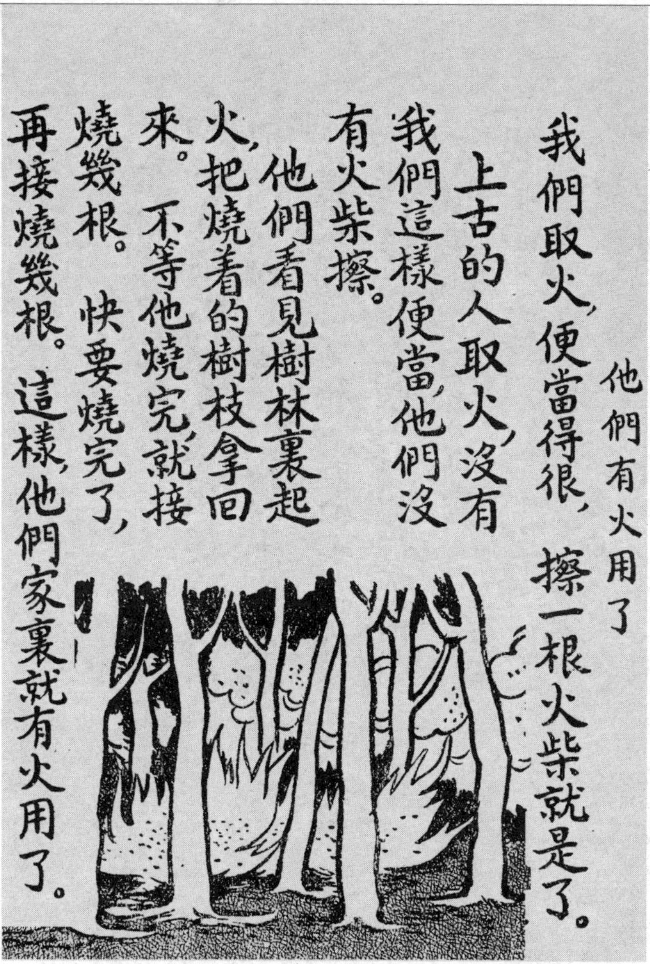
他們有火用了

我們取火，便當得很，擦一根火柴就是了。上古的人取火，沒有我們這樣便當，他們沒有火柴擦。他們看見樹林裏起火，把燒着的樹枝拿回來。不等他燒完，就接燒幾根。快要燒完了，再接燒幾根。這樣，他們家裏就有火用了。

第95课 他们有火用了

我们取火，便当得很，擦一根火柴就是了。上古的人取火，没有我们这样便当，他们没有火柴擦。他们看见树林里起火，把烧着的树枝拿回来。不等它烧完，就接烧几根。快要烧完了，再接烧几根。这样，他们家里就有火用了。

不用翅膀能高飛

細竹骨頭紙糊背。不用翅膀能高飛。
飛，飛，飛，到天空，小鳥對他笑哈哈。
「涼風吹你你不怕。暖日曬你你不怕。
如果下了雨，雨來打你你可怕？」
「不怕，不怕，雨來打我，
我早回了家。」

第96课 不用翅膀能高飞

细竹骨头纸糊背。不用翅膀能高飞。飞，飞，飞，到天空，小鸟对它笑哈哈。“凉风吹你你不怕。暖日晒你你不怕，如果下了雨，雨来打你你可怕？”“不怕，不怕，雨来打我，我早回了家。”

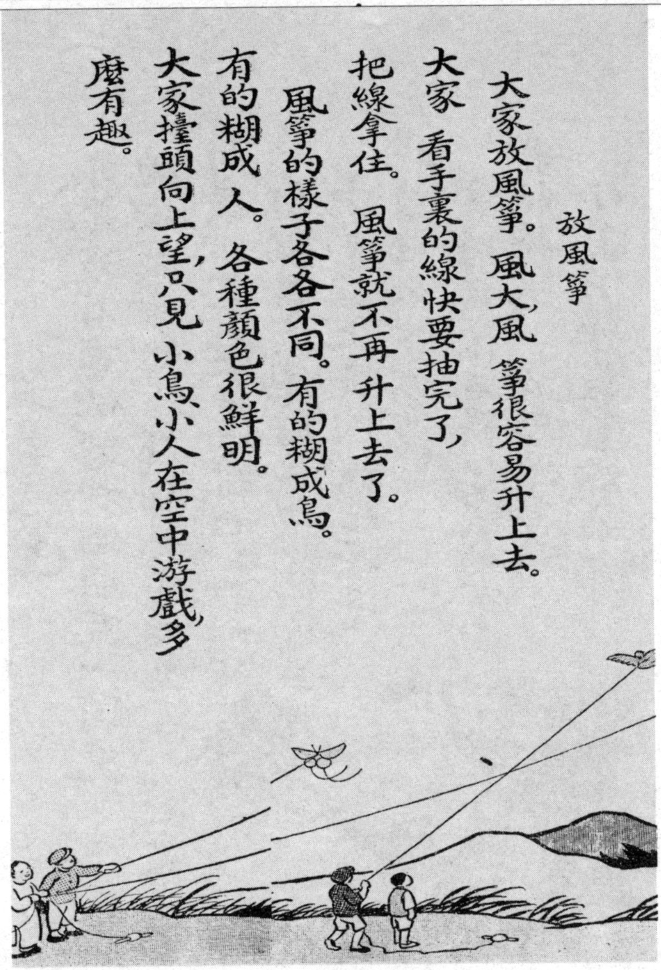

放風箏

大家放風箏。風大，風箏很容易升上去。大家看手裏的線快要抽完了，把線拿住。風箏就不再升上去了。風箏的樣子各各不同。有的糊成鳥。有的糊成人。各種顏色很鮮明。大家擡頭向上望，只見小鳥、小人在空中游戲，多麽有趣。

第97课 放风筝

大家放风筝。风大，风筝很容易升上去。大家看手里的线快要抽完了，把线拿住。风筝就不再升上去了。风筝的样子各各不同。有的糊成鸟。有的糊成人。各种颜色很鲜明。大家抬头向上望，只见小鸟、小人在空中游戏，多么有趣。

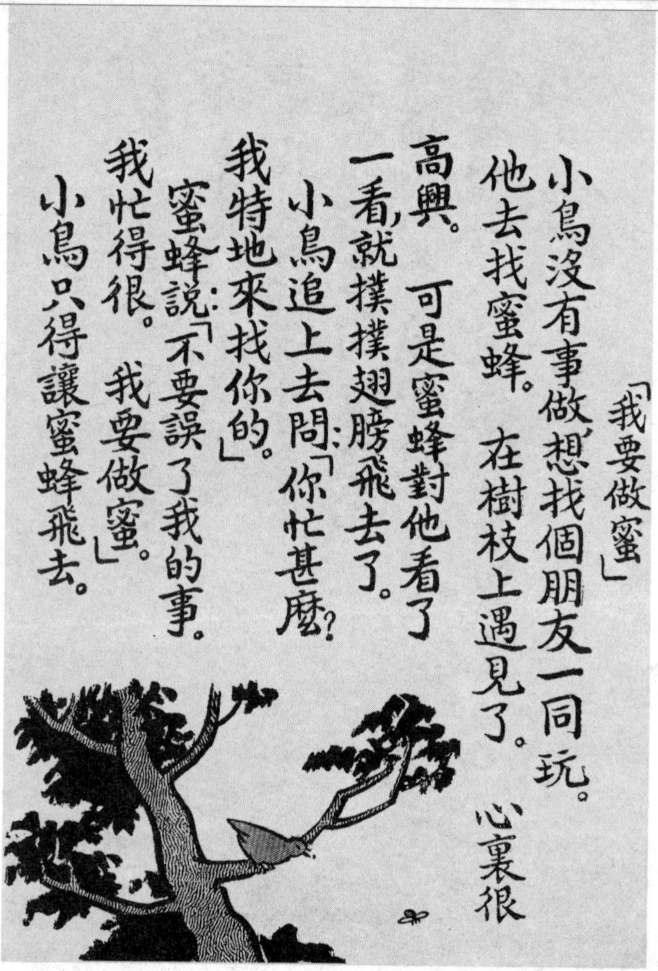

第98课 我要做蜜

小鸟没有事做，想找个朋友一同玩。它去找蜜蜂。在树枝上遇见了。心里很高兴。可是蜜蜂对它看了一看，就扑扑翅膀飞去了。小鸟追上去问：“你忙什么？我特地来找你的。”蜜蜂说：“不要误了我的事。我忙得很。我要做蜜。”小鸟只得让蜜蜂飞去。

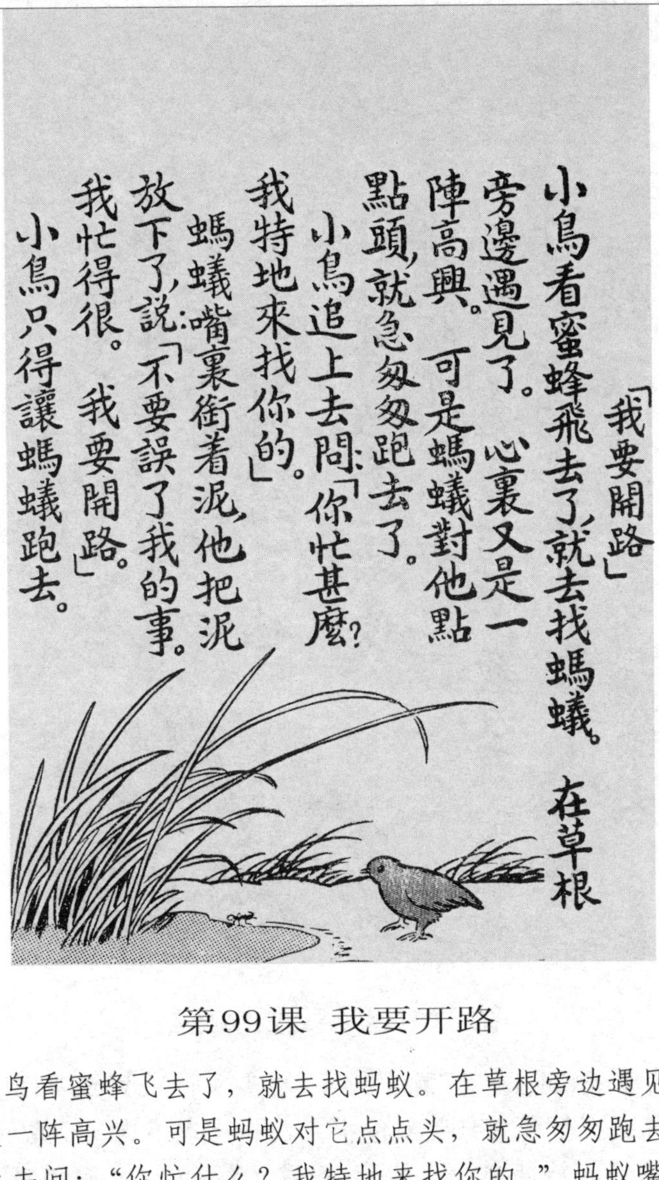
「我要開路」

小鳥看蜜蜂飛去了，就去找螞蟻。在草根旁邊遇見了。心裏又是一陣高興。可是螞蟻對他點點頭，就急匆匆跑去了。小鳥追上去問：「你忙甚麼？我特地來找你的。」螞蟻嘴裏銜着泥，他把泥放下了，說：「不要誤了我的事。我忙得很。我要開路。」小鳥只得讓螞蟻跑去。

第99课 我要开路

小鸟看蜜蜂飞去了，就去找蚂蚁。在草根旁边遇见了。心里又是一阵高兴。可是蚂蚁对它点点头，就急匆匆跑去了。小鸟追上去问：“你忙什么？我特地来找你的。”蚂蚁嘴里衔着泥，它把泥放下了，说：“不要误了我的事。我忙得很。我要开路。”小鸟只得让蚂蚁跑去。

「我要做絲」

小鳥看螞蟻跑去了，就去找蠶。在養蠶的人家遇見了。心裏又非常高興。可是蠶只管對他搖頭，一聲也不響。小鳥問：「為甚麼不響？我特地來找你的。」蠶說：「不要誤了我的事。我沒有工夫和你說話。」小鳥問：「為甚麼沒有工夫？」蠶說：「我忙得很。我要做絲。」小鳥只得飛去。

第100课 我要做丝

小鸟看蚂蚁跑去了，就去找蚕。在养蚕的人家遇见了。心里又非常高兴。可是蚕只管对他摇头，一声也不响。小鸟问：“为什么不响？我特地来找你的。”蚕说：“不要误了我的事。我没有工夫和你说话。”小鸟问：“为什么没有工夫？”蚕说：“我忙得很。我要做丝。”小鸟只得飞去。

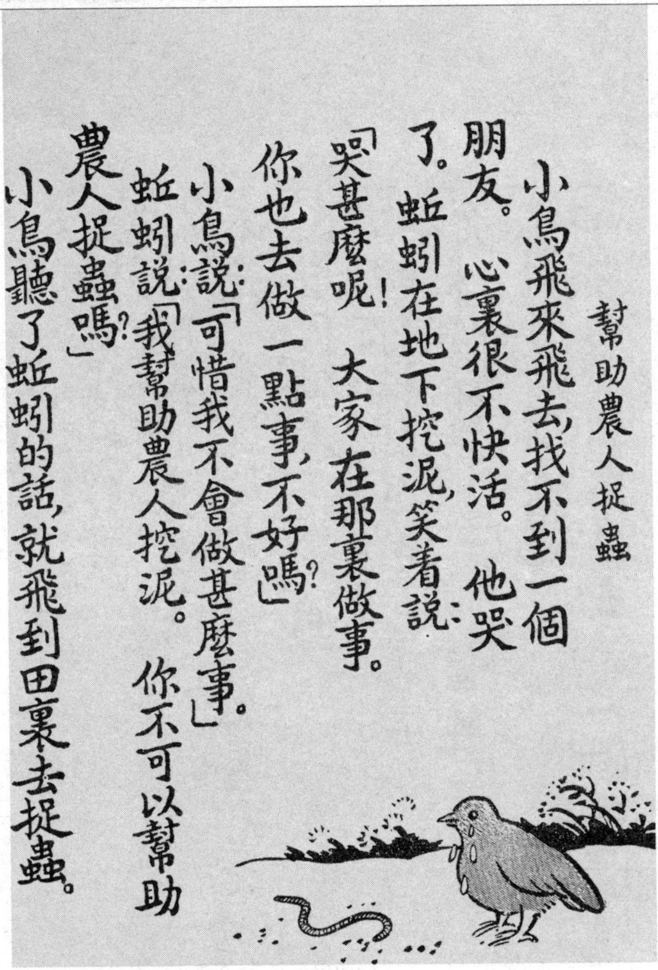

幫助農人捉蟲

小鳥飛來飛去，找不到一個朋友。心裏很不快活。他哭了。蚯蚓在地下挖泥，笑着說：「哭甚麼呢！大家在那裏做事。你也去做一點事，不好嗎？」小鳥說：「可惜我不會做甚麼事。」蚯蚓說：「我幫助農人挖泥。你不可以幫助農人捉蟲嗎？」小鳥聽了蚯蚓的話，就飛到田裏去捉蟲。

第101课 帮助农人捉虫

小鸟飞来飞去，找不到一个朋友。心里很不快活。它哭了。蚯蚓在地下挖泥，笑着说：“哭什么呢！大家在那里做事。你也去做一点事，不好吗？”小鸟说：“可惜我不会做什么事。”蚯蚓说：“我帮助农人挖泥。你不可以帮助农人捉虫吗？”小鸟听了蚯蚓的话，就飞到田里去捉虫。

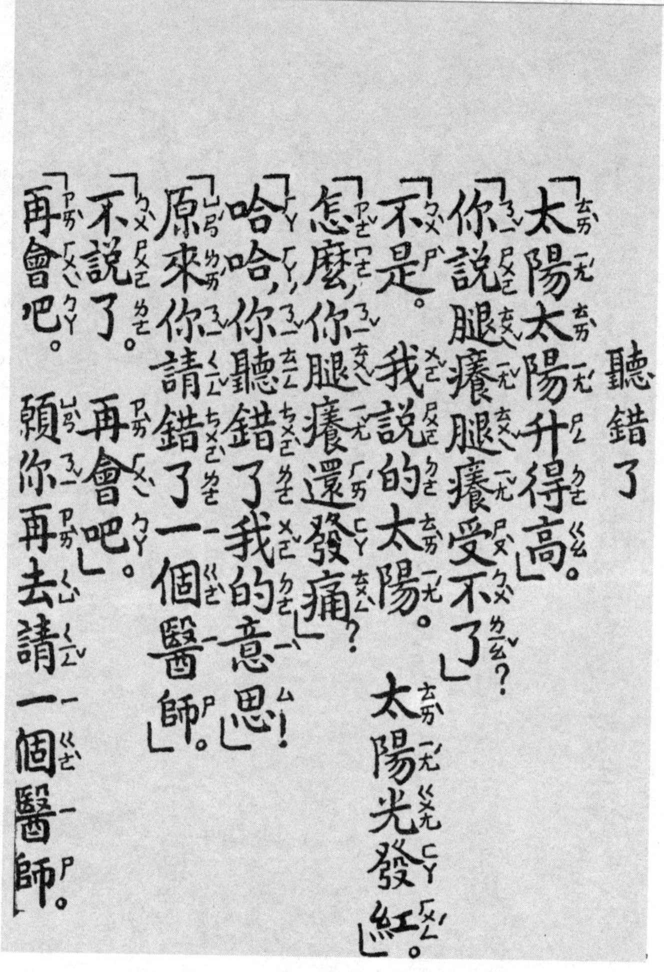

聽錯了

「太陽太陽升得高。」

「你說腿癢腿癢受不了？」

「不是。我說的太陽。太陽光發紅。」

「怎麼，你腿癢還發痛？」

「哈哈，你聽錯了我的意思！」

「原來你請錯了一個醫師。」

「不說了。再會吧。」

「再會吧。願你再去請一個醫師。」

第102课 听错了

“太阳太阳升得高。”“你说腿痒腿痒受不了？”“不是。我说的太阳。太阳光发红。”“怎么，你腿痒还发痛？”“哈哈，你听错了我的意思！”“原来你请错了一个医师。”“不说了。再会吧。”“再会吧。愿你再去请一个医师。”

鐘走得太快了

上午，媽媽對三個孩子說：「下午三點鐘，我和你們看戲去。」兄弟三個都高興。

喫過了午飯他們撥動了鐘上的針，對媽媽說：「兩點三刻了。我們去吧。」

他們走進戲場，一個看客也不見。

媽媽說：「兩點三刻出門，到這裏不會這樣早。一定是我們的鐘走得太快了。」

第103课　钟走得太快了

上午，妈妈对三个孩子说：“下午三点钟，我和你们看戏去。”兄弟三个都高兴。吃过了午饭他们拨动了钟上的针，对妈妈说：“两点三刻了。我们去吧。”他们走进戏场，一个看客也不见。妈妈说：“两点三刻出门，到这里不会这样早。一定是我们的钟走得太快了。”

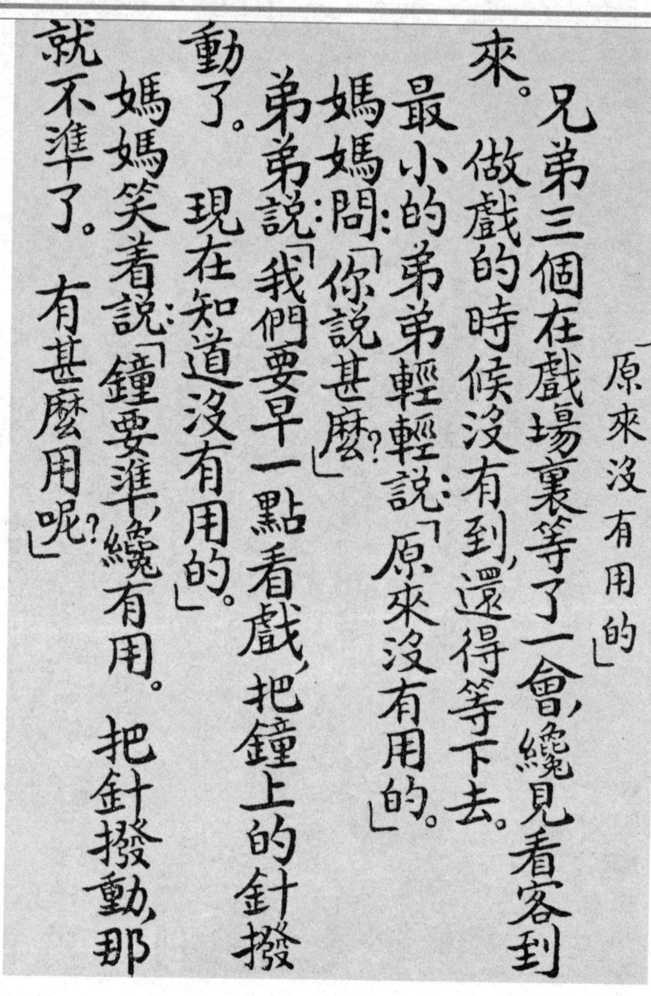
「原來沒有用的」

兄弟三個在戲場裏等了一會，纔見看客到來。做戲的時候沒有到，還得等下去。最小的弟弟輕輕說：「原來沒有用的。」媽媽問：「你說甚麼？」弟弟說：「我們要早一點看戲，把鐘上的針撥動了。現在知道沒有用的。」媽媽笑着說：「鐘要準，纔有用。把針撥動，那就不準了。有甚麼用呢？」

第104课　原来没有用的

兄弟三个在戏场里等了一会，才见看客到来。做戏的时候没有到，还得等下去。最小的弟弟轻轻说：“原来没有用的。”妈妈问：“你说什么？”弟弟说：“我们要早一点看戏，把钟上的针拨动了。现在知道没有用的。”妈妈笑着说：“钟要准，才有用。把针拨动，那就不准了。有什么用呢？”

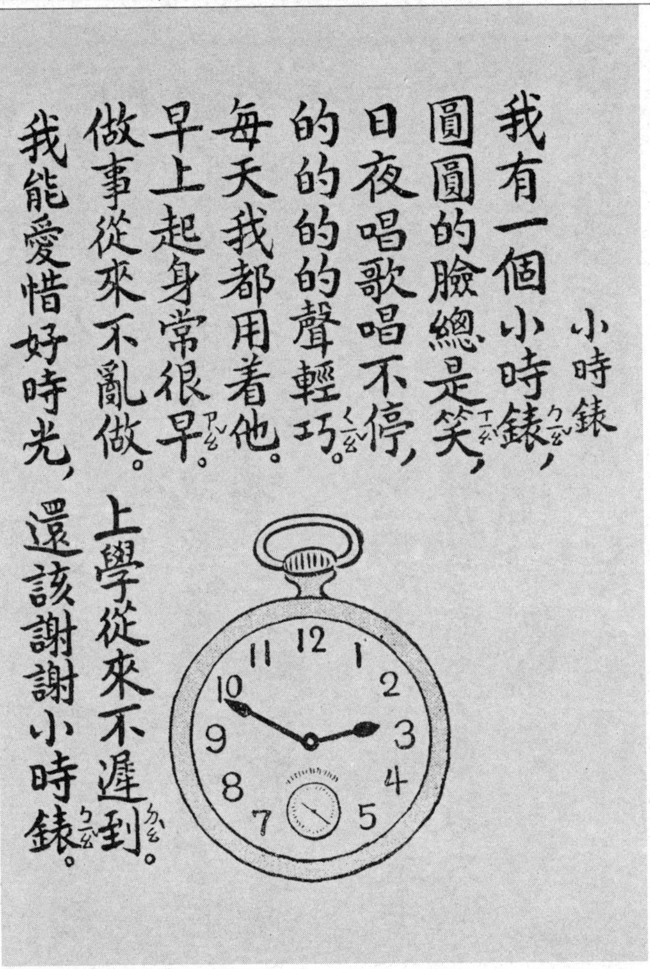
小時錶

我有一個小時錶，
圓圓的臉總是笑，
日夜唱歌唱不停，
的的的的聲輕巧。
每天我都用着他。
早上起身常很早。
做事從來不亂做。
上學從來不遲到。
我能愛惜好時光，
還該謝謝小時錶。

第105课 小时表

我有一个小时表，圆圆的脸总是笑，日夜唱歌唱不停，的的的的声轻巧。每天我都用着它。早上起身常很早。做事从来不乱做。上学从来不迟到。我能爱惜好时光，还该谢谢小时表。

竈前竈後

姊妹三個做游戲。兩把椅子就算是他們的竈。大姊姊站在竈前，說：「我做魚湯。讓我嘗嘗看。還要加一點鹽呢。二妹妹，給我那鹽罐頭。」二妹妹也站在竈前，說：「我煮飯。飯裏還要加一點水呢。小妹妹，你要當心，不要讓火滅了。」小妹妹坐在竈後，說：「不會的。燒柴的事，最容易了。」

第106课 灶前灶后

姐妹三个做游戏。两把椅子就算是她们的灶。大姐姐站在灶前，说：“我做鱼汤。让我尝尝看。还要加一点盐呢。二妹妹，给我那盐罐头。”二妹妹也站在灶前，说：“我煮饭。饭里还要加一点水呢。小妹妹，你要当心，不要让火灭了。”小妹妹坐在灶后，说：“不会的。烧柴的事，最容易了。”

坐下來喫飯

小妹妹說：「飯煮熟了。魚湯做好了。我們喫飯吧。」大姊姊說：「不要匆忙。我們先得洗洗手。」洗過了手，他們纔坐下來喫飯。一個說：「嘗嘗魚湯看。」又一個說：「我們一同嘗。」彼此非常親愛的樣子。媽媽看他們這樣游戲，點頭說：「你們玩得很有意思。」

第107课 坐下来吃饭

小妹妹说：“饭煮熟了。鱼汤做好了。我们吃饭吧。”大姐姐说：“不要匆忙，我们先得洗洗手。”洗过了手，她们才坐下来吃饭。一个说：“尝尝鱼汤看。”又一个说：“我们一同尝。”彼此非常亲爱的样子。妈妈看她们这样游戏，点头说：“你们玩得很有意思。”

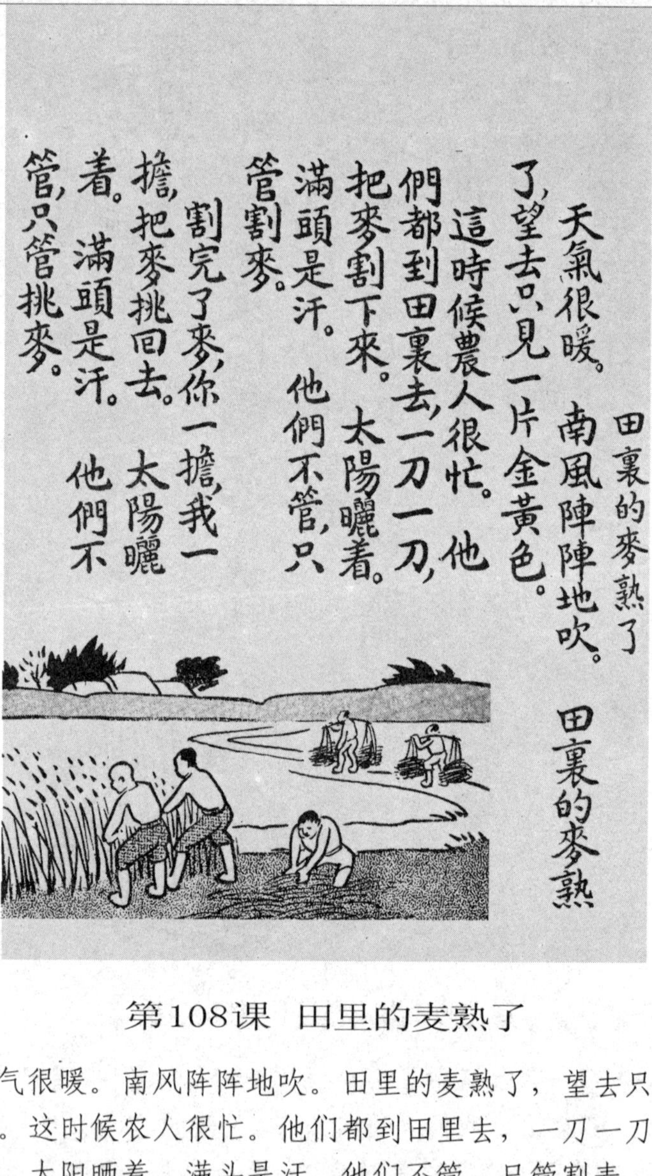

第108课　田里的麦熟了

天气很暖。南风阵阵地吹。田里的麦熟了，望去只见一片金黄色。这时候农人很忙。他们都到田里去，一刀一刀，把麦割下来。太阳晒着。满头是汗。他们不管，只管割麦。割完了麦，你一担，我一担，把麦挑回去。太阳晒着。满头是汗。他们不管，只管挑麦。

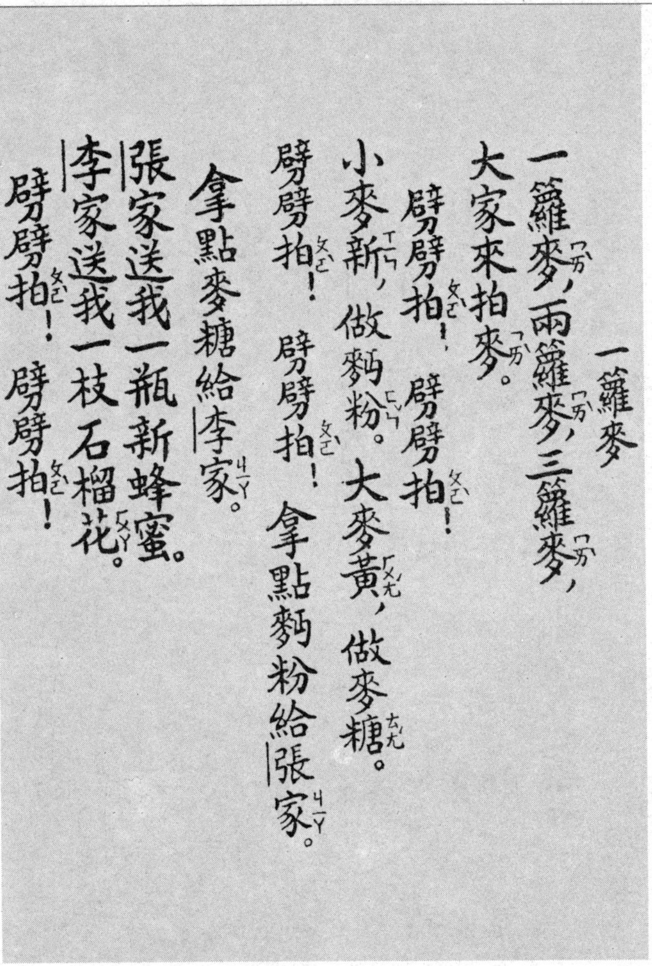
一籮麥

一籮麥，兩籮麥，三籮麥，
大家來拍麥。
劈劈拍！劈劈拍！
小麥新，做麪粉。大麥黃，做麥糖。
劈劈拍！劈劈拍！拿點麪粉給張家。
拿點麥糖給李家。
張家送我一瓶新蜂蜜。
李家送我一枝石榴花。
劈劈拍！劈劈拍！

第109课 一箩麦

一箩麦，两箩麦，三箩麦，大家来拍麦。劈劈拍！劈劈拍！小麦新，做面粉。大麦黄，做麦糖。劈劈拍！劈劈拍！拿点面粉给张家。拿点麦糖给李家。张家送我一瓶新蜂蜜。李家送我一枝石榴花。劈劈拍！劈劈拍！

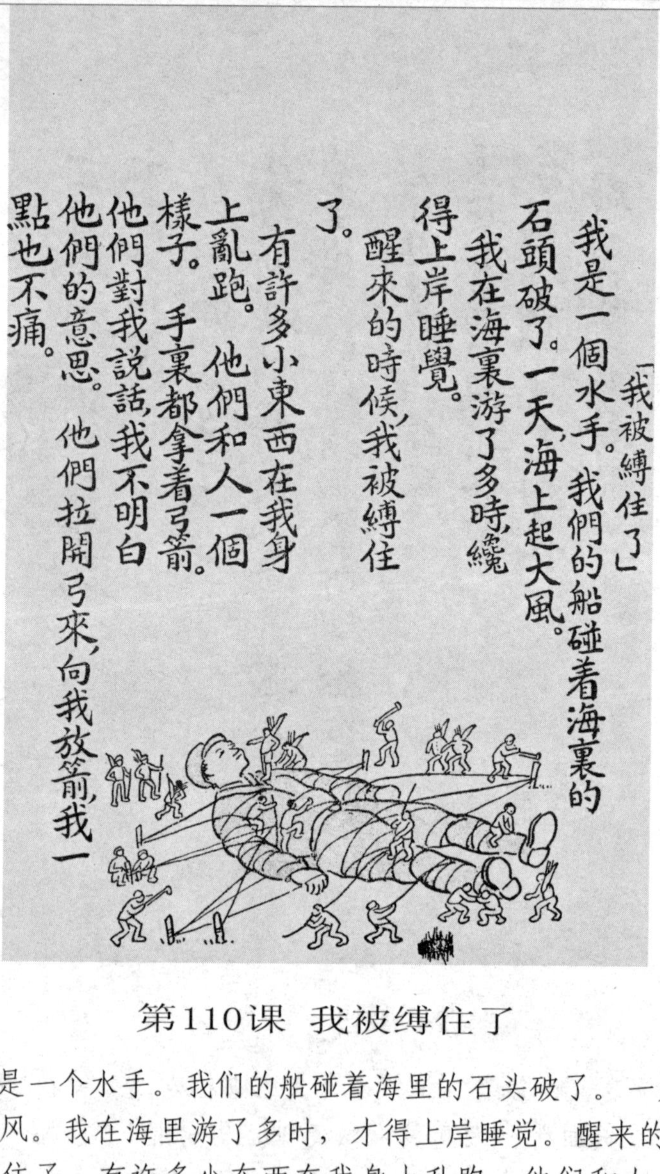
我被縛住了

我是一個水手。我們的船碰着海裏的石頭破了。一天，海上起大風。我在海裏游了多時，纔得上岸睡覺。醒來的時候，我被縛住了。

有許多小東西在我身上亂跑。他們和人一個樣子。手裏都拿着弓箭。他們對我說話，我不明白他們的意思。他們拉開弓來，向我放箭，我一點也不痛。

第110课 我被缚住了

我是一个水手。我们的船碰着海里的石头破了。一天，海上起大风。我在海里游了多时，才得上岸睡觉。醒来的时候，我被缚住了。有许多小东西在我身上乱跑。他们和人一个样子。手里都拿着弓箭。他们对我说话，我不明白他们的意思。他们拉开弓来，向我放箭，我一点也不痛。

「我餓了」

我把縛住兩臂的線拉斷，他們就向我放亂箭。我停了手，他們也就不放了。

我餓了。把手指放到嘴邊，讓他們知道我要喫東西。

許多小人到我嘴邊來了。每人拿隻籃，籃裏都是喫的東西。我一口就是十籃。

我又讓他們知道我要喝水。許多小人到我嘴邊來了。他們扛着一大桶水。我一口就是一大桶。

第111课 我饿了

我把缚住两臂的线拉断，他们就向我放乱箭。我停了手，他们也就不放了。我饿了。把手指放到嘴边，让他们知道我要吃东西。许多小人到我嘴边来了。每人拿只篮，篮里都是吃的东西。我一口就是十篮。我又让他们知道我要喝水。许多小人到我嘴边来了。他们扛着一大桶水。我一口就是一大桶。

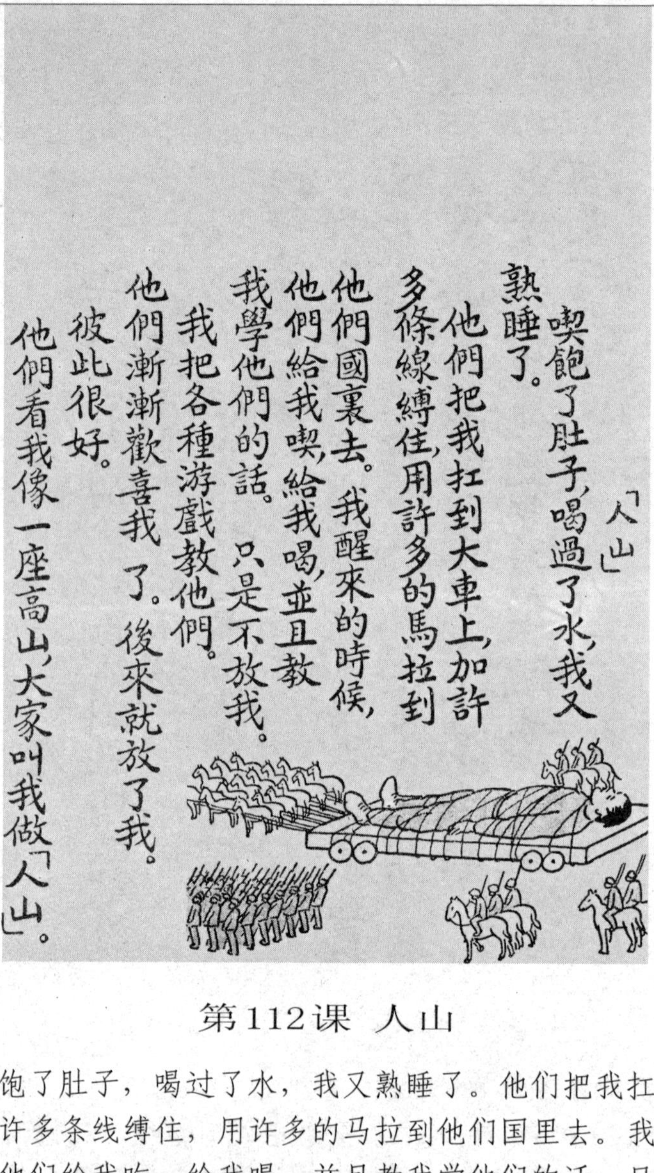

第112课 人山

吃饱了肚子，喝过了水，我又熟睡了。他们把我扛到大车上，加许多条线缚住，用许多的马拉到他们国里去。我醒来的时候，他们给我吃，给我喝，并且教我学他们的话。只是不放我。我把各种游戏教他们。他们渐渐欢喜我了。后来就放了我。彼此很好。他们看我像一座高山，大家叫我做“人山”。

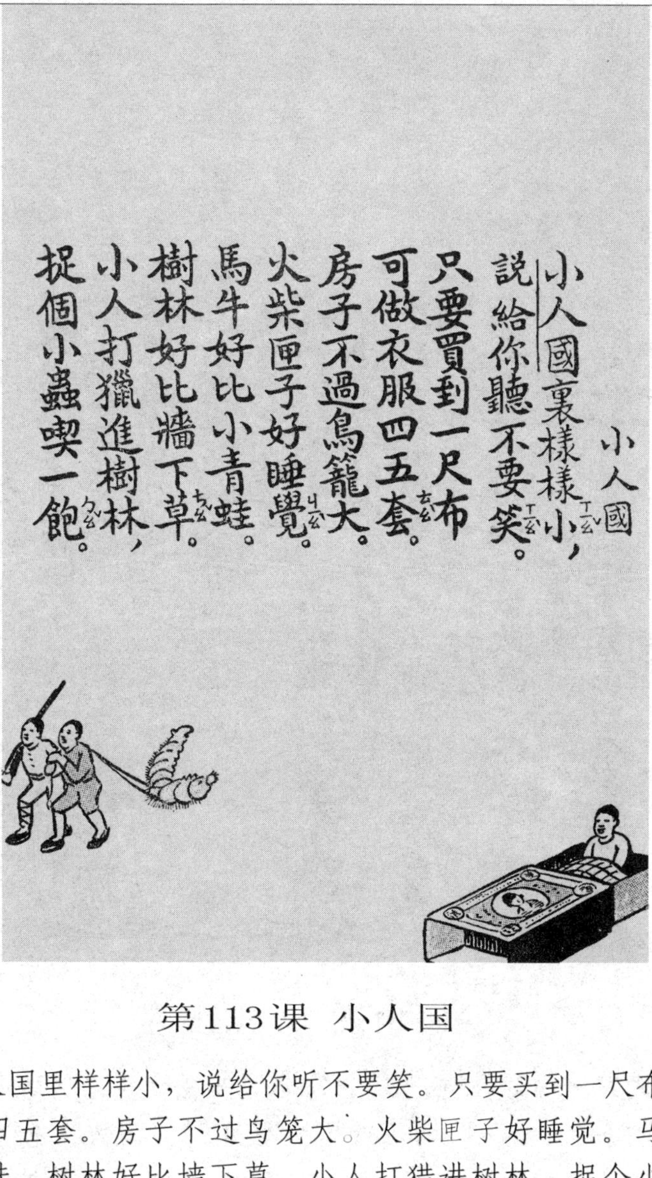

小人國

小人國裏樣樣小，說給你聽不要笑。只要買到一尺布，可做衣服四五套。房子不過鳥籠大。火柴匣子好睡覺。馬牛好比小青蛙。樹林好比牆下草。小人打獵進樹林，捉個小蟲喫一飽。

第113课　小人国

小人国里样样小，说给你听不要笑。只要买到一尺布，可做衣服四五套。房子不过鸟笼大。火柴匣子好睡觉。马牛好比小青蛙。树林好比墙下草。小人打猎进树林，捉个小虫吃一饱。

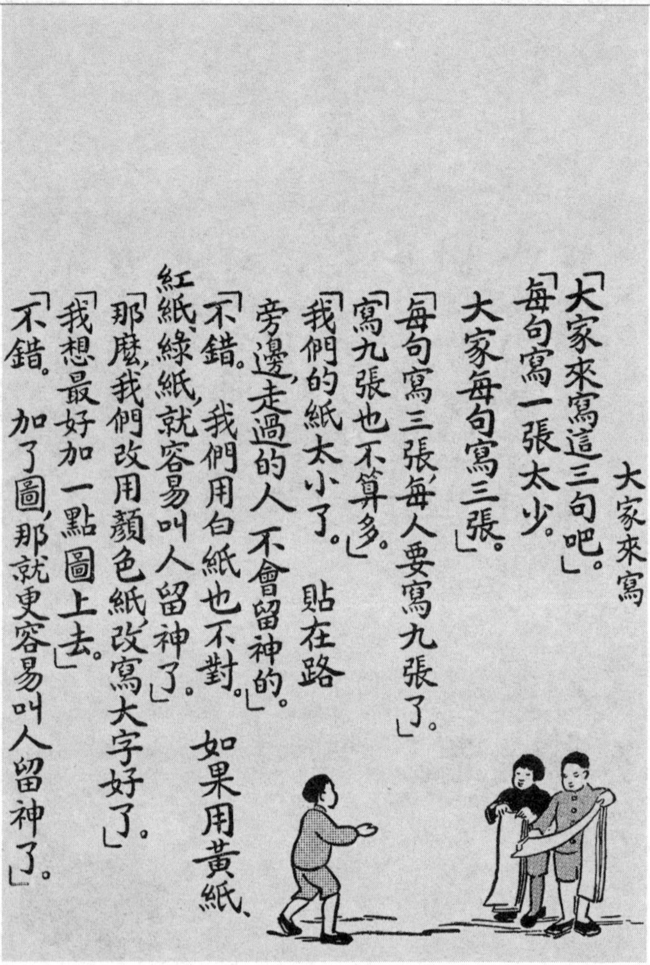
大家來寫

「大家來寫這三句吧。」「每句寫一張太少。大家每句寫三張。」「每句寫三張，每人要寫九張了。」「寫九張也不算多。」「我們的紙太小了。貼在路旁邊，走過的人不會留神的。」「不錯。我們用白紙也不對。如果用黃紙、紅紙、綠紙，就容易叫人留神了。」「那麼，我們改用顏色紙，改寫大字好了。」「我想最好加一點圖上去。」「不錯。加了圖，那就更容易叫人留神了。」

第114课 大家来写

“大家来写这三句吧。”“每句写一张太少。大家每句写三张。”“每句写三张，每人要写九张了。”“写九张也不算多。”“我们的纸太小了。贴在路旁边，走过的人不会留神的。”“不错。我们用白纸也不对。如果用黄纸、红纸、绿纸，就容易叫人留神了。”“那么，我们改用颜色纸，改写大字好了。”“我想最好加一点图上去。”“不错。加了图，那就更容易叫人留神了。”

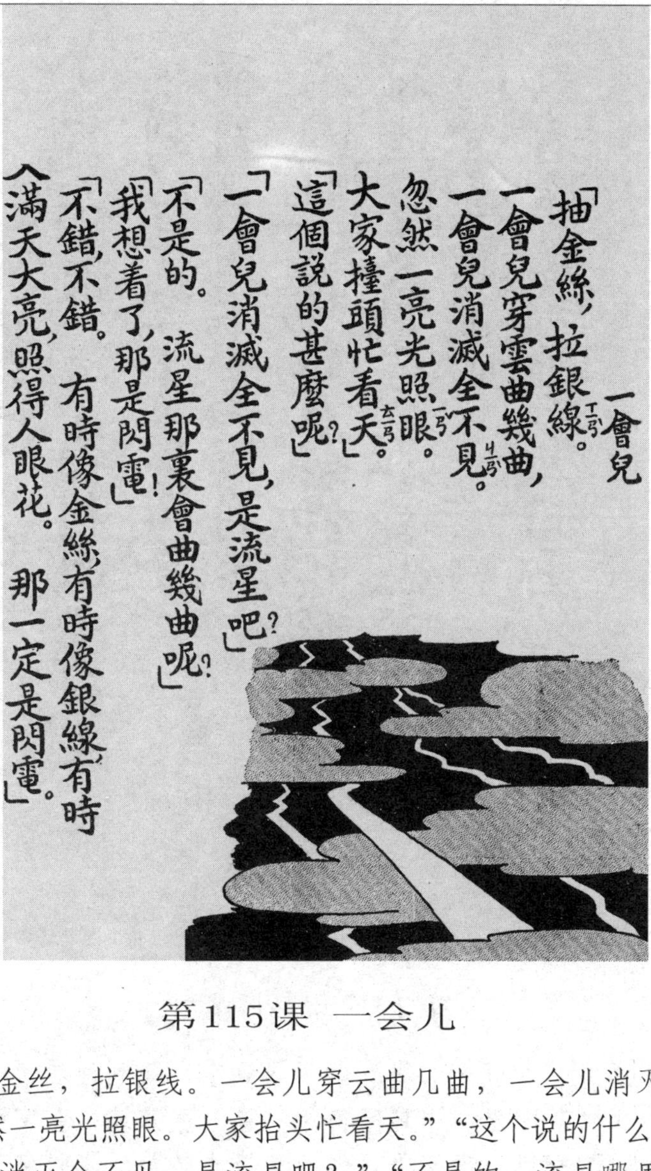

第115课 一会儿

“抽金丝，拉银线。一会儿穿云曲几曲，一会儿消灭全不见。忽然一亮光照眼。大家抬头忙看天。”“这个说的什么呢？”“一会儿消灭全不见，是流星吧？”“不是的。流星哪里会曲几曲呢？”“我想着了，那是闪电！”“不错，不错。有时像金丝，有时像银线，有时又满天大亮，照得人眼花。那一定是闪电。”

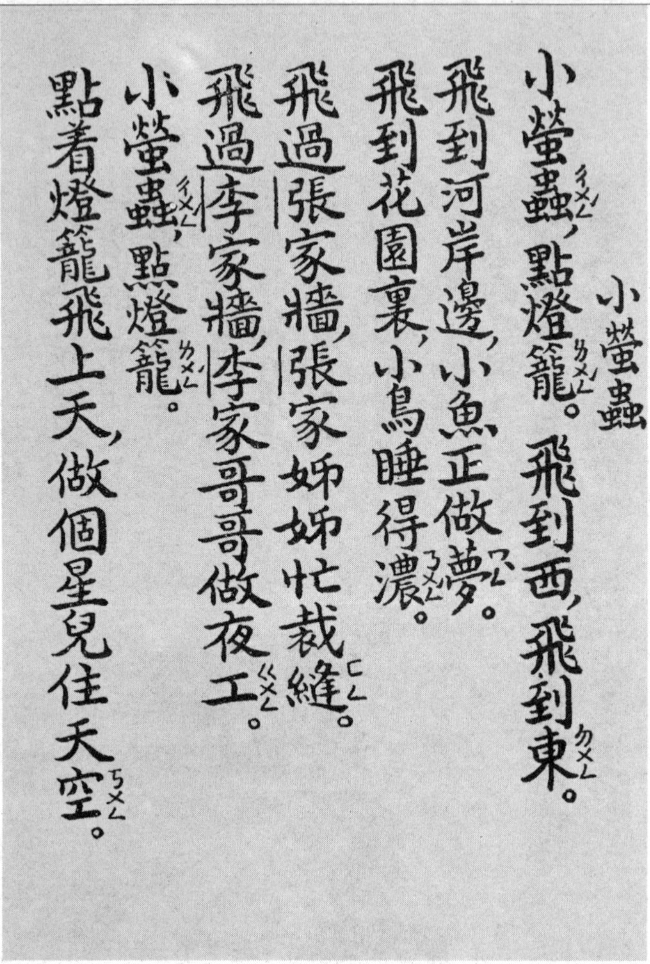

小螢蟲

小螢蟲，點燈籠。飛到西，飛到東。飛到河岸邊，小魚正做夢。飛到花園裏，小鳥睡得濃。飛過張家牆，張家姊姊忙裁縫。飛過李家牆，李家哥哥做夜工。小螢蟲，點燈籠。點着燈籠飛上天，做個星兒住天空。

第116课 小萤虫

小萤虫，点灯笼。飞到西，飞到东。飞到河岸边，小鱼正做梦。飞到花园里，小鸟睡得浓。飞过张家墙，张家姐姐忙裁缝。飞过李家墙，李家哥哥做夜工。小萤虫，点灯笼。点着灯笼飞上天，做个星儿住天空。

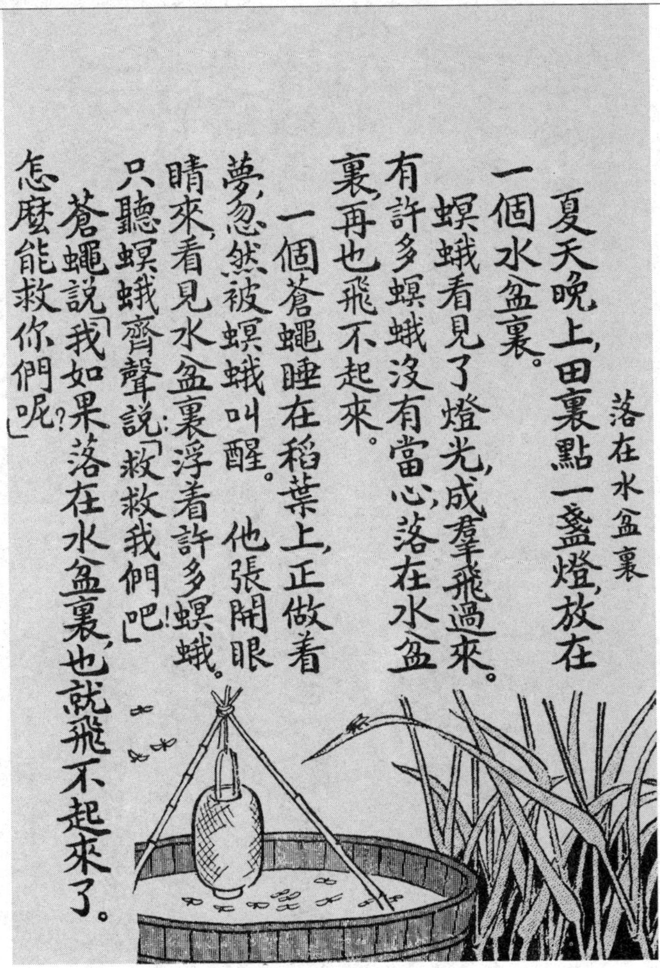

落在水盆裏

夏天晚上,田裏點一盞燈,放在一個水盆裏。

螟蛾看見了燈光,成羣飛過來。有許多螟蛾沒有當心,落在水盆裏,再也飛不起來。

一個蒼蠅睡在稻葉上,正做着夢,忽然被螟蛾叫醒。他張開眼睛來,看見水盆裏浮着許多螟蛾。只聽螟蛾齊聲說:「救救我們吧!」

蒼蠅說:「我如果落在水盆裏,也就飛不起來了。怎麼能救你們呢?」

第117课 落在水盆里

夏天晚上，田里点一盏灯，放在一个水盆里。螟蛾看见了灯光，成群飞过来。有许多螟蛾没有当心，落在水盆里，再也飞不起来。一个苍蝇睡在稻叶上，正做着梦，忽然被螟蛾叫醒。它张开眼睛来，看见水盆里浮着许多螟蛾。只听螟蛾齐声说：“救救我们吧！”苍蝇说：“我如果落在水盆里，也就飞不起来了。怎么能救你们呢？”

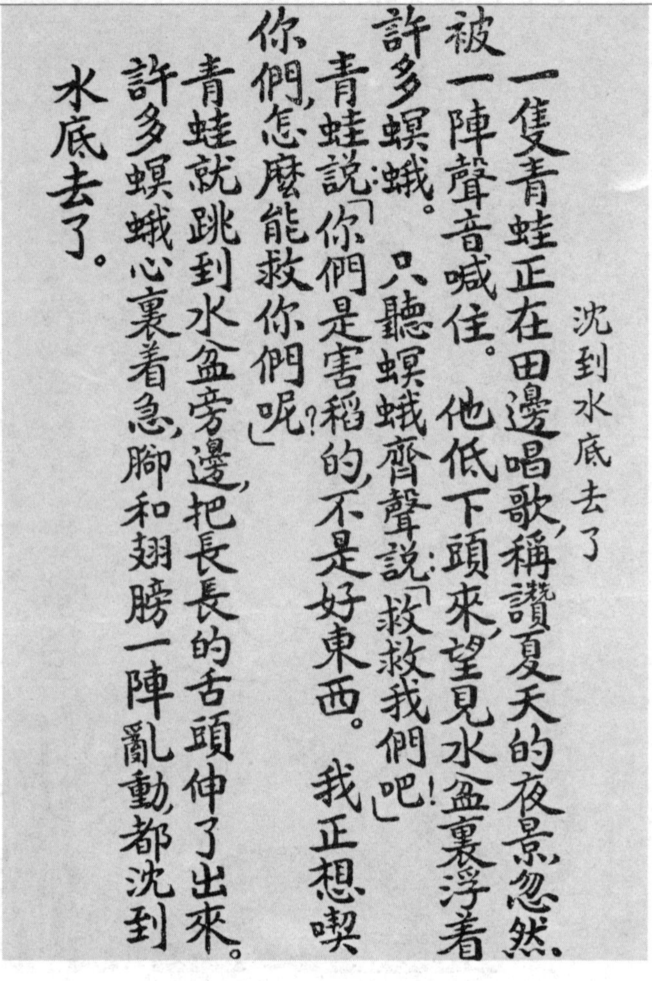

沈到水底去了

一隻青蛙正在田邊唱歌，稱讚夏天的夜景，忽然被一陣聲音喊住。他低下頭來，望見水盆裏浮着許多螟蛾。只聽螟蛾齊聲說：「救救我們吧！」青蛙說：「你們是害稻的，不是好東西。我正想喫你們，怎麼能救你們呢？」

青蛙就跳到水盆旁邊，把長長的舌頭伸了出來。許多螟蛾心裏着急，腳和翅膀一陣亂動，都沈到水底去了。

第118课 沉到水底去了

一只青蛙正在田边唱歌，称赞夏天的夜景，忽然被一阵声音喊住。它低下头来，望见水盆里浮着许多螟蛾。只听螟蛾齐声说：“救救我们吧！”青蛙说：“你们是害稻的，不是好东西。我正想吃你们，怎么能救你们呢？”青蛙就跳到水盆旁边，把长长的舌头伸了出来。许多螟蛾心里着急，脚和翅膀一阵乱动，都沉到水底去了。

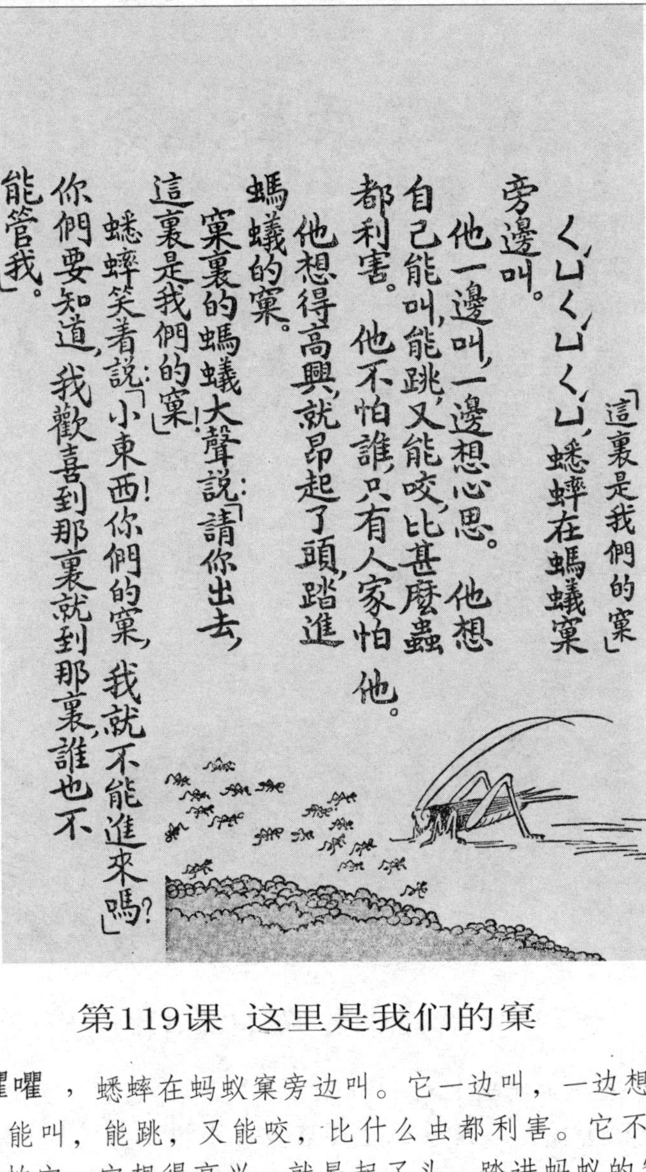
「這裏是我們的窠」

ㄑㄩㄑㄩㄑㄩ，蟋蟀在螞蟻窠旁邊叫。

他一邊叫，一邊想心思。他想自己能叫，能跳，又能咬，比甚麼蟲都利害。他不怕誰，只有人家怕他。

他想得高興，就昂起了頭，踏進螞蟻的窠。

窠裏的螞蟻大聲說：「請你出去，這裏是我們的窠！」

蟋蟀笑着說：「小東西！你們的窠，我就不能進來嗎？你們要知道，我歡喜到那裏就到那裏，誰也不能管我。」

第119课 这里是我们的窠

嚁嚁嚁，蟋蟀在蚂蚁窠旁边叫。它一边叫，一边想心思。它想自己能叫，能跳，又能咬，比什么虫都利害。它不怕谁，只有人家怕它。它想得高兴，就昂起了头，踏进蚂蚁的窠。窠里的蚂蚁大声说：“请你出去，这里是我们的窠！”蟋蟀笑着说：“小东西！你们的窠，我就不能进来吗？你们要知道，我欢喜到哪里就到哪里，谁也不能管我。”

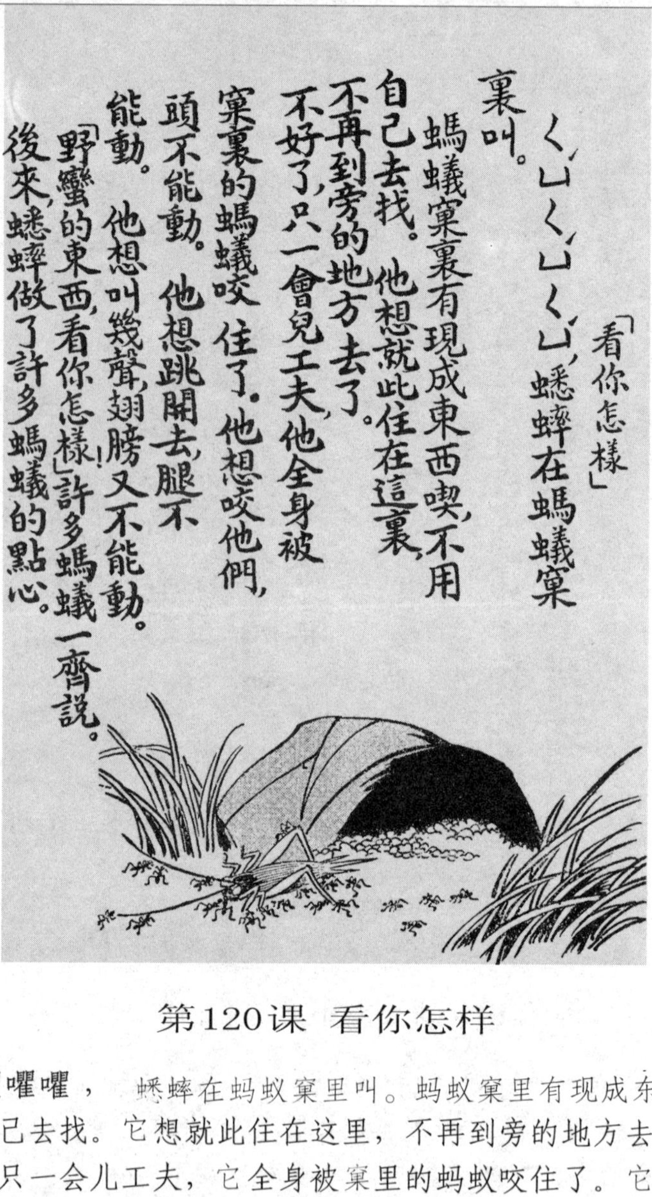
「看你怎樣」

ㄑㄩㄑㄩㄑㄩ，蟋蟀在螞蟻窠裏叫。

螞蟻窠裏有現成東西喫，不用自己去找。他想就此住在這裏，不再到旁的地方去了。不好了，只一會兒工夫，他全身被窠裏的螞蟻咬住了。他想咬他們，頭不能動。他想跳開去，腿不能動。他想叫幾聲，翅膀又不能動。「野蠻的東西，看你怎樣！」許多螞蟻一齊說。後來，蟋蟀做了許多螞蟻的點心。

第120课 看你怎样

嚁嚁嚁，蟋蟀在蚂蚁窠里叫。蚂蚁窠里有现成东西吃，不用自己去找。它想就此住在这里，不再到旁的地方去了。不好了，只一会儿工夫，它全身被窠里的蚂蚁咬住了。它想咬它们，头不能动。它想跳开去，腿不能动。它想叫几声，翅膀又不能动。“野蛮的东西，看你怎样！”许多蚂蚁一齐说。后来，蟋蟀做了许多蚂蚁的点心。

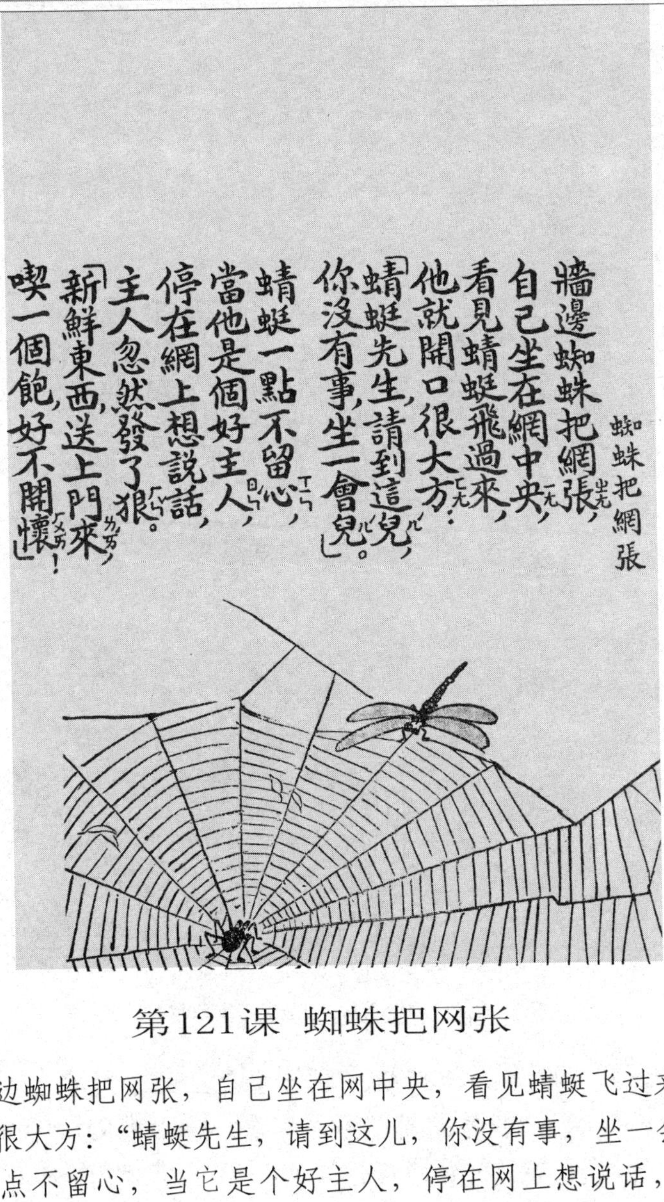

第121课 蜘蛛把网张

墙边蜘蛛把网张，自己坐在网中央，看见蜻蜓飞过来，它就开口很大方：“蜻蜓先生，请到这儿，你没有事，坐一会儿。”蜻蜓一点不留心，当它是个好主人，停在网上想说话，主人忽然发了狠。“新鲜东西，送上门来，吃一个饱，好不开怀！”

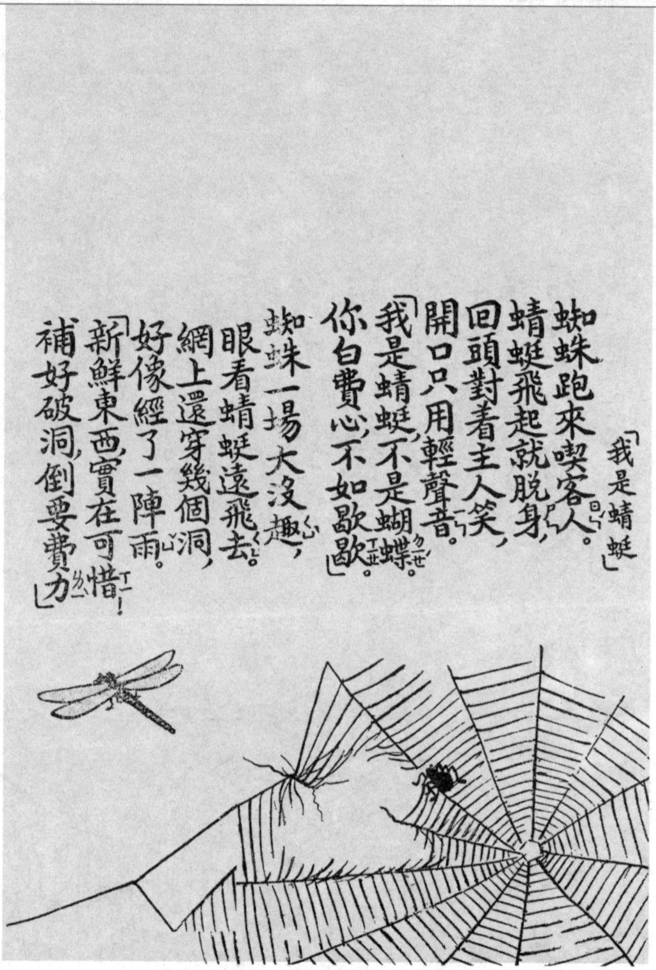

第122课 我是蜻蜓

蜘蛛跑来吃客人。蜻蜓飞起就脱身，回头对着主人笑，开口只用轻声音。“我是蜻蜓，不是蝴蝶。你白费心，不如歇歇。”蜘蛛一场大没趣，眼看蜻蜓远飞去。网上还穿几个洞，好像经了一阵雨。“新鲜东西，实在可惜！补好破洞，倒要费力。”

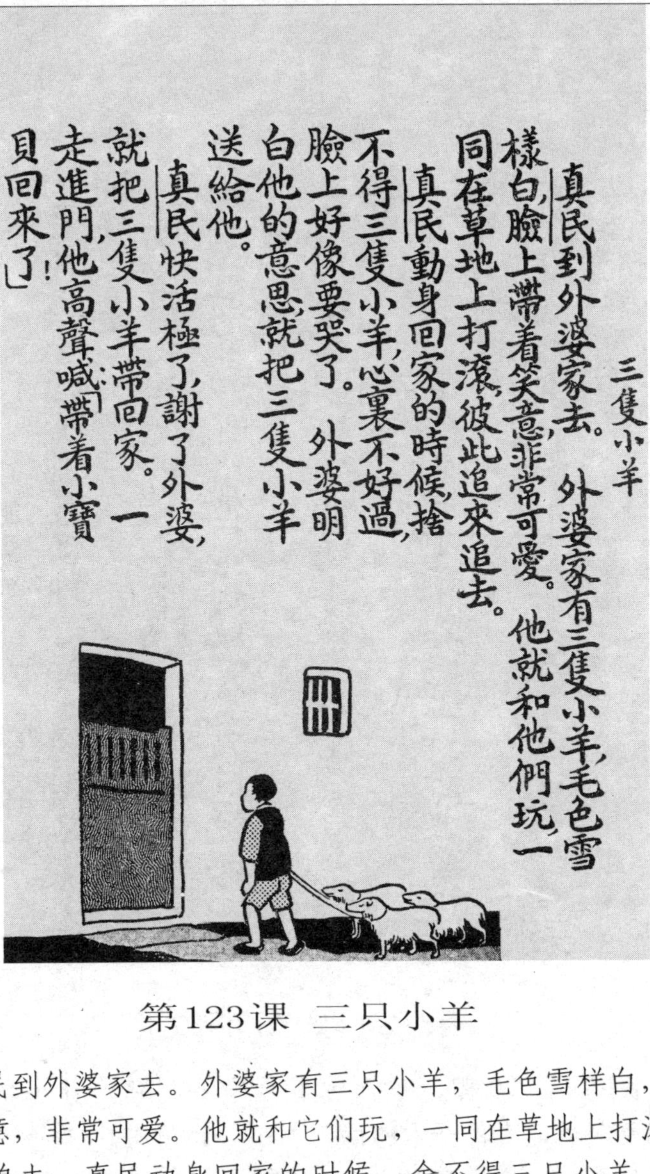

三隻小羊

真民到外婆家去。外婆家有三隻小羊，毛色雪樣白，臉上帶着笑意，非常可愛。他就和他們玩，一同在草地上打滾，彼此追來追去。真民動身回家的時候，捨不得三隻小羊，心裏不好過，臉上好像要哭了。外婆明白他的意思，就把三隻小羊送給他。真民快活極了，謝了外婆，就把三隻小羊帶回家。一走進門，他高聲喊：「帶着小寶貝回來了！」

第123课 三只小羊

真民到外婆家去。外婆家有三只小羊，毛色雪样白，脸上带着笑意，非常可爱。他就和它们玩，一同在草地上打滚，彼此追来追去。真民动身回家的时候，舍不得三只小羊，心里不好过，脸上好像要哭了。外婆明白他的意思，就把三只小羊送给他。真民快活极了，谢了外婆，就把三只小羊带回家。一走进门，他高声喊：“带着小宝贝回来了！”

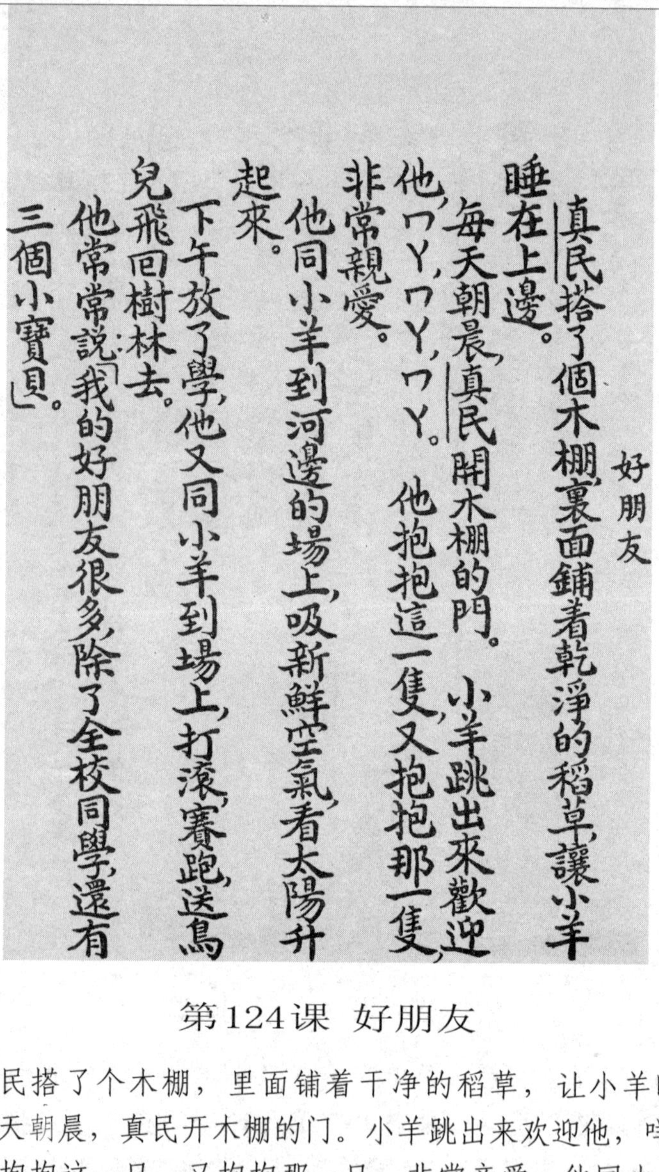
好朋友

真民搭了個木棚，裏面鋪着乾淨的稻草，讓小羊睡在上邊。每天朝晨，真民開木棚的門。小羊跳出來歡迎他，ㄇㄚ，ㄇㄚ，ㄇㄚ。他抱抱這一隻，又抱抱那一隻，非常親愛。他同小羊到河邊的場上，吸新鮮空氣，看太陽升起來。下午放了學，他又同小羊到場上，打滾，賽跑，送鳥兒飛回樹林去。他常常說「我的好朋友很多，除了全校同學，還有三個小寶貝」。

第124课 好朋友

真民搭了个木棚，里面铺着干净的稻草，让小羊睡在上边。每天朝晨，真民开木棚的门。小羊跳出来欢迎他，咩，咩，咩。他抱抱这一只，又抱抱那一只，非常亲爱。他同小羊到河边的场上，吸新鲜空气，看太阳升起来。下午放了学，他又同小羊到场上，打滚，赛跑，送鸟儿飞回树林去。他常常说："我的好朋很多，除了全校同学，还有三个小宝贝。"

朝放羊

朝放羊，朝放羊，放羊放到小山上。羊兒多，羊毛白，好像積雪一個樣。青青草，好好喫，這裏沒有虎和狼。晚趕羊，晚趕羊，趕羊睡到稻草上。羊房子，造得好，又是暖和又舒暢。風不愁，雨不怕，做個好夢長又長。

第125课 朝放羊

朝放羊，朝放羊，放羊放到小山上。羊儿多，羊毛白，好像积雪一个样。青青草，好好吃，这里没有虎和狼。晚赶羊，晚赶羊，赶羊睡到稻草上。羊房子，造得好，又是暖和又舒畅。风不愁，雨不怕，做个好梦长又长。

賽豬會

許多同學養着豬。一天，他們開賽豬會，請校長先生批評。一個同學把豬放在籃裏，雙手提了來。校長先生提一提

第126课 赛猪会

许多同学养着猪。一天，他们开赛猪会，请校长先生批评。一个同学把猪放在篮里，双手提了来。校长先生提一提篮，说：“这只猪轻得很。”一个同学拿一根竹头，一路把猪赶了来。校长先生看了一看，说：“这只猪不干净，你们看，半身的泥。”

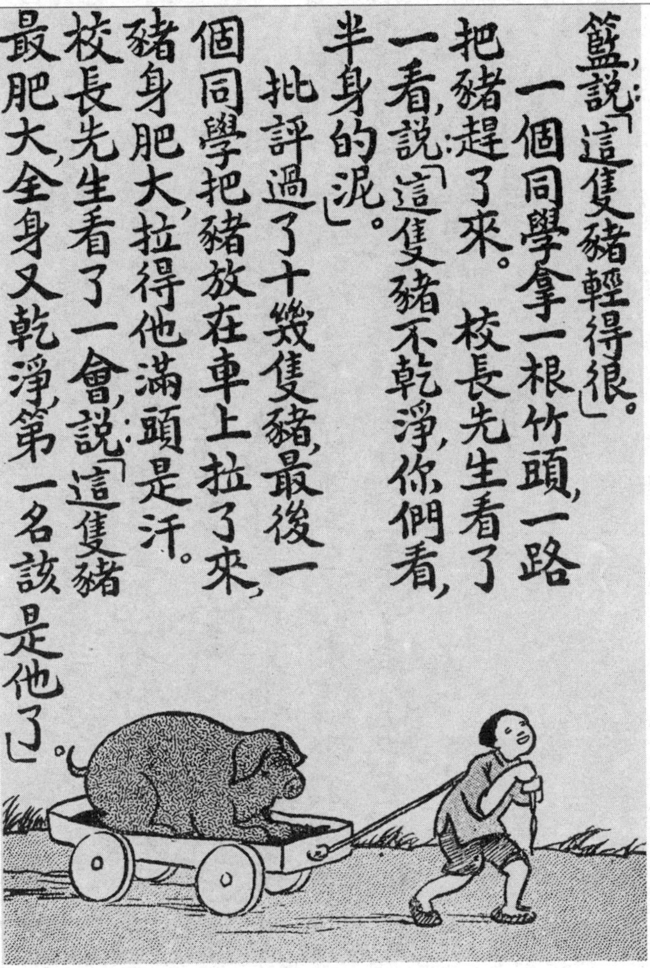

籃說「這隻豬輕得很」。
一個同學拿一根竹頭，一路
把豬趕了來。校長先生看了
一看，說「這隻豬不乾淨，你們看，
半身的泥」。
批評過了十幾隻豬，最後一
個同學把豬放在車上拉了來，
豬身肥大，拉得他滿頭是汗。
校長先生看了一會，說「這隻豬
最肥大，全身又乾淨，第一名該是他了」。

批评过了十几只猪，最后一个同学把猪放在车上拉了来，猪身肥大，拉得他满头是汗。校长先生看了一会，说：“这只猪最肥大，全身又干净，第一名该是他了。”

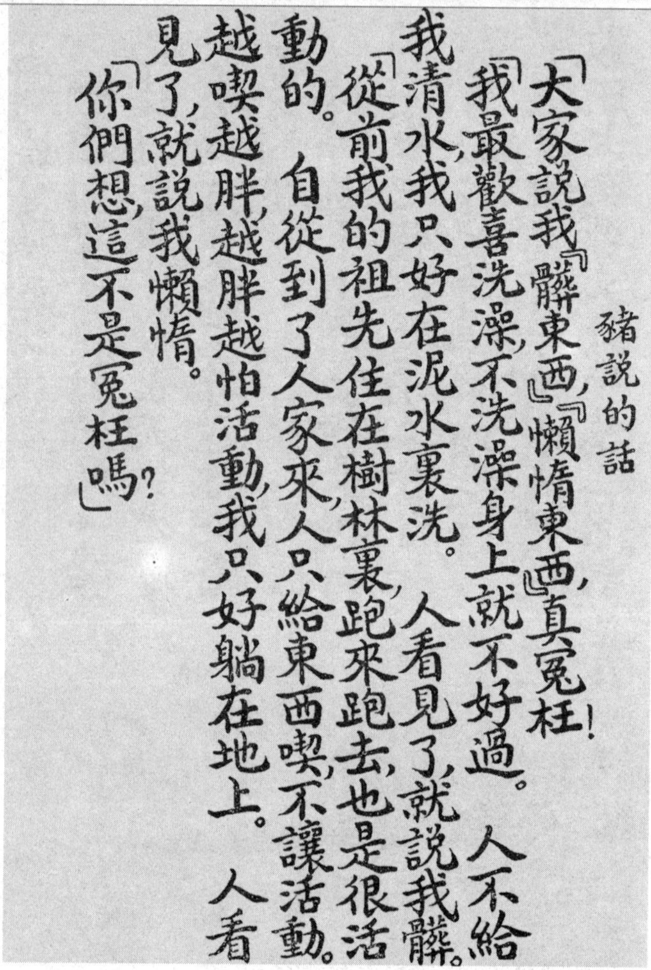

豬說的話

「大家說我『髒東西』『懶惰東西』，真冤枉！我最歡喜洗澡，不洗澡身上就不好過。人不給我清水，我只好在泥水裏洗。人看見了，就說我髒。

「從前我的祖先住在樹林裏，跑來跑去，也是很活動的。自從到了人家來，人只給東西喫，不讓活動。越喫越胖，越胖越怕活動，我只好躺在地上。人看見了，就說我懶惰。

「你們想，這不是冤枉嗎？」

第127课 猪说的话

“大家说我‘脏东西’，‘懒惰东西’，真冤枉！我最欢喜洗澡，不洗澡身上就不好过。人不给我清水，我只好在泥水里洗。人看见了，就说我脏。从前我的祖先住在树林里，跑来跑去，也是很活动的。自从到了人家来，人只给东西吃，不让活动。越吃越胖，越胖越怕活动，我只好躺在地上。人看见了，就说我懒惰。 你们想，这不是冤枉吗？”

「我能勞動」

爸爸問我們兄弟姊妹說：「你們要做怎樣的人？」哥哥說：「我有兩隻手，我能勞動，我要做種稻、麥的農人。」大姊姊說：「我有兩隻手，我能勞動，我要做種棉、麻的農人。」小姊姊說：「我有兩隻手，我能勞動，我要做製機器的工人。」我說：「我有兩隻手，我能勞動，我要做造房子的工人。」

爸爸點頭說：「你們說得好！ 種稻、麥，大家有得喫。 種棉、麻，大家有得穿。 製機器，大家有得用。 造房子，大家有得住。 這幾件事都很重要，我贊成你們做農人和工人。」

第128课 我能劳动

爸爸问我们兄弟姐妹说："你们要做怎样的人？"哥哥说："我有两只手，我能劳动，我要做种稻、麦的农人。"大姐姐说："我有两只手，我能劳动，我要做种棉、麻的农人。"小姐姐说："我有两只手，我能劳动，我要做制机器的工人。"我说："我有两只手，我能劳动，我要做造房子的工人。"爸爸点头说："你们说得好！种稻、麦，大家有得吃。种棉、麻，大家有得穿。制机器，大家有得用。造房子，大家有得住。这几件事都很重要，我赞成你们做农人和工人。"

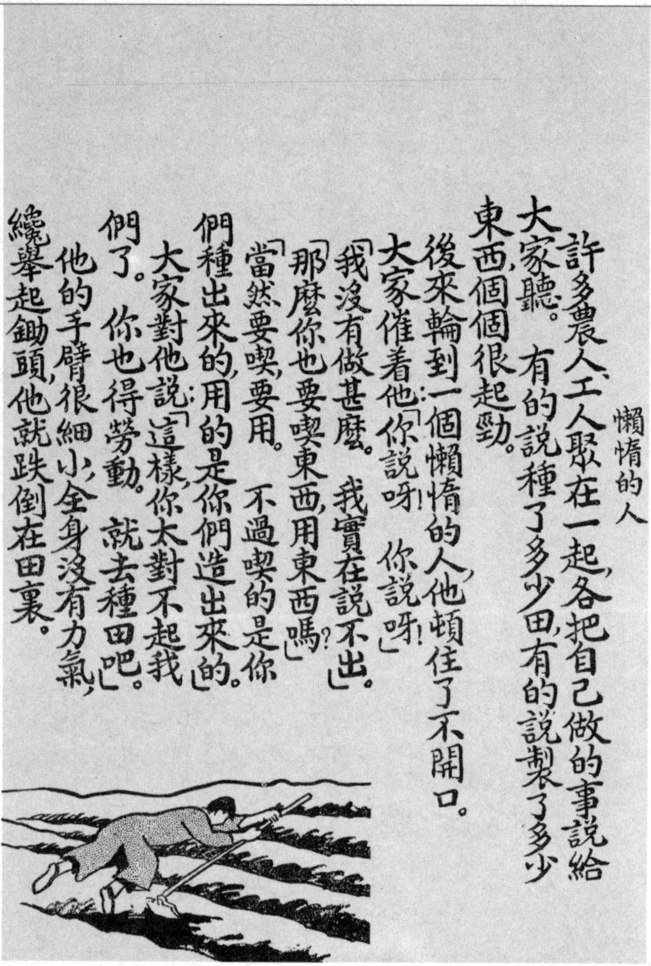
懶惰的人

許多農人、工人聚在一起，各把自己做的事說給大家聽。有的說種了多少田，有的說製了多少東西，個個很起勁。

後來輪到一個懶惰的人，他頓住了不開口。

大家催着他「你說呀！你說呀！」

「我沒有做甚麼。我實在說不出。」

「那麼你也要喫東西，用東西嗎？」

「當然要喫，要用。不過喫的是你們種出來的，用的是你們造出來的。」

大家對他說「這樣，你太對不起我們了。你也得勞動。就去種田吧。」

他的手臂很細小，全身沒有力氣，纔舉起鋤頭，他就跌倒在田裏。

第129课 懒惰的人

许多农人、工人聚在一起，各把自己做的事说给大家听。有的说种了多少田，有的说制了多少东西，个个很起劲。后来轮到一个懒惰的人，他顿住了不开口。大家催着他：“你说呀！你说呀！”“我没有做什么。我实在说不出。”“那么你也要吃东西，用东西吗？”“当然要吃，要用。不过吃的是你们种出来的，用的是你们造出来的。”大家对他说：“这样，你太对不起我们了。你也得劳动。就去种田吧。”他的手臂很细小，全身没有力气，才举起锄头，他就跌倒在田里。

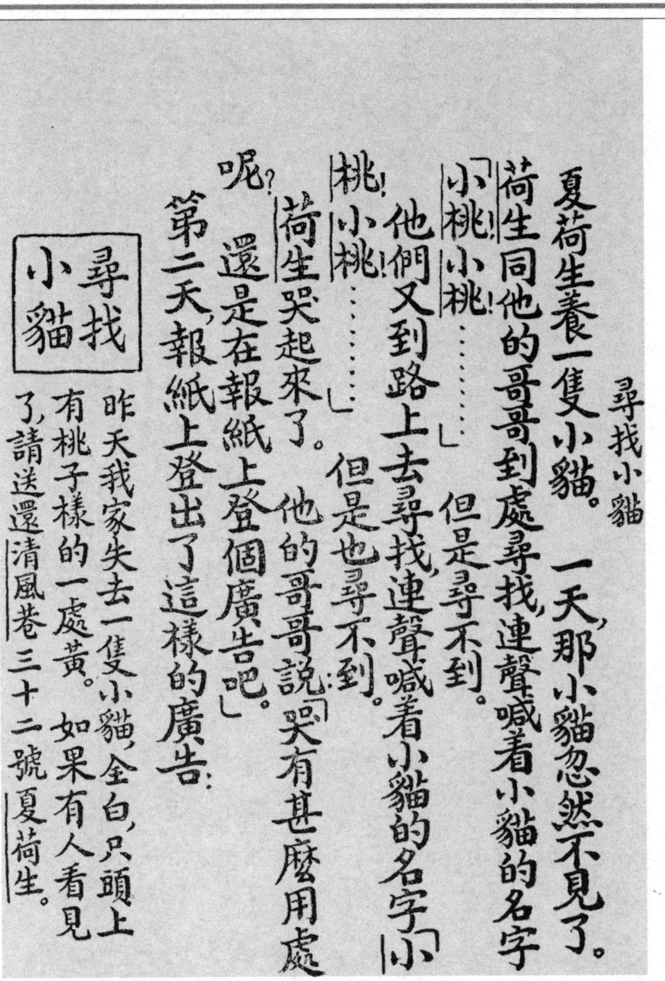
寻找小貓

夏荷生養一隻小貓。一天，那小貓忽然不見了。荷生同他的哥哥到處寻找，連聲喊着小貓的名字「小桃！小桃！……」但是寻不到。他們又到路上去寻找，連聲喊着小貓的名字「小桃！小桃！……」但是也寻不到。荷生哭起來了。他的哥哥說「哭有甚麼用處呢？還是在報紙上登個廣告吧。」第二天，報紙上登出了這樣的廣告：

寻找小貓

昨天我家失去一隻小貓，全白，只頭上有桃子樣的一處黃。如果有人看見了，請送還清風巷三十二號夏荷生。

第130课 寻找小猫

夏荷生养一只小猫。一天，那小猫忽然不见了。荷生同他的哥哥到处寻找，连声喊着小猫的名字“小桃！小桃！……”但是寻不到。他们又到路上去寻找，连声喊着小猫的名字“小桃！小桃！……”但是也寻不到。荷生哭起来了。他的哥哥说：“哭有什么用处呢？还是在报纸上登个广告吧。”第二天，报纸上登出了这样的广告：寻找小猫：昨天我家失去一只小猫，全白，只头上有桃子样的一处黄。如果有人看见了，请送还清风巷三十二号夏荷生。

「送給我的爸爸」

一個姓金的孩子把小桃送回來了。他說前天看見小桃在路上叫，像是餓了，就帶他回去，給他喫東西。今天看見了報紙上的廣告，所以把他送回來。荷生感謝那姓金的孩子，把心愛的玩具小帆船送給他。荷生說：「今天快活極了，我要告訴爸爸」。他就寫信。他寫完了，又在信封上寫「送給我的爸爸」六個字。

第131课 送给我的爸爸

一个姓金的孩子把小桃送回来了。他说前天看见小桃在路上叫，像是饿了，就带它回去，给它吃东西。今天看见了报纸上的广告，所以把它送回来。荷生感谢那姓金的孩子，把心爱的玩具小帆船送给他。荷生说：“今天快活极了，我要告诉爸爸。”他就写信。他写完了，又在信封上写“送给我的爸爸”六个字。

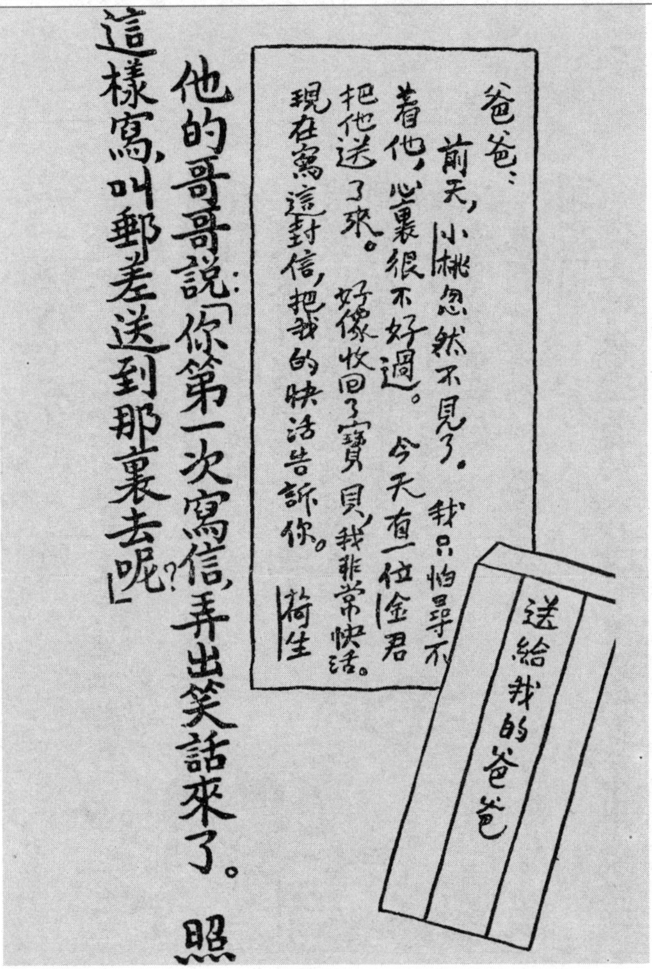

爸爸：

前天，小桃忽然不见了。我只怕寻不着它，心里很不好过。今天有一位金君把它送了来。好像收回了宝贝，我非常快活。现在写这封信，把我的快活告诉你。

荷生

他的哥哥说：“你第一次写信，弄出笑话来了。照这样写，叫邮差送到哪里去呢？”

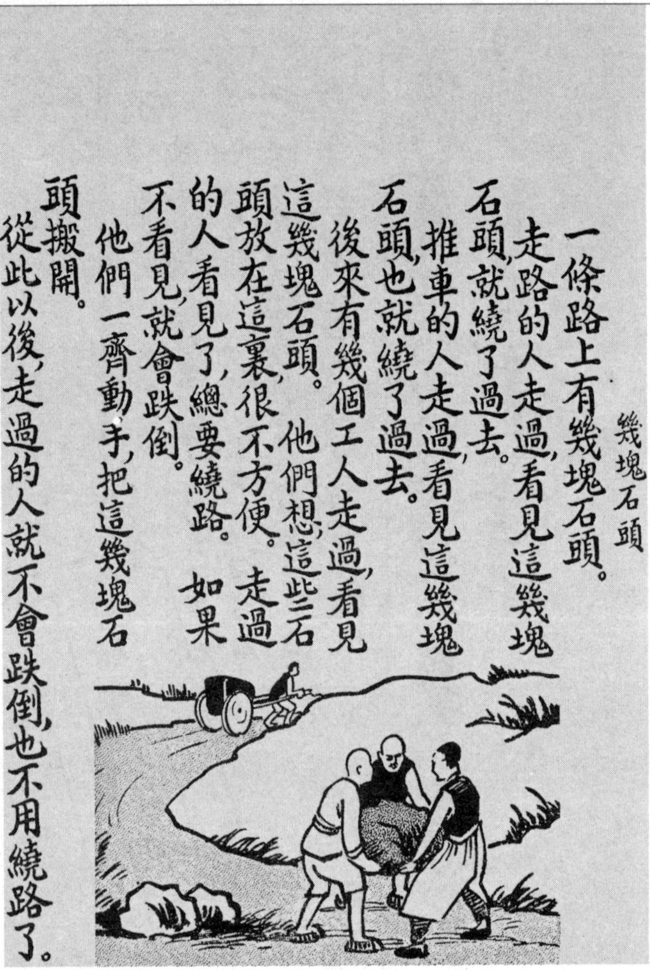

幾塊石頭

一條路上有幾塊石頭。

走路的人走過，看見這幾塊石頭，就繞了過去。

推車的人走過，看見這幾塊石頭，也就繞了過去。

後來有幾個工人走過，看見這幾塊石頭。他們想，這些石頭放在這裏，很不方便。走過的人看見了，總要繞路。如果不看見，就會跌倒。

他們一齊動手，把這幾塊石頭搬開。

從此以後，走過的人就不會跌倒，也不用繞路了。

第132课 几块石头

一条路上有几块石头。走路的人走过，看见这几块石头，就绕了过去。推车的人走过，看见这几块石头，也就绕了过去。后来有几个工人走过，看见这几块石头。他们想，这些石头放在这里，很不方便。走过的人看见了，总要绕路。如果不看见，就会跌倒。他们一齐动手，把这几块石头搬开。从此以后，走过的人就不会跌倒，也不用绕路了。

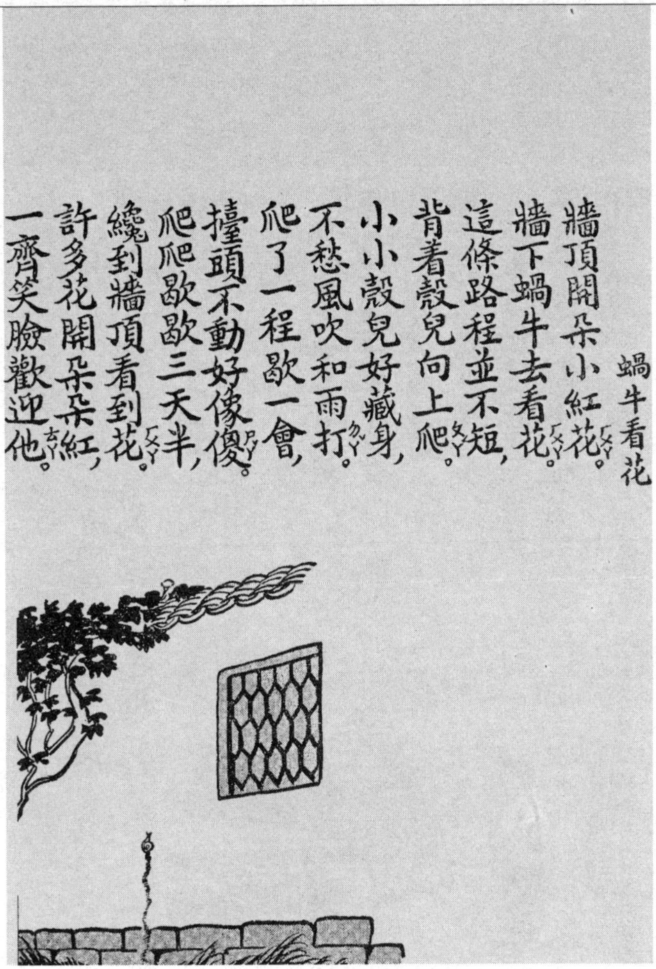

蝸牛看花

牆頂開朵小紅花。
牆下蝸牛去看花。
這條路程並不短，
背着殼兒向上爬。
小小殼兒好藏身，
不愁風吹和雨打。
爬了一程歇一會，
擡頭不動好像傻。
爬爬歇歇三天半，
纔到牆頂看到花。
許多花開朵朵紅，
一齊笑臉歡迎他。

第133课 蜗牛看花

墙顶开朵小红花。墙下蜗牛去看花。这条路程并不短，背着壳儿向上爬。小小壳儿好藏身，不愁风吹和雨打。爬了一程歇一会，抬头不动好像傻。爬爬歇歇三天半，才到墙顶看到花。许多花开朵朵红，一齐笑脸欢迎它。

孫中山先生的故事(一)

孫中山先生是農家的兒子。他有一個大哥，在火奴魯魯做工。他也想到火奴魯魯去，可是父母不許，因為他年紀還小，那裏又很遠。經他再三請求，父母纔許了他。那時候他十四歲。

他到了火奴魯魯，在英國人開的學校裏學英文。三年中間，他學得很好。畢業的時候，他是第一名。

他畢業以後，又在大哥那裏住了一年，纔回國來。他見識得多，思想自然和人家不同了。

第134课 孙中山先生的故事

孙中山先生是农家的儿子。他有一个大哥，在火奴鲁鲁做工。他也想到火奴鲁鲁去，可是父母不许，因为他年纪还小，那里又很远。经他再三请求，父母才许了他。那时候他十四岁。他到了火奴鲁鲁，在英国人开的学校里学英文。三年中间，他学得很好。毕业的时候，他是第一名。他毕业以后，又在大哥那里住了一年，才回国来。他见识得多，思想自然和人家不同了。

孫中山先生的故事（三）

孫先生回國來，看見家鄉同前幾年一個樣子，並沒有改變得好一點。

他第一件看不過的，是大家的迷信。他常常對人家說，迷信沒有道理，一個人有了迷信，只有害處，沒有好處。

第二件，他看不過本縣的縣官，那縣官一點事也不做，每年只到他鄉裏來要錢。他常常對人家說：「這種拿錢不做事的縣官，我們要他做甚麼？」大家聽了，都相信他的話是對的。

孙先生回国来，看见家乡同前几年一个样子，并没有改变得好一点。他第一件看不过的，是大家的迷信。他常常对人家说，迷信没有道理，一个人有了迷信，只有害处，没有好处。第二件，他看不过本县的县官，那县官一点事也不做，每年只到他乡里来要钱。他常常对人家说：“这种拿钱不做事的县官，我们要他做什么？”大家听了，都相信他的话是对的。

孫中山先生的故事（三）

後來孫先生又到香港去讀了兩年書。畢了業，再在香港和廣州兩處地方學了四年醫學，然後在廣州做醫生。

他的醫道很好，請他看病的人很多。可是他想醫人不如醫國，中國正生着病，應該趕快把他醫好。

他就再到火奴魯魯去，想找一些錢回來革命。那時候，明白他的思想的人很少，只有他的大哥和幾個朋友出一些錢給他。

從此他就幹起革命事業來。

后来孙先生又到香港去读了两年书。毕了业，再在香港和广州两处地方学了四年医学，然后在广州做医生。他的医道很好，请他看病的人很多。可是他想医人不如医国，中国正生着病，应该赶快把他医好。他就再到火奴鲁鲁去，想找一些钱回来革命。那时候，明白他的思想的人很少，只有他的大哥和几个朋友出一些钱给他。从此他就干起革命事业来。

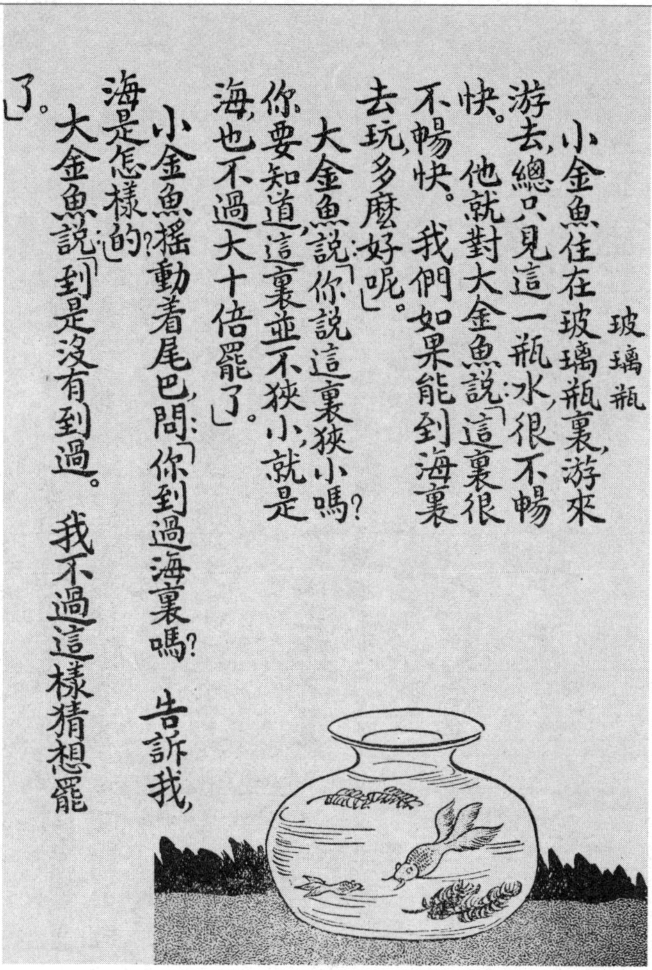
玻璃瓶

小金魚住在玻璃瓶裏，游來游去，總只見這一瓶水，很不暢快。他就對大金魚說：「這裏很不暢快。我們如果能到海裏去玩，多麼好呢。」

大金魚說：「你說這裏狹小嗎？你要知道，這裏並不狹小，就是海，也不過大十倍罷了。」

小金魚搖動着尾巴，問：「你到過海裏嗎？告訴我，海是怎樣的？」

大金魚說：「到是沒有到過。我不過這樣猜想罷了。」

第135课 玻璃瓶

小金鱼住在玻璃瓶里，游来游去，总只见这一瓶水，很不畅快。它就对大金鱼说：“这里很不畅快。我们如果能到海里去玩，多么好呢。”大金鱼说：“你说这里狭小吗？你要知道，这里并不狭小，就是海，也不过大十倍罢了。”小金鱼摇动着尾巴，问：“你到过海里吗？告诉我，海是怎样的？”大金鱼说：“到是没有到过。我不过这样猜想罢了。”

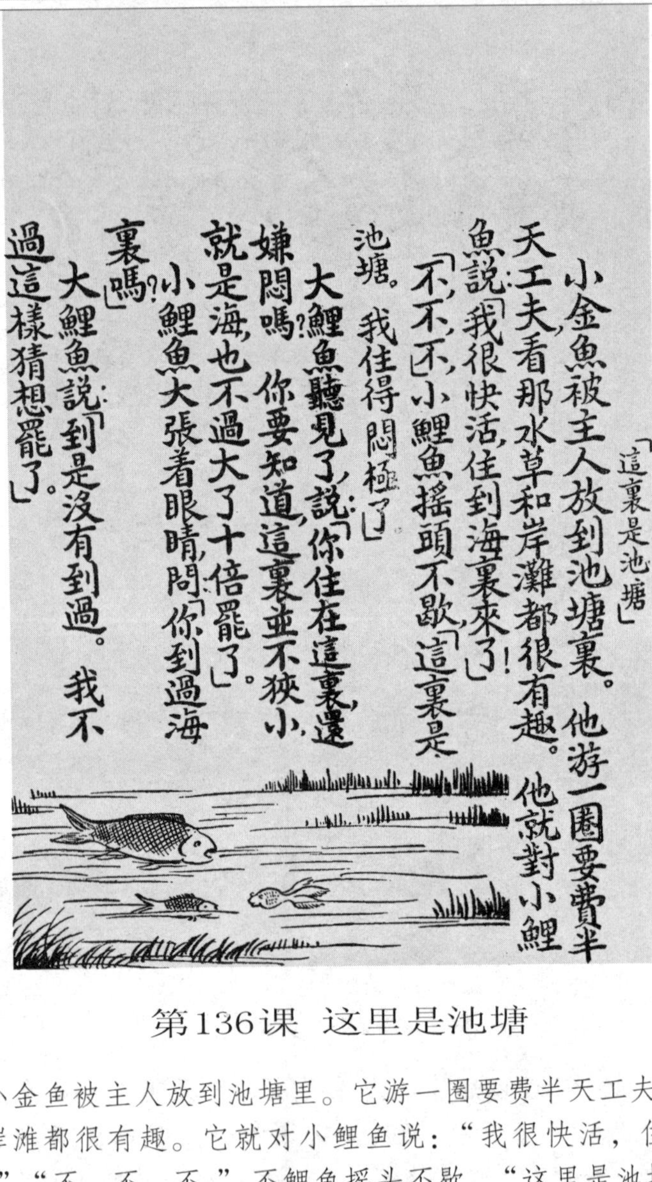
「這裏是池塘」

小金魚被主人放到池塘裏。他游一圈要費半天工夫，看那水草和岸灘都很有趣。他就對小鯉魚說「我很快活，住到海裏來了！」「不，不，不，」小鯉魚搖頭不歇，「這裏是池塘。我住得悶極了。」

大鯉魚聽見了，說「你住在這裏，還嫌悶嗎？你要知道，這裏並不狹小，就是海，也不過大了十倍罷了。」

小鯉魚大張着眼睛，問「你到過海裏嗎？」

大鯉魚說「到是沒有到過。我不過這樣猜想罷了。」

第136课 这里是池塘

小金鱼被主人放到池塘里。它游一圈要费半天工夫，看那水草和岸滩都很有趣。它就对小鲤鱼说：“我很快活，住到海里来了！”“不，不，不，”不鲤鱼摇头不歇，“这里是池塘。我住得闷极了。”大鲤鱼听见了，说：“你住在这里，还嫌闷吗？你要知道，这里并不狭小，就是海，也不过大了十倍罢了。”小鲤鱼大张着眼睛，问：“你到过海里吗？”大鲤鱼说：“到是没有到过。我不过这样猜想罢了。”

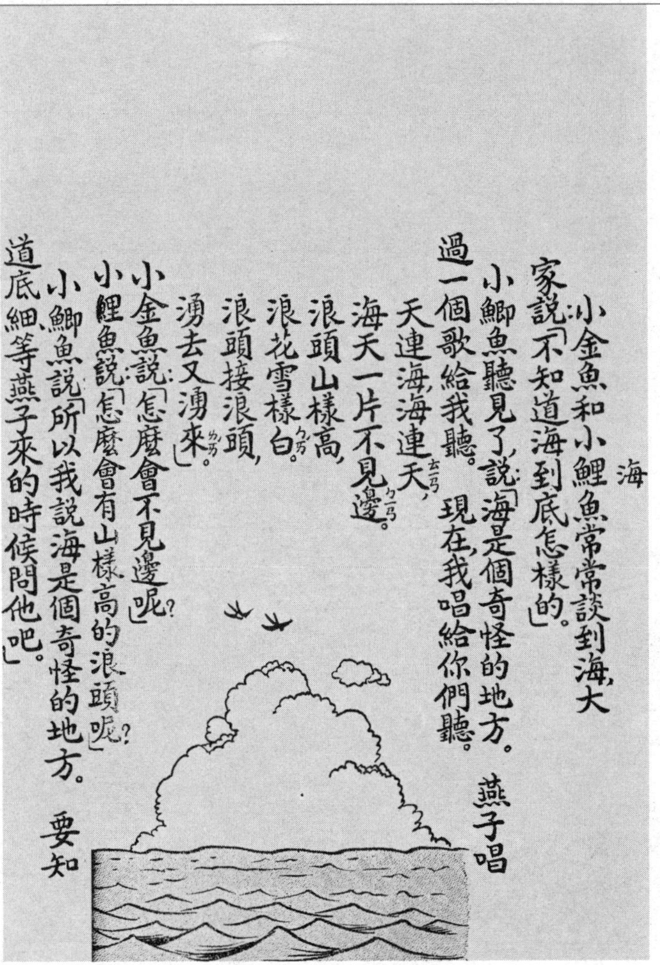
海

小金魚和小鯉魚常常談到海，大家說「不知道海到底怎樣的」。小鯽魚聽見了，說「海是個奇怪的地方。燕子唱過一個歌給我聽。現在，我唱給你們聽。

天連海，海連天，
海天一片不見邊。
浪頭山樣高，
浪花雪樣白。
浪頭接浪頭，
湧去又湧來。」

小金魚說「怎麼會不見邊呢？」
小鯉魚說「怎麼會有山樣高的浪頭呢？」
小鯽魚說「所以我說海是個奇怪的地方。要知道底細，等燕子來的時候問他吧。」

第137课 海

小金鱼和小鲤鱼常常谈到海，大家说：“不知道海到底怎样的？”小鲫鱼听见了，说：“海是个奇怪的地方。燕子唱过一个歌给我听。现在，我唱给你们听。天连海，海连天，海天一片不见边。浪头山样高，浪花雪样白。浪头接浪头，涌去又涌来。”小金鱼说：“怎么会不见边呢？”小鲤鱼说：“怎么会有山样高的浪头呢？”小鲫鱼说：“所以我说海是个奇怪的地方。要知道底细，等燕子来的时候问它吧。”

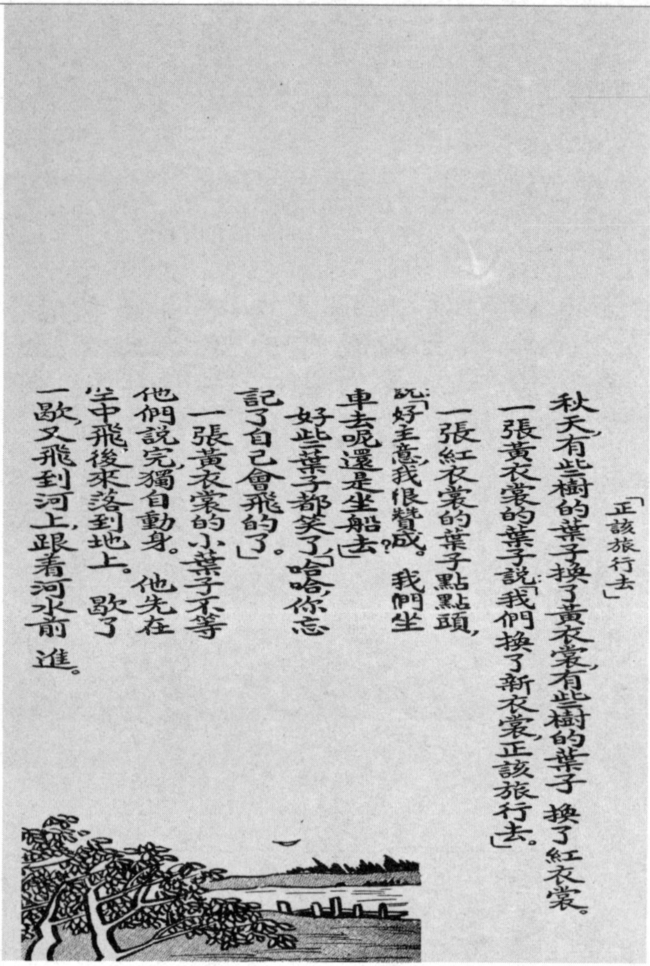

「正該旅行去」

秋天,有些樹的葉子換了黃衣裳,有些樹的葉子換了紅衣裳。一張黃衣裳的葉子說「我們換了新衣裳,正該旅行去」。一張紅衣裳的葉子點點頭,說「好主意,我很贊成。我們坐車去呢還是坐船去?」好些葉子都笑了「哈哈,你忘記了自己會飛的了。」一張黃衣裳的小葉子不等他們說完,獨自動身。他先在空中飛,後來落到地上。歇了一歇,又飛到河上,跟着河水前進。

第138课 正该旅行去

秋天，有些树的叶子换了黄衣裳，有些树的叶子换了红衣裳。一张黄衣裳的叶子说：“我们换了新衣裳，正该旅行去。”一张红衣裳的叶子点点头，说：“好主意，我很赞成。我们坐车去呢还是坐船去?”好些叶子都笑了，“哈哈，你忘记了自己会飞的了。”一张黄衣裳的小叶子不等它们说完，独自动身。它先在空中飞，后来落到地上。歇了一歇，又飞到河上，跟着河水前进。许多叶子再也耐不住，大家说：“小弟弟先去了。我们赶快动身吧！”它们一齐离开树枝，黄衣裳红衣裳在秋风中乱飘。

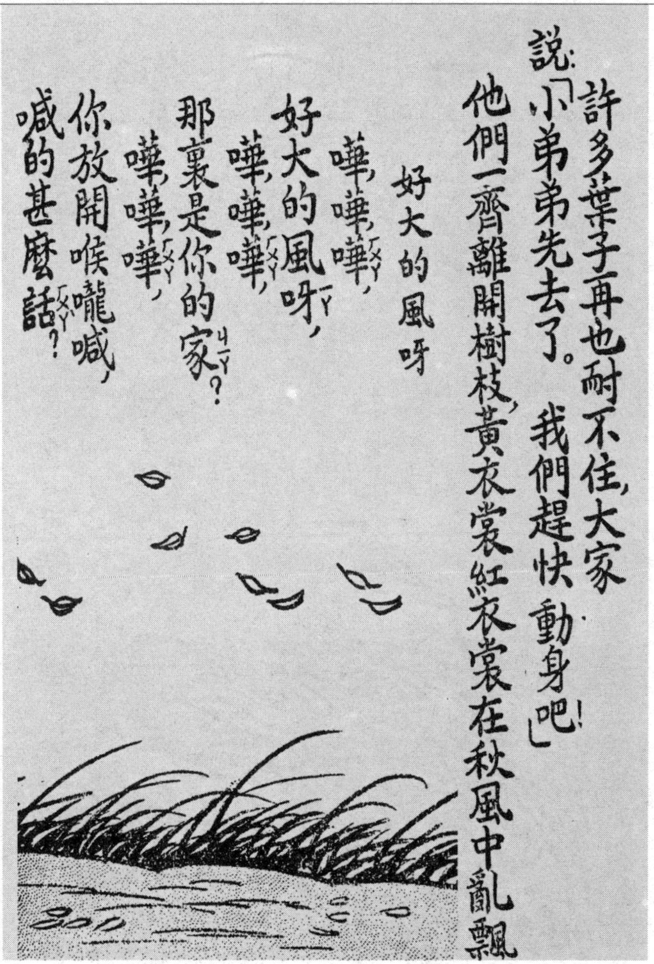

第139课 好大的风呀

哗，哗，哗，好大的风呀，哗，哗，哗，哪里是你的家？哗，哗，哗，你放开喉咙喊，喊的什么话？

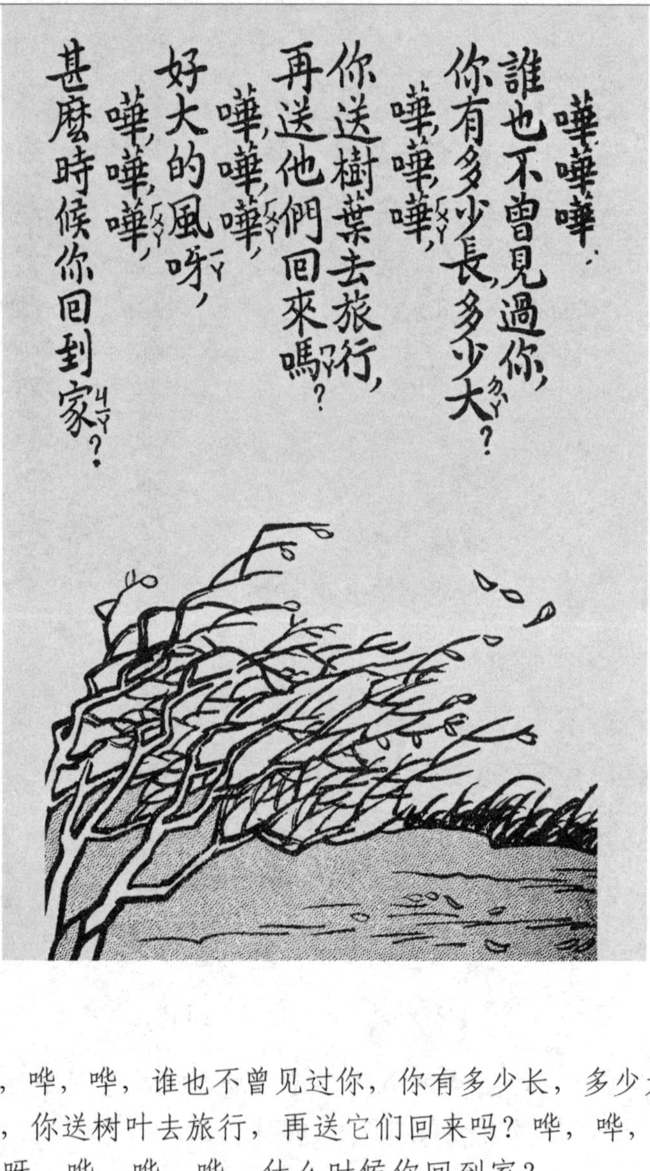

哗，哗，哗，谁也不曾见过你，你有多少长，多少大？哗，哗，哗，你送树叶去旅行，再送它们回来吗？哗，哗，哗，好大的风呀，哗，哗，哗，什么时候你回到家？

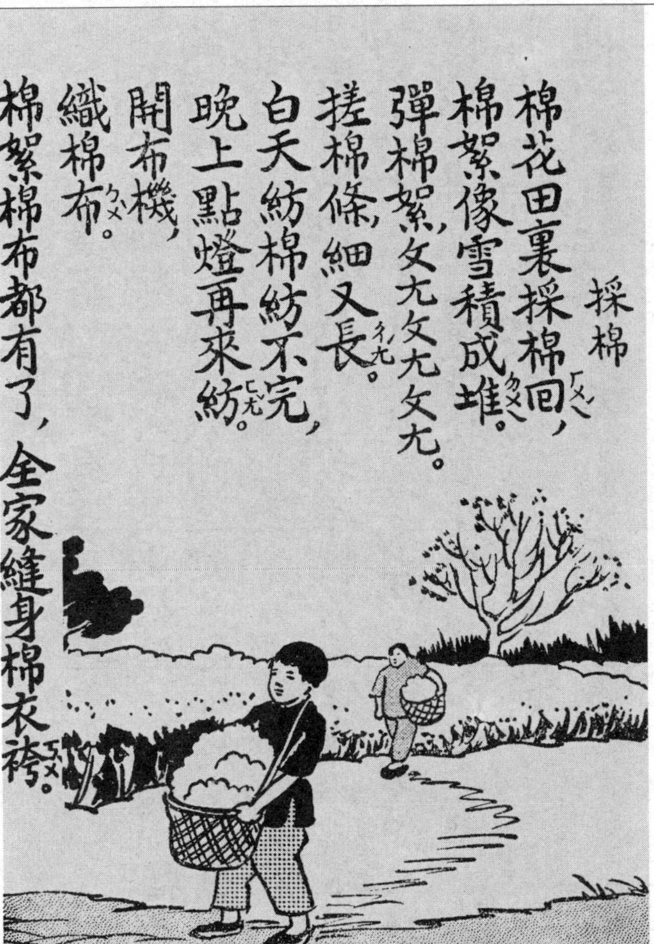

第140课 采棉

棉花田里采棉回，棉絮像雪积成堆。弹棉絮，乒乒乒。搓棉条，细又长。白天纺棉纺不完，晚上点灯再来纺。开布机，织棉布。棉絮棉布都有了，全家缝身棉衣裤。

一個老婆婆

我們村裏有一個老婆婆，年紀七十多了。他天天紡棉，每天紡成幾兩棉紗。他很少停手的時候。到了晚上，我們還聽見他那紡車搖動的聲音。

有一回，他對我們說：「我年輕的時候，紡紗織布，利息倒不少。到了現在，廠裏出的紗和布，又細又好，價錢又便宜。還有外國運來的紗和布，大鄉小鎮都有得賣。我的利息就遠不如從前了。」

他一邊說，一邊仍舊搖動着他的紡車。

第141课 一个老婆婆

我们村里有一个老婆婆，年纪七十多了。她天天纺棉，每天纺成几两棉纱。她很少停手的时候。到了晚上，我们还听见她那纺车摇动的声音。有一回，她对我们说：“我年轻的时候，纺纱织布，利息倒不少。到了现在，厂里出的纱和布，又细又好，价钱又便宜。还有外国运来的纱和布，大乡小镇都有得卖。我的利息就远不如从前了。” 一边说，一边仍旧摇动着她的纺车。

一個大人

「我從小人國回來，仍舊當水手。「有一次，海上又起了大風，把我們的船吹到岸邊。我們就上岸去看看。「忽然我的同伴死命地跑，逃上小船，又死命地划，逃上大船。「我不知道他們為甚麼逃。回頭一看，一個大人正向他們追去呢！「那個大人在海裏走，海水齊到他的小腿，你想他的一步有多少大？「如果追到了，我們的船不要被他一把拿住嗎？我不敢再看，回身就跑，跑進麥田裏。一棵麥有一棵大樹那樣高，我也不用低下身子來了。」

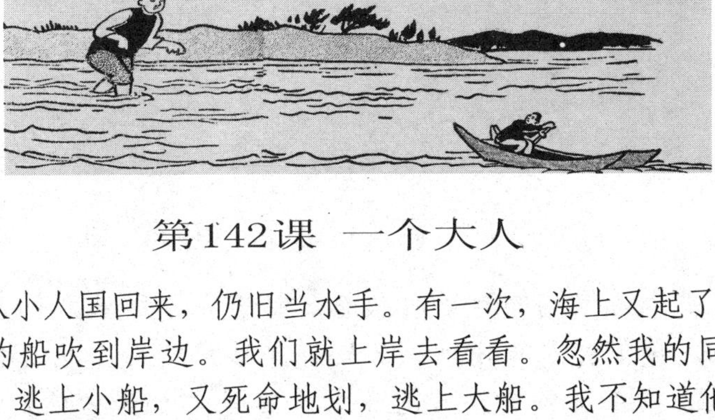

第142课 一个大人

我从小人国回来，仍旧当水手。有一次，海上又起了大风，把我们的船吹到岸边。我们就上岸去看看。忽然我的同伴死命地跑，逃上小船，又死命地划，逃上大船。我不知道他们为什么逃。回头一看，一个大人正向他们追去呢！那个大人在海里走，海水齐到他的小腿，你想他的一步有多少大？如果追到了，我们的船不要被他一把拿住吗？我不敢再看，回身就跑，跑进麦田里。一棵麦有一棵大树那样高，我也不用低下身子来了。

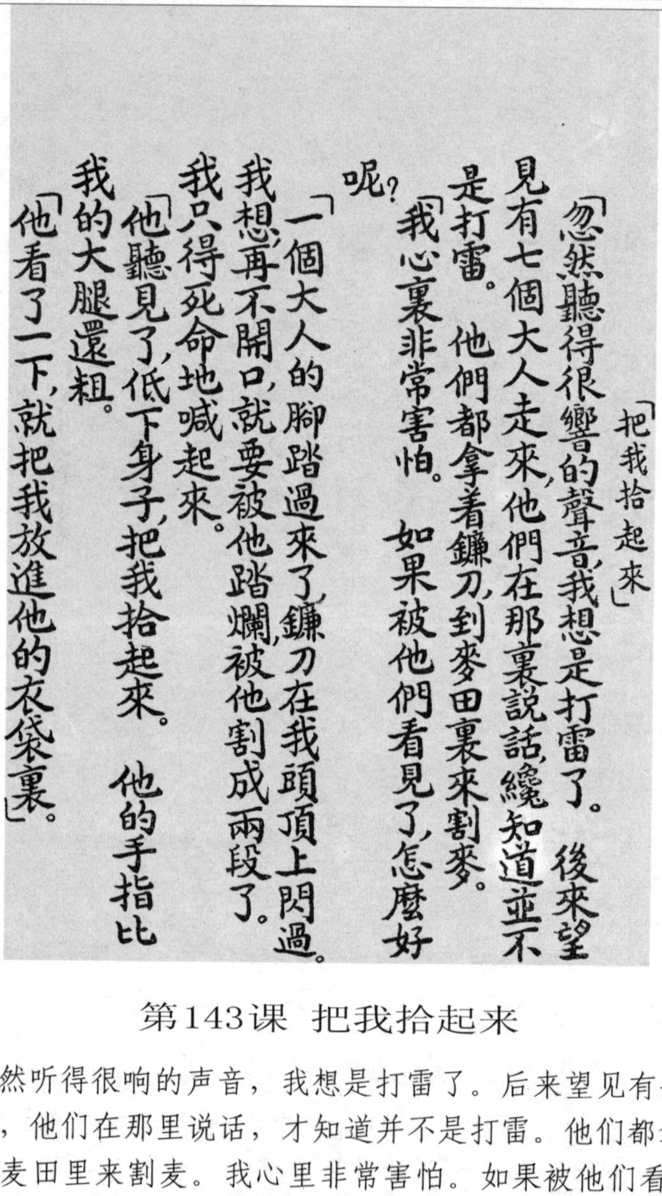
把我拾起來

「忽然聽得很響的聲音，我想是打雷了。後來望見有七個大人走來，他們在那裏說話，纔知道並不是打雷。他們都拿着鐮刀，到麥田裏來割麥。

「我心裏非常害怕。如果被他們看見了，怎麼好呢？

「一個大人的脚踏過來了，鐮刀在我頭頂上閃過。我想，再不開口，就要被他踏爛，被他割成兩段了。我只得死命地喊起來。

「他聽見了，低下身子，把我拾起來。他的手指比我的大腿還粗。

「他看了一下，就把我放進他的衣袋裏。」

第143课 把我拾起来

忽然听得很响的声音，我想是打雷了。后来望见有七个大人走来，他们在那里说话，才知道并不是打雷。他们都拿着镰刀，到麦田里来割麦。我心里非常害怕。如果被他们看见了，怎么好呢？一个大人的脚踏过来了，镰刀在我头顶上闪过。我想，再不开口，就要被他踏烂，被他割成两段了。我只得死命地喊起来。他听见了，低下身子，把我拾起来。他的手指比我的大腿还粗。他看了一下，就把我放进他的衣袋里。

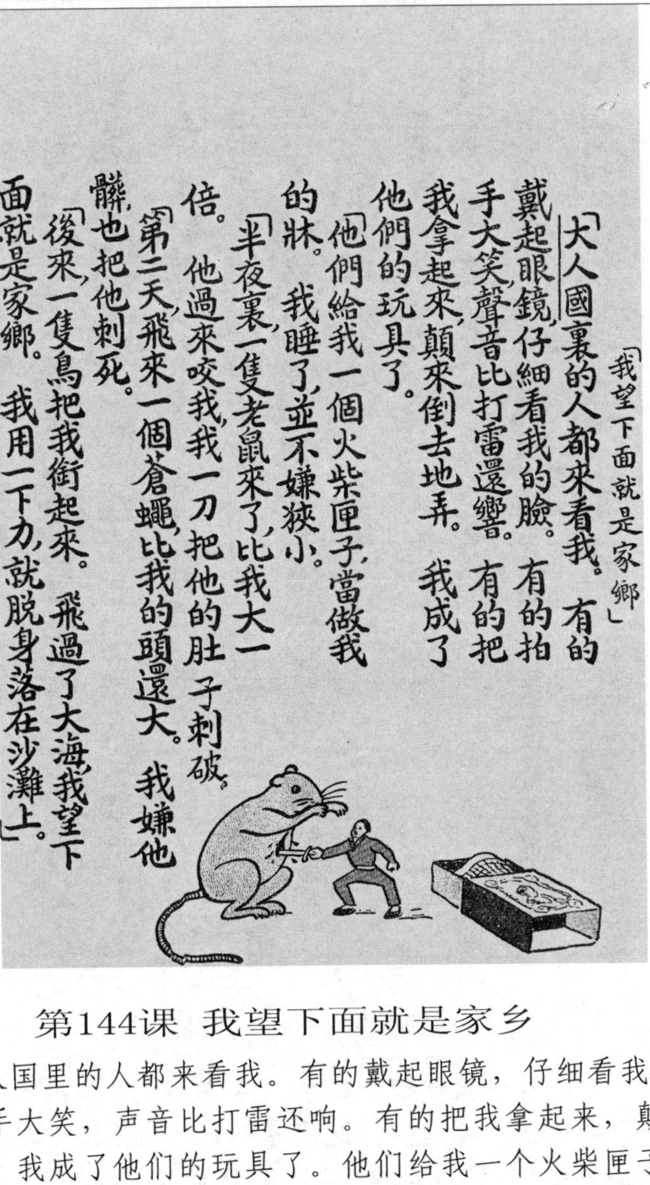

「我望下面就是家鄉」

「大人國裏的人都來看我。有的戴起眼鏡，仔細看我的臉。有的拍手大笑，聲音比打雷還響。有的把我拿起來，顛來倒去地弄。我成了他們的玩具了。

「他們給我一個火柴匣子，當做我的牀。我睡了，並不嫌狹小。

「半夜裏，一隻老鼠來了，比我大一倍。他過來咬我，我一刀把他的肚子刺破。

「第二天，飛來一個蒼蠅，比我的頭還大。我嫌他髒，也把他刺死。

「後來，一隻鳥把我銜起來。飛過了大海，我望下面就是家鄉。我用一下力，就脫身落在沙灘上。」

第144课 我望下面就是家乡

大人国里的人都来看我。有的戴起眼镜，仔细看我的脸。有的拍手大笑，声音比打雷还响。有的把我拿起来，颠来倒去地弄。我成了他们的玩具了。他们给我一个火柴匣子，当做我的床。我睡了，并不嫌狭小。半夜里，一只老鼠来了，比我大一倍。它过来咬我，我一刀把它的肚子刺破。第二天，飞来一个苍蝇，比我的头还大。我嫌它脏，也把它刺死。后来，一只鸟把我衔起来。飞过了大海，我望下面就是家乡。我用一下力，就脱身落在沙滩上。

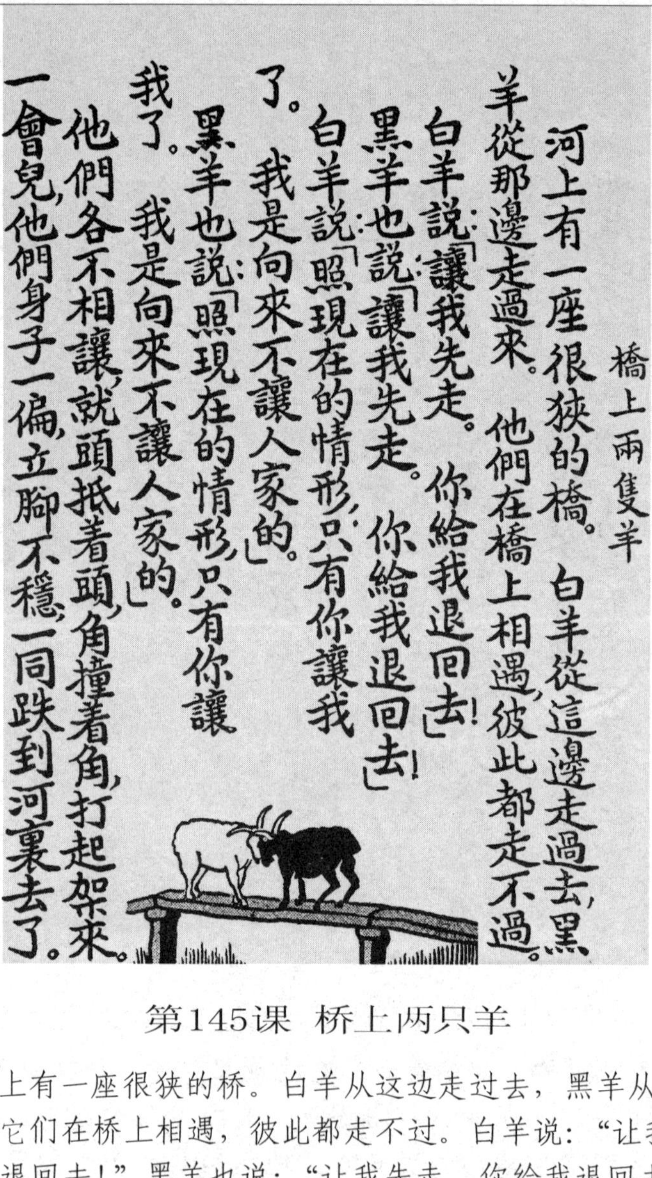

橋上兩隻羊

河上有一座很狹的橋。白羊從這邊走過去，黑羊從那邊走過來。他們在橋上相遇，彼此都走不過。

白羊說：「讓我先走。你給我退回去！」

黑羊也說：「讓我先走。你給我退回去！」

白羊說：「照現在的情形，只有你讓我了。我是向來不讓人家的。」

黑羊也說：「照現在的情形，只有你讓我了。我是向來不讓人家的。」

他們各不相讓，就頭抵着頭，角撞着角，打起架來。一會兒，他們身子一偏，立腳不穩，一同跌到河裏去了。

第145课 桥上两只羊

河上有一座很狭的桥。白羊从这边走过去，黑羊从那边走过来。它们在桥上相遇，彼此都走不过。白羊说：“让我先走。你给我退回去！”黑羊也说：“让我先走。你给我退回去！”白羊说：“照现在的情形，只有你让我了。我是向来不让人家的。”黑羊也说：“照现在的情形，只有你让我了。我是向来不让人家的。”它们各不相让，就头抵着头，角撞着角，打起架来。一会儿，它们身子一偏，立脚不稳，一同跌到河里去了。

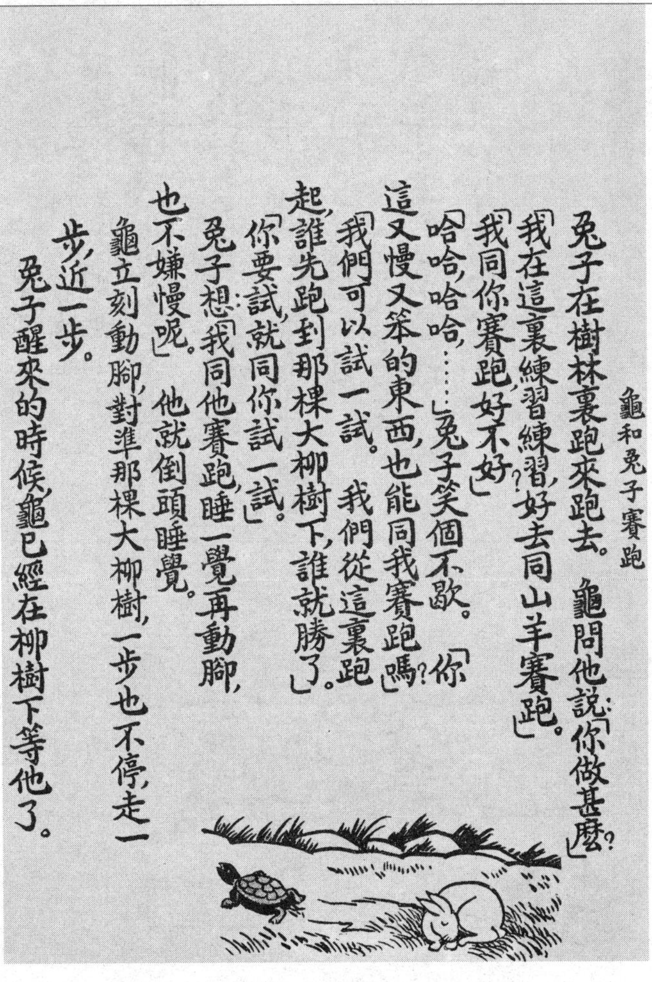
龜和兔子賽跑

兔子在樹林裏跑來跑去。 龜問他說：「你做甚麼？」「我在這裏練習練習，好去同山羊賽跑。」「我同你賽跑，好不好？」「哈哈，哈哈，……」兔子笑個不歇。「你這又慢又笨的東西，也能同我賽跑嗎？」「我們可以試一試。 我們從這裏跑起，誰先跑到那棵大柳樹下，誰就勝了。」「你要試，就同你試一試。」兔子想：「我同他賽跑，睡一覺再動腳，也不嫌慢呢。」 他就倒頭睡覺。

龜立刻動腳，對準那棵大柳樹，一步也不停，走一步，近一步。

兔子醒來的時候，龜已經在柳樹下等他了。

第146课 龟和兔子赛跑

兔子在树林里跑来跑去。龟问他说：“你做什么？”“我在这里练习练习，好去同山羊赛跑。”“我同你赛跑，好不好？”“哈哈，哈哈……”兔子笑个不歇。“你这又慢又笨的东西，也能同我赛跑吗？”“我们可以试一试。我们从这里跑起，谁先跑到那棵大柳树下，谁就胜了。”“你要试，就同你试一试。”兔子想：“我同它赛跑，睡一觉再动脚，也不嫌慢呢。”它就倒头睡觉。龟立刻动脚，对准那棵大柳树，一步也不停，走一步，近一步。兔子醒来的时候，龟已经在柳树下等它了。

北邊冷地方（二）

聽，聽，聽，聽我唱，
聽我唱那北邊冷地方。
那邊的房子很異樣，
只有一個門，沒有半扇窗。
木頭泥甎都不用，
雪甎蓋頂雪甎牆。
牆上挂着弓和箭，

第147课 北边冷地方

听，听，听，听我唱，听我唱那北边冷地方。那边的房子很异样，只有一个门，没有半扇窗。木头泥砖都不用，雪砖盖顶雪砖墙。墙上挂着弓和箭，靠墙铺着兽皮床。日也点，夜也

点，一盏油灯在中央。外面的风吹不进，灯火不动灯光黄。听，听，听，听我唱，夜里梦到北边冷地方。

北邊冷地方（三）

聽，聽，聽，聽我唱，
聽我唱那北邊冷地方。
那邊的人穿甚麼？
不穿棉布不穿綢衣裳。
裏外衣服都用獸皮做，
獸皮帽子遮到了耳旁。
出門去，坐雪車，
手拉韁繩長又長。
前面拉車的是幾隻狗，
腿力比得上馬兒强。
雪車前進飛一樣快，
四圍一片白茫茫。聽，聽，聽，聽我唱。
夜裏夢到北邊冷地方。

听，听，听，听我唱，听我唱那北边冷地方。那边的人穿什么？不穿棉布不穿绸衣裳。里外衣服都用兽皮做，兽皮帽子遮到了耳旁。出门去，坐雪车，手拉缰绳长又长。前面拉车的是几只狗，腿力比得上马儿强。雪车前进飞一样快，四围一片白茫茫。听，听，听，听我唱。夜里梦到北边冷地方。

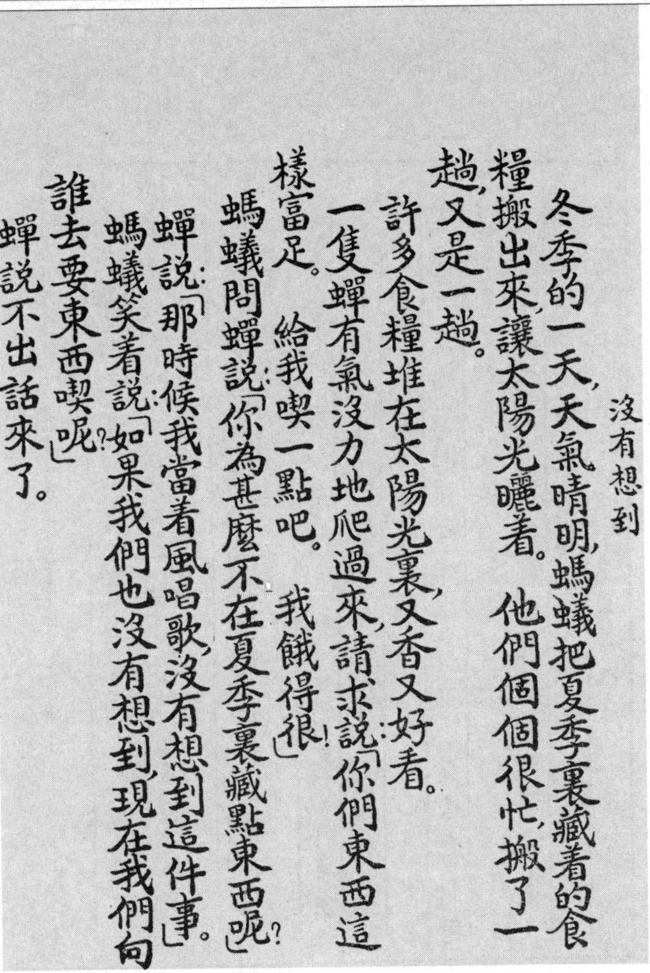

沒有想到

冬季的一天，天氣晴明，螞蟻把夏季裏藏着的食糧搬出來，讓太陽光曬着。他們個個很忙，搬了一趟，又是一趟。

許多食糧堆在太陽光裏，又香又好看。

一隻蟬有氣沒力地爬過來，請求說「你們東西這樣富足。給我喫一點吧。我餓得很！」

螞蟻問蟬說「你為甚麼不在夏季裏藏點東西呢？」

蟬說「那時候我當着風唱歌，沒有想到這件事。」

螞蟻笑着說「如果我們也沒有想到，現在我們向誰去要東西喫呢？」

蟬說不出話來了。

第148课 没有想到

冬季的一天，天气晴明，蚂蚁把夏季里藏着的食粮搬出来，让太阳光晒着。它们个个很忙，搬了一趟，又是一趟。许多食粮堆在太阳光里，又香又好看。一只蝉有气没力地爬过来，请求说：“你们东西这样富足。给我吃一点吧。我饿得很！”蚂蚁问蝉说：“你为什么不在夏季里藏点东西呢？”蝉说：“那时候我当着风唱歌，没有想到这件事。”蚂蚁笑着说：“如果我们也没有想到，现在我们向谁去要东西吃呢？”蝉说不出话来了。

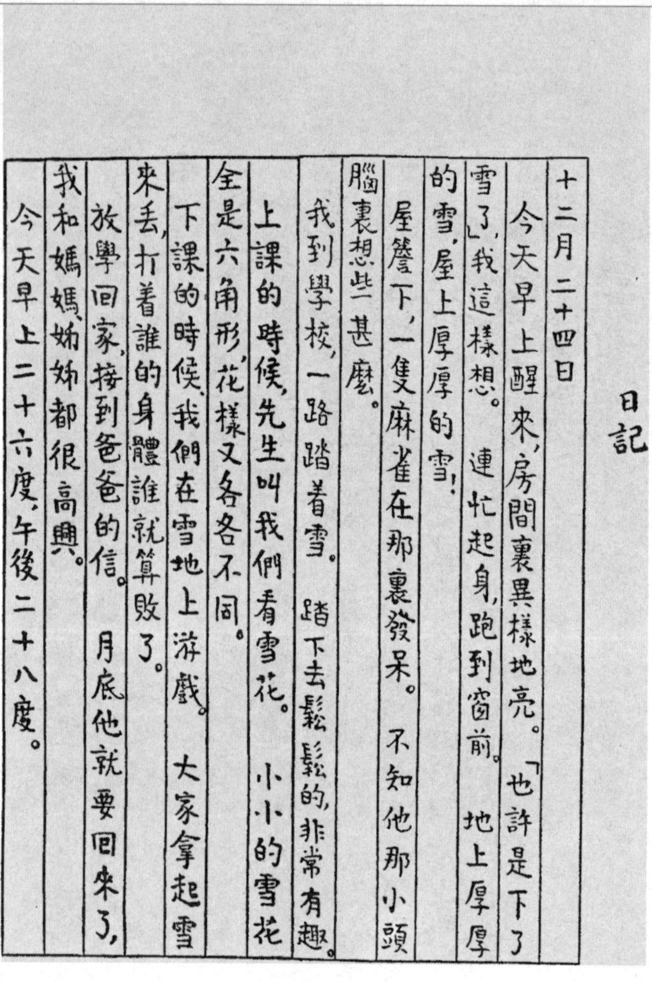
日記

十二月二十四日

今天早上醒來，房間裏異樣地亮。「也許是下了雪了，」我這樣想。連忙起身，跑到窗前。地上厚厚的雪，屋上厚厚的雪！

屋簷下，一隻麻雀在那裏發呆。不知他那小頭腦裏想些甚麼。

我到學校，一路踏着雪。踏下去鬆鬆的，非常有趣。

上課的時候，先生叫我們看雪花。小小的雪花全是六角形，花樣又各各不同。

下課的時候，我們在雪地上游戲。大家拿起雪來丟，打着誰的身體誰就算敗了。

放學回家，接到爸爸的信。月底他就要回來了，我和媽媽、姊姊都很高興。

今天早上二十六度，午後二十八度。

第149课 日记

十二月二十四日　今天早上醒来，房间里异样地亮。“也许是下了雪了，”我这样想。连忙起身，跑到窗前。地上厚厚的雪，屋上厚厚的雪！屋檐下，一只麻雀在那里发呆。不知它那小头脑里想些什么。我到学校，一路踏着雪。踏下去松松的，非常有趣。上课的时候，先生叫我们看雪花。小小的雪花全是六角形，花样又各各不同。下课的时候，我们在雪地上游戏。大家拿起雪来丢，打着谁的身体谁就算败了。放学回家，接到爸爸的信。月底他就要回来了，我和妈妈、姐姐都很高兴。今天早上二十六度，午后二十八度。

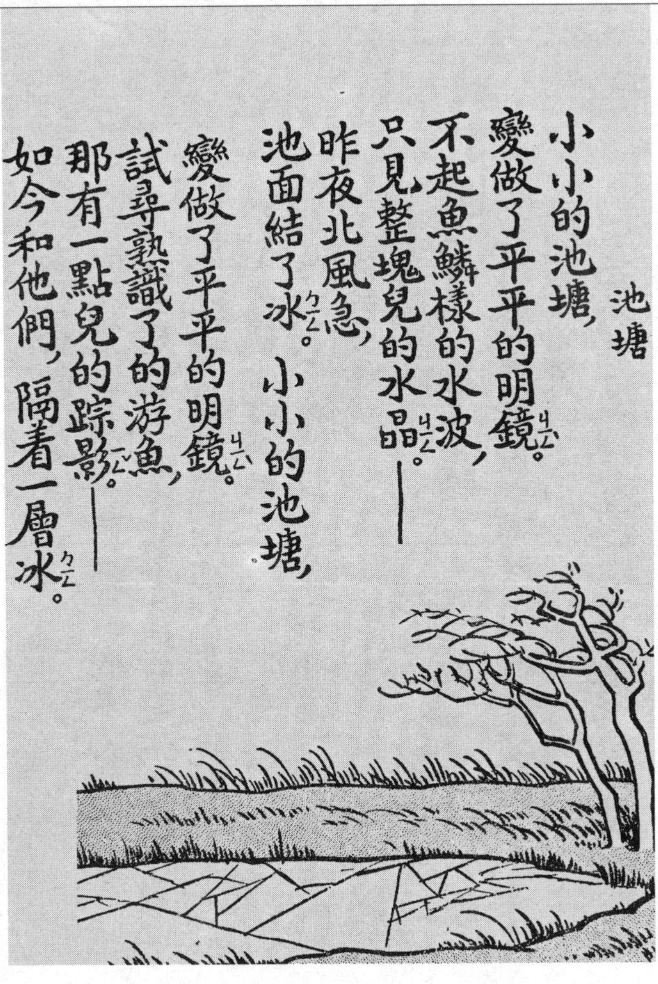
池塘

小小的池塘，
變做了平平的明鏡。
不起魚鱗樣的水波，
只見整塊兒的水晶。——
昨夜北風急，
池面結了冰。小小的池塘，
變做了平平的明鏡。
試尋熟識了的游魚，
那有一點兒的踪影。——
如今和他們，隔着一層冰。

第150课 池塘

小小的池塘，变做了平平的明镜。不起鱼鳞样的水波，只见整块儿的水晶——昨夜北风急，池面结了冰。小小的池塘，变做了平平的明镜。试寻熟识了的游鱼，哪有一点儿的踪影——如今和它们，隔着一层冰。

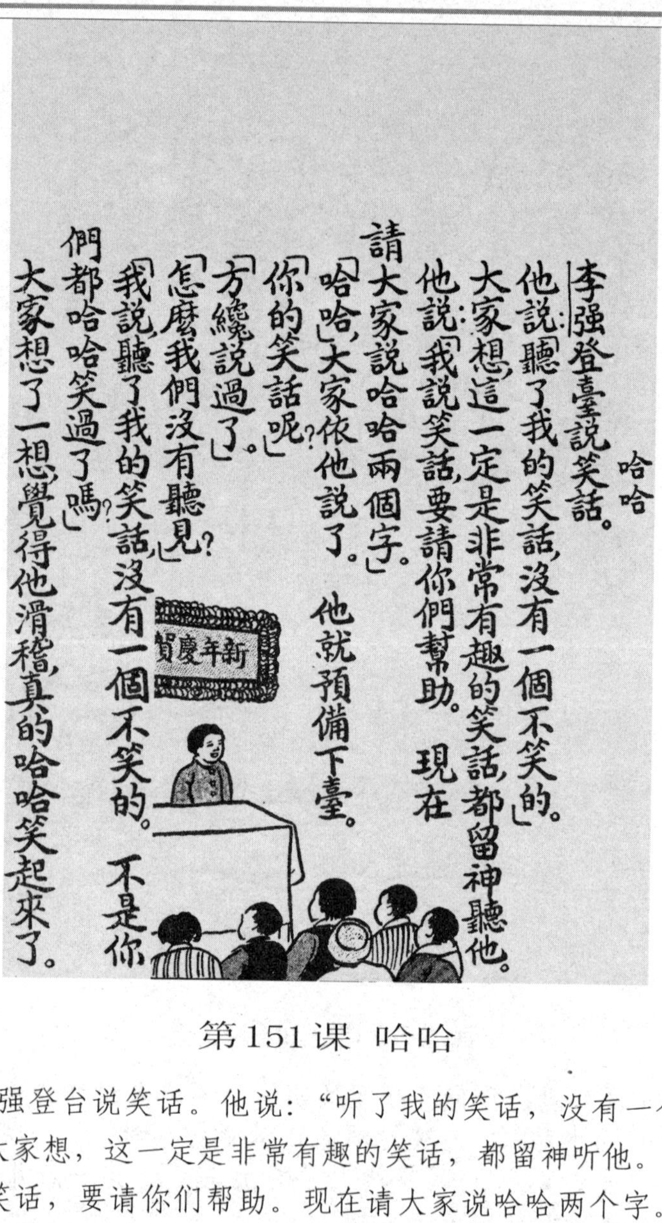
哈哈

李強登臺說笑話。他說：「聽了我的笑話，沒有一個不笑的。」大家想，這一定是非常有趣的笑話，都留神聽他。他說：「我說笑話，要請你們幫助。現在請大家說哈哈兩個字。」「哈哈，」大家依他說了。他就預備下臺。「你的笑話呢？」「方纔說過了。」「怎麼我們沒有聽見？」「我說，聽了我的笑話，沒有一個不笑的。不是你們都哈哈笑過了嗎？」大家想了一想，覺得他滑稽，真的哈哈笑起來了。

第151课 哈哈

李强登台说笑话。他说：“听了我的笑话，没有一个不笑的。”大家想，这一定是非常有趣的笑话，都留神听他。他说：“我说笑话，要请你们帮助。现在请大家说哈哈两个字。”“哈哈，”大家依他说了。他就预备下台。“你的笑话呢？”“方才说过了。”“怎么我们没有听见？”“我说，听了我的笑话，没有一个不笑的。不是你们都哈哈笑过了吗？”大家想了一想，觉得他滑稽，真的哈哈笑起来了。

騎馬

許多同學做騎馬的游戲。三個人做一組。每一組裏，一個人做馬頭，一個人做馬身體，又一個做騎馬的人。騎馬的人騎上去，喊一聲「馬來了!」馬就向前跑去。許多匹馬來回地跑，運動場好像跑馬場了。跑了一會，騎馬的人下來，改做馬頭、馬身體，做馬頭、馬身體的改做騎馬的人。這樣輪流着，直到每人騎過了馬，每人做過了馬頭、馬身體，方纔停止。大家滿身的汗，竟忘記了這時候正是寒冷的冬天。

第152课 骑马

许多同学做骑马的游戏。三个人做一组。每一组里，一个人做马头，一个人做马身体，又一个做骑马的人。骑马的人骑上去，喊一声：“马来了！”马就向前跑去。许多匹马来回地跑，运动场好像跑马场了。跑了一会，骑马的人下来，改做马头、马身体，做马头、马身体的改做骑马的人。这样轮流着，直到每人骑过了马，每人做过了马头、马身体，方才停止。大家满身的汗，竟忘记了这时候正是寒冷的冬天。

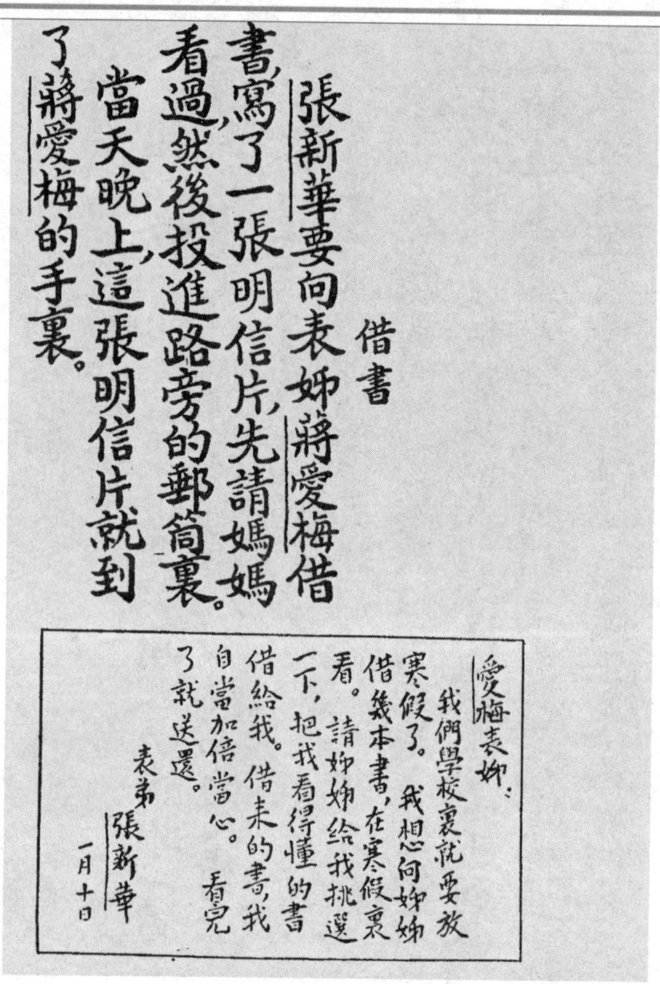

借書

張新華要向表姊蔣愛梅借書，寫了一張明信片，先請媽媽看過，然後投進路旁的郵筒裏。當天晚上，這張明信片就到了蔣愛梅的手裏。

愛梅表姊：

我們學校裏就要放寒假了。我想向姊姊借幾本書，在寒假裏看。請姊姊給我挑選一下，把我看得懂的書借給我。借來的書，我自當加倍當心。看完了就送還。

表弟 張新華

一月十日

第153课 借书

张新华要向表姐蒋爱梅借书，写了一张明信片，先请妈妈看过，然后投进路旁的邮筒里。当天晚上，这张明信片就到了蒋爱梅的手里。

爱梅表姐：我们学校里就要放寒假了。我想向姐姐借几本书，在寒假里看。请姐姐给我挑选一下，把我看得懂的书借给我。借来的书，我自当加倍当心。看完了就送还。表弟　张新华　一月十日

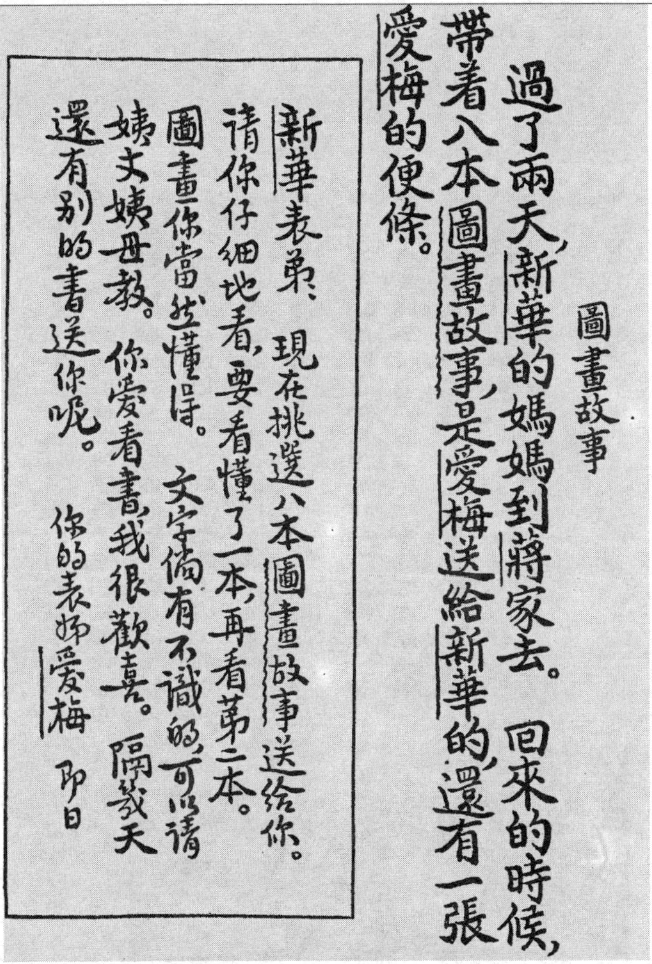
圖畫故事

過了兩天，新華的媽媽到蔣家去。回來的時候，帶着八本圖畫故事，是愛梅送給新華的，還有一張愛梅的便條。

新華表弟：現在挑選八本圖畫故事送給你。請你仔細地看，要看懂了一本，再看第二本。圖畫你當然懂得。文字倘有不識的，可以請姨丈姨母教。你愛看書，我很歡喜。隔幾天還有別的書送你呢。

你的表姊愛梅　即日

第154课　图画故事

过了两天，新华的妈妈到蒋家去。回来的时候，带着八本图画故事，是爱梅送给新华的，还有一张爱梅的便条。

新华表弟：现在挑选八本图画故事送给你。请你仔细地看，要看懂了一本，再看第二本。图画你当然懂得。文字倘有不识的，可以请姨丈姨母教。你爱看书，我很欢喜。隔几天还有别的书送你呢。你的表姐爱梅　即日

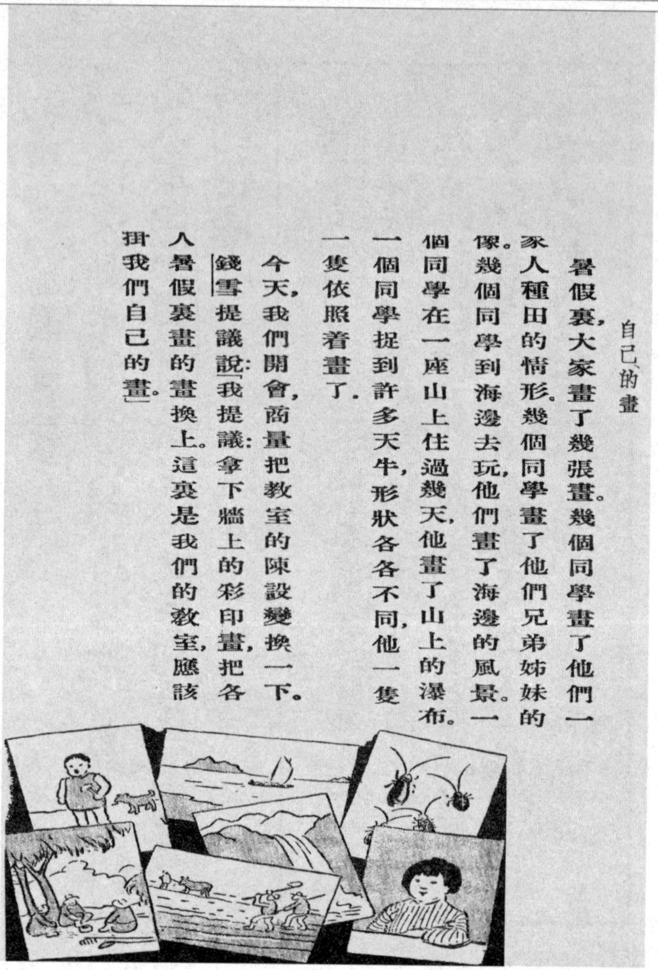

自己的畫

暑假裏，大家畫了幾張畫。幾個同學畫了他們一家人種田的情形。幾個同學畫了他們兄弟姊妹的像。幾個同學到海邊去玩，他們畫了海邊的風景。一個同學在一座山上住過幾天，他畫了山上的瀑布。一個同學捉到許多天牛，形狀各各不同，他一隻一隻依照着畫了。

今天，我們開會，商量把教室的陳設變換一下。錢雪提議說：「我提議：拿下牆上的彩印畫，把各人暑假裏畫的畫換上。這裏是我們的教室，應該掛我們自己的畫。」

第155课 自己的画

暑假里，大家画了几张画。几个同学画了他们一家人种田的情形。几个同学画了他们兄弟姐妹的像。几个同学到海边去玩，他们画了海边的风景。一个同学在一座山上住过几天，他画了山上的瀑布。一个同学捉到许多天牛，形状各各不同，他一只一只依照着画了。今天，我们开会，商量把教室的陈设变换一下。钱雪提议说：“我提议：拿下墙上的彩印画，把各人暑假里画的画换上。这里是我们的教室，应该挂我们自己的画。”

挑選和計劃

大家贊成錢雪的提議，就從書包裏拿出自己的畫來，預備掛在牆上。

夏楓說：「我們每人有幾張畫，倘若完全掛起來，就嫌太多了。我想，先得挑選一下。」

瞿美初說：「挑選好了，還得計劃一下。那一面掛那幾張，那一張高，那一張低，都計劃停當，掛起來纔好看。」

李強說：「兩位說得不錯。我提議：推舉五位同學擔任挑選和計劃。」

主席張新華問：「大家贊成這樣辦嗎？」

大家都覺得這樣很好，就推舉五個同學，各把自己的畫交給他們。

第156课 挑选和计划

大家赞成钱雪的提议，就从书包里拿出自己的画来，预备挂在墙上。夏枫说：“我们每人有几张画，倘若完全挂起来，就嫌太多了。我想，先得挑选一下。”瞿美初说：“挑选好了，还得计划一下。哪一面挂哪几张，哪一张高，哪一张低，都计划停当，挂起来才好看。”李强说：“两位说得不错。我提议：推举五位同学担任挑选和计划。”主席张新华问：“大家赞成这样办吗？”大家都觉得这样很好，就推举五个同学，各把自己的画交给他们。

比從前更有趣味了

兩天過後，教室的陳設是全新的了。一張最好的畫掛在黑板上頭，是瞿美初畫的，題目叫做「我的爸爸和媽媽」，畫着她的父母赤着腳，彎着腰，在稻田裏工作。其他的畫掛在各處，因爲地位適當，眼睛看去都覺得舒服。左邊靠窗放着四大盆雞冠花，兩盆紅的，兩盆黃的，顏色很鮮明。後邊靠牆有一個矮矮的書櫥，是先生送給我們的。裏面放着各人的書和玩具。我們走進教室，覺得比從前更有趣味了。

第157课 比从前更有趣味了

两天过后，教室的陈设是全新的了。一张最好的画挂在黑板上头，是瞿美初画的，题目叫做“我的爸爸和妈妈”，画着她的父母赤着脚，弯着腰，在稻田里工作。其他的画挂在各处，因为地位适当，眼睛看去都觉得舒服。左边靠窗放着四大盆鸡冠花，两盆红的，两盆黄的，颜色很鲜明。后边靠墙有一个矮矮的书橱，是先生送给我们的。里面放着各人的书和玩具。我们走进教室，觉得比从前更有趣味了。

我們的學校

我們唱我們的學校，學校裏邊樣樣好。
先生同學在一起，大家用手又用腦，
作工、讀書、和游戲，三面都能照顧到
教室常換新陳設，場上不斷好花草。
還有各種小動物，雞、鴿、猴、兔、羊、狗、貓。——
什麽地方最快樂？要算是我們的學校。

第158课 我们的学校

我们唱我们的学校，学校里边样样好。先生同学在一起，大家用手又用脑，作工、读书和游戏，三面都能照顾到，教室常换新陈设，场上不断好花草。还有各种小动物，鸡、鸽、猴、兔、羊、狗、猫。——什么地方最快乐？要算是我们的学校。

牽牛花蕾

天快亮的時候，許多牽牛花蕾在那裏輕輕談話。「天快亮了，太陽要出來了，不知道到底是怎樣的東西。」「想來和剛纔落下去的月亮差不多，也是個圓圓的象牙色的球兒。」一個花蕾歎一聲氣，說：「下雨了，我們看不見太陽了，我身上已經沾了些雨點！」「那裏是雨點！這是露呢。」幾個小花蕾一齊說：「不錯，這是露呀。」這當兒，太陽已經升起來了，火紅一團，光彩耀眼。「啊！」許多牽牛花蕾看見了太陽，又驚又喜，他們的嘴都像喇叭一樣張開來了。

第159课 牵牛花蕾

天快亮的时候，许多牵牛花蕾在那里轻轻谈话。“天快亮了，太阳要出来了，不知道到底是怎样的东西。”“想来和刚才落下去的月亮差不多，也是个圆圆的象牙色的球儿。”一个花蕾叹一声气，说：“下雨了，我们看不见太阳了，我身上已经沾了些雨点！”“哪里是雨点！这是露呢。”几个小花蕾一齐说：“不错，这是露呀。”这当儿，太阳已经升起来了，火红一团，光彩耀眼。“啊！”许多牵牛花蕾看见了太阳，又惊又喜，它们的嘴都像喇叭一样张开来了。

向日葵花

向日葵花對牽牛花說:「太陽眞是個美麗可愛的東西。牠在東方,我面對東方看牠。牠在天空,我仰面看牠。牠在西方,我面對西方看牠。一連看了三天了,我還沒看厭,還是要看。」幾朵牽牛花說:「你說牠這樣好看,那麼,我們也要看牠三天五天呢。」

過了一會,一朵牽牛花說:「怎麼我總看牠不清楚呢?——頭腦倒有點昏了。」別一朵說:「我熱得受不住了!」又過了一會,向日葵花忽然喊起來:「你們看,太陽升得很高了!你們看,千萬道可愛的光彩!你們看,……」但是牽牛花好像不曾聽見,一朵朵低着頭不響。

第160课 向日葵花

向日葵花对牵牛花说:“太阳真是个美丽可爱的东西。它在东方,我面对东方看它。它在天空,我仰面看它。它在西方,我面对西方看它。一连看了三天了,我还没看厌,还是要看。”几朵牵牛花说:“你说它这样好看,那么,我们也要看它三天五天呢”。过了一会,一朵牵牛花说:“怎么我总看它不清楚呢?——头脑倒有点昏了。”别一朵说:“我热得受不住了!”又过了一会,向日葵花忽然喊起来:“你们看,太阳升得很高了!你们看,千万道可爱的光彩!你们看……”但是牵牛花好像不曾听见,一朵朵低着头不响。

一個農人

從前有一個農人，他希望田裏的稻很快地長起來。但是每天去看稻，好像總是那樣高，他非常懊惱。用什麼方法幫助稻長起來呢？他時時刻刻這樣想。他想到方法了。急忙跑到田裏，試把一棵稻拔起兩寸光景，站遠一點看，果然比其他的稻高多了。他想這方法不錯，就把所有的稻都拔起兩寸光景。這是很麻煩的工作。直到太陽將要落下去的時候，他纔回到家裏，說：「今天疲乏了，我幫助稻長起來了！」他的兒子急忙跑到田裏去看，所有的稻都乾枯了。

第161课 一个农人

从前有一个农人，他希望田里的稻很快地长起来。但是每天去看稻，好像总是那样高，他非常懊恼。用什么方法帮助稻长起来呢？他时时刻刻这样想。他想到方法了。急忙跑到田里，试把一棵稻拔起两寸光景，站远一点看，果然比其他的稻高多了。他想这方法不错，就把所有的稻都拔起两寸光景。这是很麻烦的工作。直到太阳将要落下去的时候，他才回到家里，说：“今天疲乏了，我帮助稻长起来了！”他的儿子急忙跑到田里去看，所有的稻都干枯了。

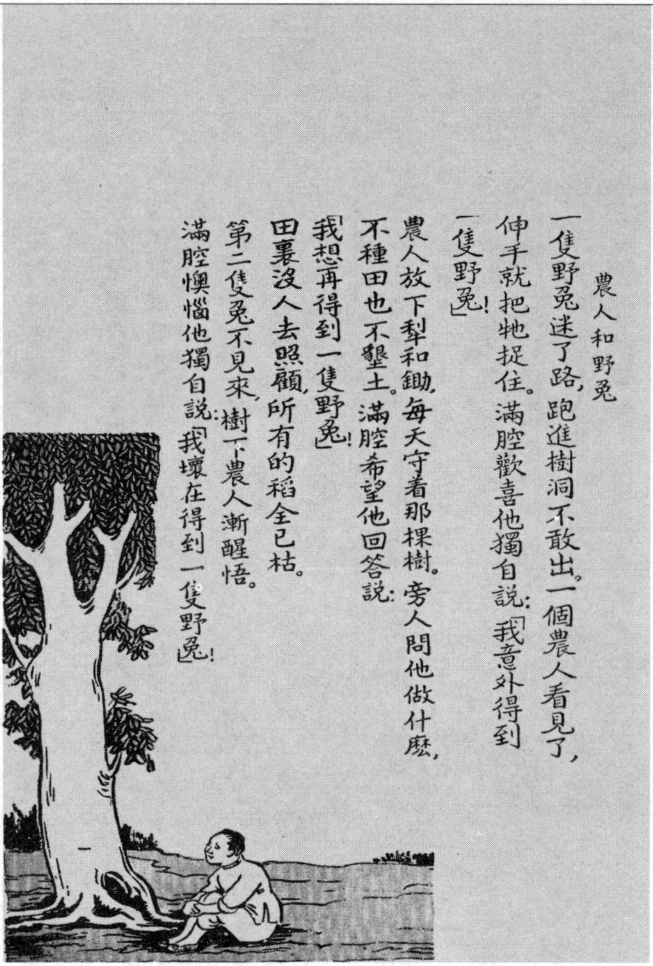
農人和野兔

一隻野兔迷了路，跑進樹洞不敢出。一個農人看見了，伸手就把牠捉住。滿腔歡喜他獨自說：「我意外得到一隻野兔！」

農人放下犁和鋤，每天守着那棵樹。旁人問他做什麽，不種田也不墾土。滿腔希望他回答說：「我想再得到一隻野兔！」

田裏沒人去照顧，所有的稻全已枯。第二隻兔不見來，樹下農人漸醒悟。滿腔懊惱他獨自說：「我壞在得到一隻野兔！」

第162课 农人和野兔

一只野兔迷了路，跑进树洞不敢出。一个农人看见了，伸手就把它捉住。满腔欢喜他独自说：“我意外得到一只野兔！”农人放下犁和锄，每天守着那棵树。旁人问他做什么，不种田也不垦土。满腔希望他回答说：“我想再得到一只野兔！”田里没人去照顾，所有的稻全已枯。第二只兔不见来，树下农人渐醒悟。满腔懊恼他独自说：“我坏在得到一只野兔！”

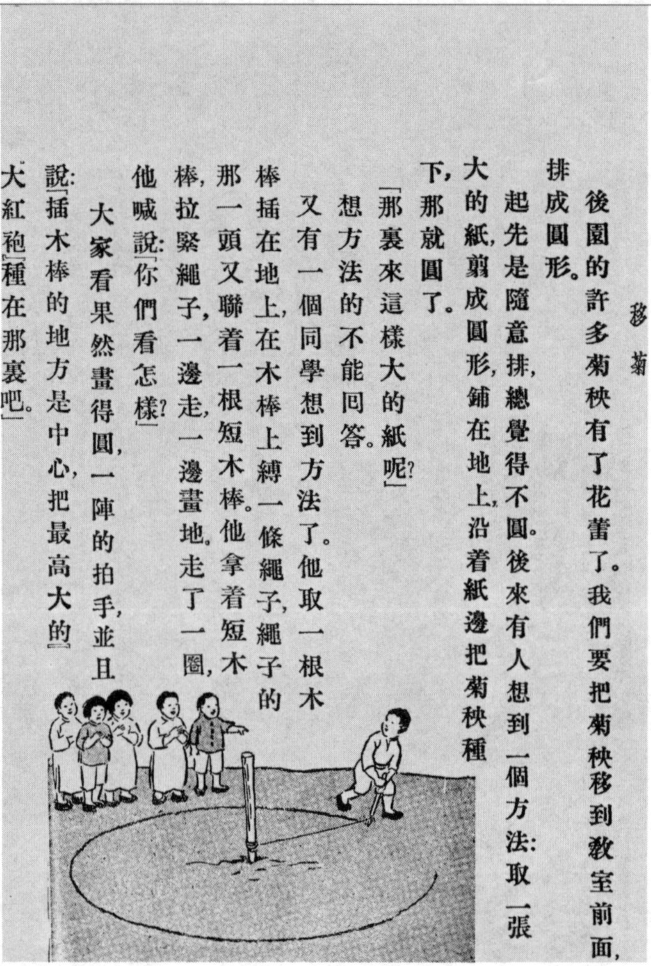

移菊

後園的許多菊秧有了花蕾了。我們要把菊秧移到教室前面，排成圓形。

起先是隨意排，總覺得不圓。後來有人想到一個方法：取一張大的紙，翦成圓形，鋪在地上，沿着紙邊把菊秧種下，那就圓了。

「那裏來這樣大的紙呢？」

想方法的不能回答。

又有一個同學想到方法了。他取一根木棒插在地上，在木棒上縛一條繩子，繩子的那一頭又聯着一根短木棒。他拿着短木棒，拉緊繩子，一邊走，一邊畫地。走了一圈，他喊說：「你們看怎樣？」

大家看果然畫得圓，一陣的拍手，並且說：「插木棒的地方是中心，把最高大的『大紅袍』種在那裏吧。」

第163课 移菊

后园的许多菊秧有了花蕾了。我们要把菊秧移到教室前面，排成圆形。起先是随意排，总觉得不圆。后来有人想到一个方法：取一张大的纸，剪成圆形，铺在地上，沿着纸边把菊秧种下，那就圆了。“哪里来这样大的纸呢？”想方法的不能回答。又有一个同学想到方法了。他取一根木棒插在地上，在木棒上缚一条绳子，绳子的那一头又联着一根短木棒。他拿着短木棒，拉紧绳子，一边走，一边画地。走了一圈，他喊说：“你们看怎样？”大家看果然画得圆，一阵的拍手，并且说：“插木棒的地方是中心，把最高大的‘大红袍’种在那里吧。”

木工

先生問「我們做木工，做一件什麼東西呢?」因爲剛纔移種菊秧，大家就想起花盆架子，不約而同地說了出來。先生說:「好的。隨你們自己的意，各人做一個花盆架子吧。」

大家的花盆架子做成了。形狀各不相同。有圓的，也有方的。有四隻腳的，也有五隻腳的。

「怎麼放不穩的呢?」錢雪相着自己桌子上的花盆架子。

夏楓說「你那架子的幾隻腳大概長短不齊吧。」

田文通說:「幾隻腳長短齊了，倘若桌子面不平，也會放不穩的。」

湯學梅接着說:「你們看，我這架子無論放在那裏，每隻腳都能站穩。」

第164课 木工

先生问：“我们做木工，做一件什么东西呢？”因为刚才移种菊秧，大家就想起花盆架子，不约而同地说了出来。先生说：“好的。随你们自己的意，各人做一个花盆架子吧。”大家的花盆架子做成了。形状各不相同。有圆的，也有方的。有四只脚的，也有五只脚的。“怎么放不稳的呢？”钱雪相着自己桌子上的花盆架子。夏枫说：“你那架子的几只脚大概长短不齐吧。”田文通说：“几只脚长短齐了，倘若桌子面不平，也会放不稳的。”汤学梅接着说：“你们看，我这架子无论放在哪里，每只脚都能站稳。”

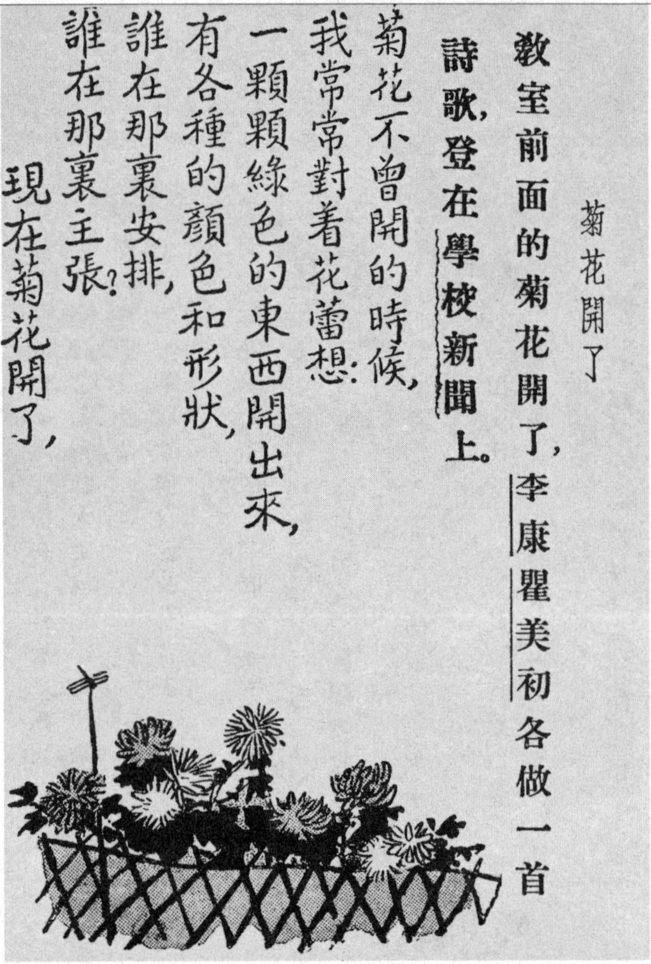
菊花開了

教室前面的菊花開了，李康瞿美初各做一首詩歌，登在學校新聞上。

菊花不曾開的時候，
我常常對着花蕾想：
一顆顆綠色的東西開出來，
有各種的顏色和形狀，
誰在那裏安排，
誰在那裏主張？
現在菊花開了，

第165 菊花开了

教室前面的菊花开了，李康、瞿美初各做一首诗歌，登在《学校新闻》上。菊花不曾开的时候，我常常对着花蕾想：一棵棵绿色的东西开出来，有各种的颜色和形状，谁在那里安排，谁在那里主张？现在菊花开了，我又对着花儿想：这种颜色图画画不成，这种形状手工做不像，谁在那里安排，谁在那里主

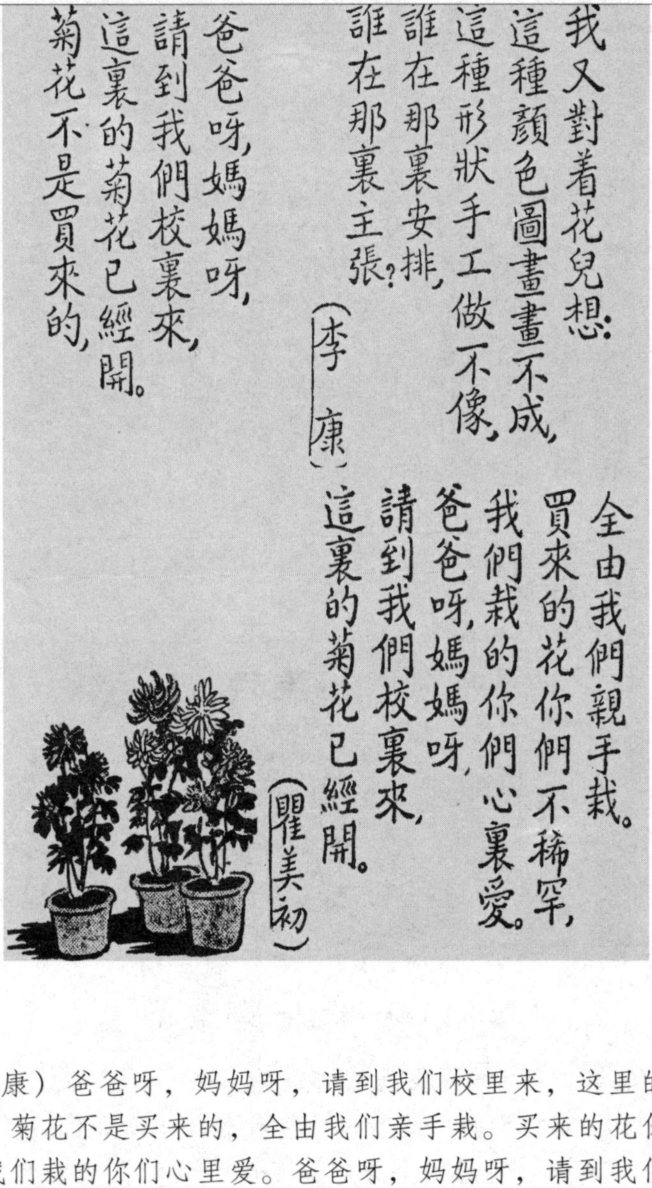
我又對着花兒想：
這種顏色圖畫畫不成，
這種形狀手工做不像，
誰在那裏安排，
誰在那裏主張？
（李康）
爸爸呀，媽媽呀，
請到我們校裏來，
這裏的菊花已經開。
菊花不是買來的，
全由我們親手栽。
買來的花你們不稀罕，
我們栽的你們心裏愛。
爸爸呀，媽媽呀，
請到我們校裏來，
這裏的菊花已經開。
（瞿美初）

张？（李康）爸爸呀，妈妈呀，请到我们校里来，这里的菊花已经开。菊花不是买来的，全由我们亲手栽。买来的花你们不稀罕，我们栽的你们心里爱。爸爸呀，妈妈呀，请到我们校里来，这里的菊花已经开。（瞿美初）

三腳賽跑

一，二，三！——我們拔腳就跑。

當心我們的步調，一步也不能亂跑，當心我們的步調，差一點就會跌交。我們兩個合用一條腿，我們把肩膀互相緊抱。我們兩個就像一個人，我們的呼吸互相勻調。一，二，我們的前面再沒有別人。一，二，這回是我們第一個跑到！

第166课 三脚赛跑

一，二，三！——我们拔脚就跑。

当心我们的步调，一步也不能乱跑，当心我们的步调，差一点就会跌交。我们两个合用一条腿，我们把肩膀互相紧抱。我们两个就像一个人，我们的呼吸互相匀调。一，二，我们的前面再没有别人。一，二，这回是我们第一个跑到！

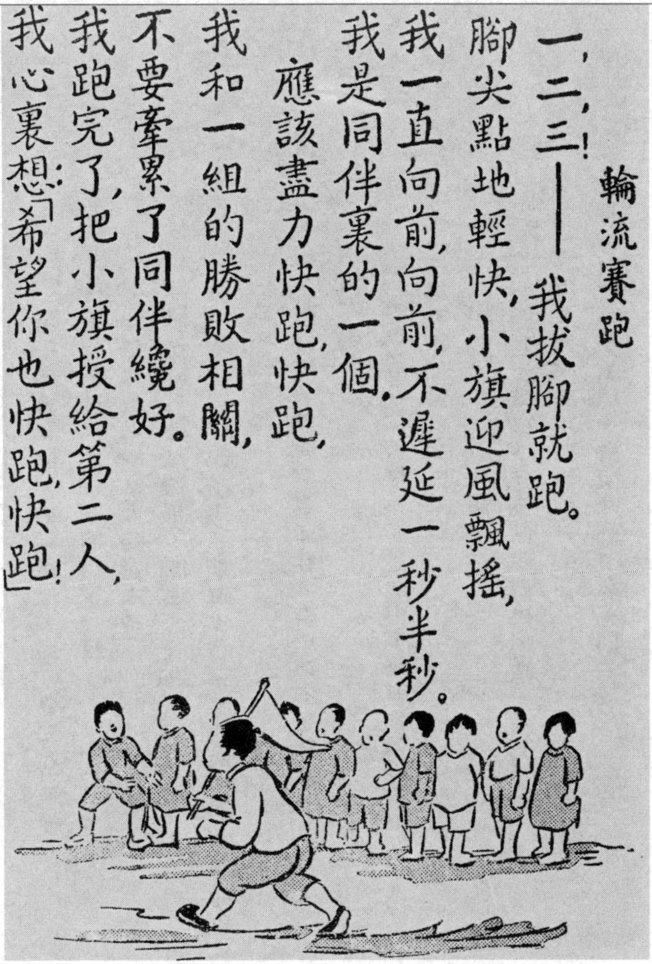
輪流賽跑

一，二，三！——我拔腳就跑。
腳尖點地輕快，小旗迎風飄搖，
我一直向前，向前，不遲延一秒半秒。
我是同伴裏的一個，
應該盡力快跑，快跑，
我和一組的勝敗相關，
不要牽累了同伴纔好。
我跑完了，把小旗授給第二人，
我心裏想：「希望你也快跑，快跑！」

第167课 轮流赛跑

一，二，三！——我拔脚就跑。脚尖点地轻快，小旗迎风飘摇，我一直向前，向前，不迟延一秒半秒。我是同伴里的一个，应该尽力快跑，快跑，我和一组的胜败相关，不要牵累了同伴才好。我跑完了，把小旗授给第二人，我心里想：“希望你也快跑，快跑！”

鯽魚和蟹

一羣小鯽魚在河裏游行，活潑潑地，一會兒在這裏，一會兒在那裏，像往回的梭子一般。

一隻蟹騙他們說：「漁人的網來了！」

一羣小鯽魚聽了，頭也不回，連忙就逃。

蟹忍不住笑了，說：「不用逃，網還沒有來呢。我的話是說着玩的。」

一羣小鯽魚纔放了心。

蟹又說：「你們一聽說網來了，什麼方法都不想，只知道逃。你們太柔弱了。」

小鯽魚說：「我們的確太柔弱了。我們沒有你的兩個螯。」

「沒有兩個螯，就只能逃嗎？」

「除了逃，恐怕沒有方法了。」

「你們有一羣在這裏。我勸你們要剛強一點，大家用力，衝破那可惡的網！」

一羣小鯽魚一齊說：「我們不敢，我們不敢。」

第168课 鲫鱼和蟹

一群小鲫鱼在河里游行，活泼泼地，一会儿在这里，一会儿在那里，像往回的梭子一般。一只蟹骗它们说：“渔人的网来了！”一群小鲫鱼听了，头也不回，连忙就逃。蟹忍不住笑了，说：“不用逃，网还没有来呢。我的话是说着玩的。”一群小鲫鱼才放了心。蟹又说：“你们一听说网来了，什么方法都不想，只知道逃。你们太柔弱了。”小鲫鱼说：“我们的确太柔弱了。我们没有你的两个螯。”“没有两个螯，就只能逃吗？”“除了逃，恐怕没有方法了。”“你们有一群在这里。我劝你们要刚强一点，大家用力，冲破那可恶的网！”一群小鲫鱼一齐说：“我们不敢，我们不敢。”

漁人的網

漁人的網眞個來了。「逃呀！逃呀！」一羣小鯽魚只恐怕游得太慢。漁人拉起網來，一條魚也沒有，只見一隻蟹。他把蟹執在手裏，說：「得到一隻蟹，也是好的。」蟹用螯箝住漁人的手指。嘴裏不歇地吐出泡沫。漁人痛了，非常動怒，說：「可恶的東西！」蟹的螯箝得更緊一點。漁人痛得利害，只好放手。

第169课 渔人的网

渔人的网真个来了。“逃呀！逃呀！”一群小鲫鱼只恐怕游得太慢。渔人拉起网来，一条鱼也没有，只见一只蟹。他把蟹执在手里，说：“得到一只蟹，也是好的。”蟹用螯箝住渔人的手指。嘴里不歇地吐出泡沫。渔人痛了，非常动怒，说：“可恶的东西！”蟹的螯箝得更紧一点。渔人痛得厉害，只好放手。蟹就回到了河里。一群小鲫鱼逃到那边，那边也有渔人在那

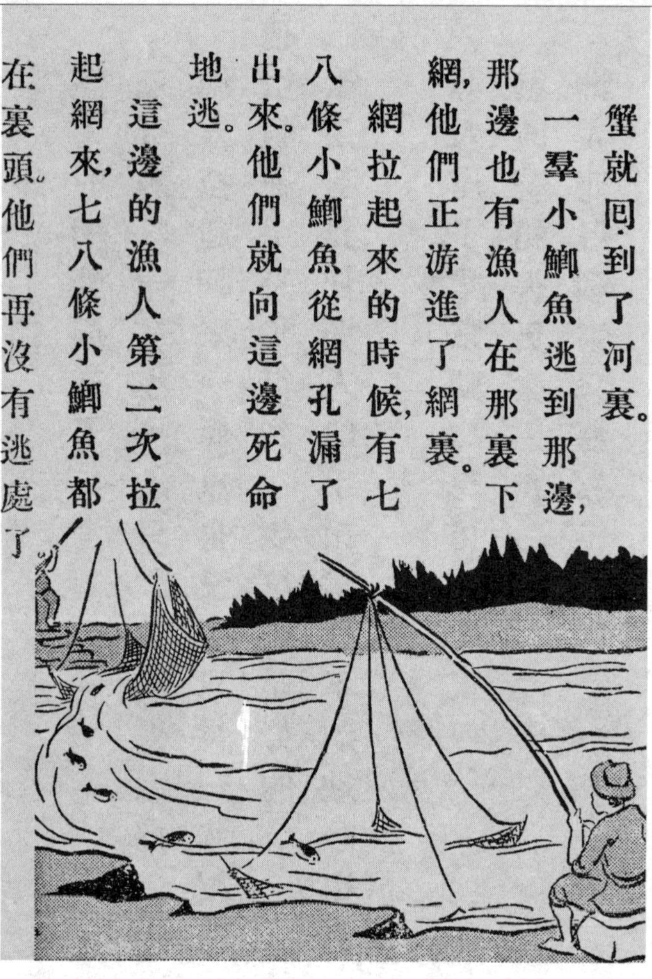
蟹就回到了河裏。一羣小鯽魚逃到那邊，那邊也有漁人在那裏下網，他們正游進了網裏。網拉起來的時候，有七八條小鯽魚從網孔漏了出來。他們就向這邊死命地逃。

這邊的漁人第二次拉起網來，七八條小鯽魚都在裏頭。他們再沒有逃處了

里下网，他们正游进了网里。网拉起来的时候，有七八条小鲫鱼从网孔漏了出来。它们就向这边死命地逃。这边的渔人第二次拉起网来，七八条小鲫鱼都在里头。他们再没有逃处了。

①
②
③
④
⑤

這個話不錯（一）

有一個老人和他的兒子一同到市上。買了一匹黑驢子，牽着回去。一個跛子看見了他們，忍不住說：「有了驢子不騎，要驢子作什麼用呢！」

老人覺得這個話不錯，驢子原來應該騎的，就叫兒子騎着驢子，自己跟在後面走。走了一會，一個撐着拐杖的老人看見了他們，忍不住說：「年輕的騎着驢子，年老的倒跟在後面走，這樣的事情太難了！」

老人覺得這個話也不錯，年老的原來應該享一點舒服的。就叫兒子下來走，自己騎着驢子。

第170课 这个话不错

有一个老人和他的儿子一同到市上，买了一匹黑驴子，牵着回去。一个跛子看见了他们，忍不住说：“有了驴子不骑，要驴子作什么用呢！”老人觉得这个话不错，驴子原来应该骑的，就叫儿子骑着驴子，自己跟在后面走。走了一会，一个撑着拐杖的老人看见了他们，忍不住说：“年轻的骑着驴子，年老的倒跟在后面走，这样的事情太难了！”

這個話不錯（二）

又走了一會，一個抱着孩子餵奶的婦人看見了他們，忍不住說：「大人自己安安舒舒騎着驢子，倒叫小孩子跌跌蹱蹱跟在後面走，心裏怎麼過得去的！」

老人覺得這個話又不錯，小孩子原來應該特別照顧的。就叫兒子和自己一同騎着驢子。又走了一會，一個老太太看見了他們，忍不住

老人觉得这个话也不错，年老的原来应该享一点舒服的。就叫儿子下来走，自己骑着驴子。又走了一会，一个抱着孩子喂奶的妇人看见了他们，忍不住说：“大人自己安安舒舒骑着驴子，倒叫小孩子跌跌撞撞跟在后面走，心里怎么过得去的！”老人觉得这个话又不错，小孩子原来应该特别照顾的。就叫儿子和自己一同骑着驴子。又走了一会，一个老太太看见了他们，忍不住说：“小小的一匹驴子，哪里压得起两个人！”

說：「小小的一匹驢子，那裏壓得起兩個人！」

老人覺得這個話又不錯，驢子原來壓不起兩個人的。就和兒子下來，買了一根棒、一條繩，兩個人擡着驢子走。驢子被他們倒掛着，難過極了，拚命掙脫。正走到橋上，驢子掙得越利害，兩個人當不住，就一同跌到河裏去了。

老人觉得这个话又不错，驴子原来压不起两个人的。就和儿子下来，买了一根棒、一条绳，两个人抬着驴子走。驴子被他们倒挂着，难过极了，拼命挣脱。正走到桥上，驴子挣得越厉害，两个人当不住，就一同跌到河里去了。

二五　市集

水路船頭接船尾，
陸路馬脣貼車背。
船兒車兒那裏來？
來從東西和南北。
東邊運到麥和米，
西邊運到鐵和煤，
南邊茶葉和蠶絲，
北邊獸皮和豆類。
百貨相聚成市集，

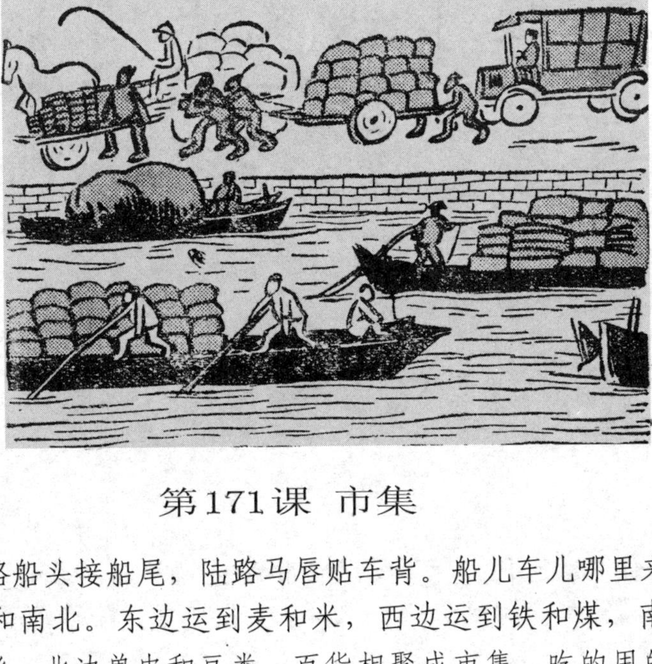

第171课　市集

水路船头接船尾，陆路马唇贴车背。船儿车儿哪里来？来从东西和南北。东边运到麦和米，西边运到铁和煤，南边茶叶和蚕丝，北边兽皮和豆类。百货相聚成市集，吃的用的都齐喫的用的都齊備。
要什麽就有什麽，
不必爬山和過水。
一批以後又一批，
一年到頭够分配。
你試看——
水路船頭接船尾，
陸路馬脣貼車背。

备。要什么就有什么，不必爬山和过水。一批以后又一批，一年到头够分配。你试看——水路船头接船尾，陆路马唇贴车背。

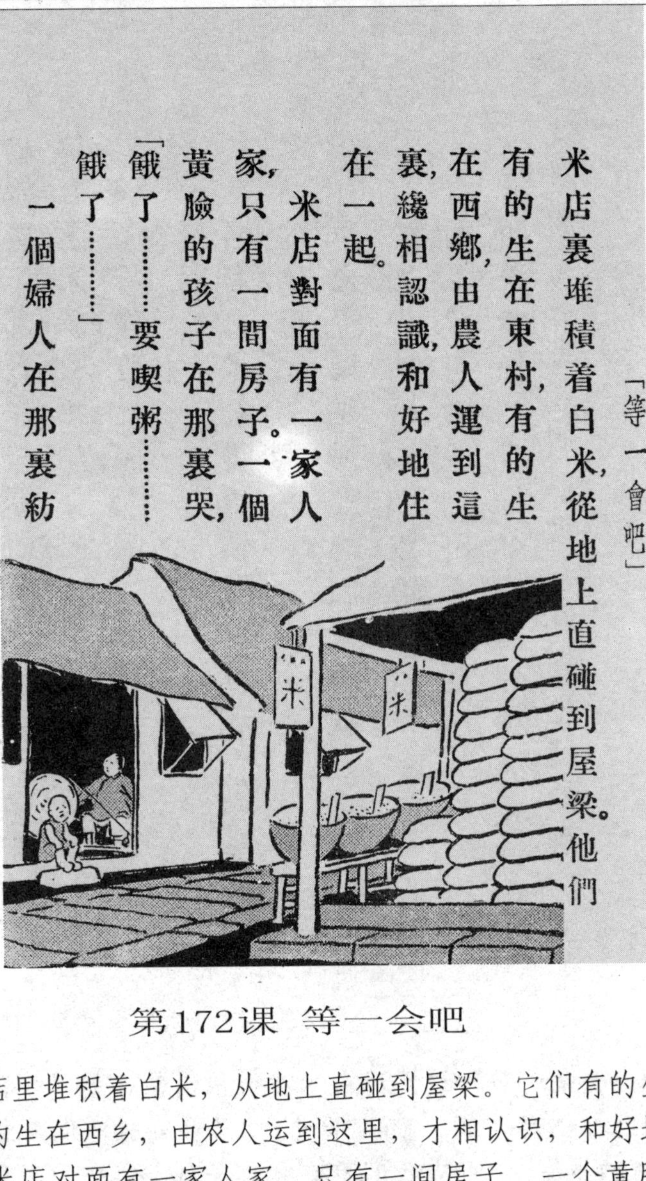

第172课 等一会吧

米店里堆积着白米，从地上直碰到屋梁。它们有的生在东村，有的生在西乡，由农人运到这里，才相认识，和好地住在一起。米店对面有一家人家，只有一间房子。一个黄脸的孩子在那里哭，“饿了……要吃粥……饿了……”一个妇人在那里纺纱，她看了那孩子一眼，说：“好儿子，等一会吧！等一会有了米，就煮粥给你吃。”孩子好像没听见，仍旧哭着喊：“……

紗，她看了那孩子一眼，說：「好兒子，等一會吧！等一會有了米，就煑粥給你喫。」

孩子好像沒聽見，仍舊哭着喊：「……喫粥……喫粥……」

這情形白米看得很清楚，就互相商量，怎樣去幫助他們母子倆。

有的米說：「只要到得他們身邊，就好了。」

有的米說：「可惜我們沒有腳。」

有的米說：「可惜我們沒有翅膀。」

有的米說：「你們看，好多的同伴被裝在麻袋裏，就離開了這裏。我們如果有麻袋，也就能離開這裏了。」

吃粥……吃粥……”这情形白米看得很清楚，就互相商量，怎样去帮助他们母子俩。有的米说：“只要到得他们身边，就好了。”有的米说：“可惜我们没有脚。”有的米说：“可惜我们没有翅膀。”有的米说：“你们看，好多的同伴被装在麻袋里，就离开了这里。我们如果有麻袋，也就能离开这里了。”

「這裏的情形是這樣的」

忽然屋角裏發聲說:「你們都是小弟弟,來得不久,不知道這裏的情形。你們試留心看,那些人在店櫃上交付了什麼東西,纔得把我們的同伴帶走?」

大家留心看店櫃上的情形。

「那個老人交付了兩張紙,」有的米把看見的說出來。

屋角裏的陳米說:「這叫做鈔票。」

有的米說:「一個婦人交付一個圓圓的亮亮的東西。」

第173课 这里的情形是这样的

忽然屋角里发声说:“你们都是小弟弟,来得不久,不知道这里的情形。你们试留心看,那些人在店柜上交付了什么东西,才得把我们的同伴带走?”大家留心看店柜上的情形。“那个老人交付了两张纸。”有的米把看见的说出来。屋角里的陈米说:“这叫做钞票。”有的米说:“一个妇人交付一个圆圆的亮亮的东西。”陈米说:“这叫做银圆。” 有的米说:“一陳米說:「這叫做銀圓。」有的米說:「一個穿短衣服的男子交付了一疊圓圓的醬色的東西。」陳米說:「這叫做銅圓。」接着又說:「你們再留心看，有人空着手跑來把我們的同伴帶走嗎?」歇了好久，許多的米回答說沒有。陳米就用先生一般的口氣說:「你們記着，這裏的情形是這樣的:要有鈔票、銀圓、銅圓這些東西，纔得把我們換去。對面那婦人急急紡紗，就想趕快得到幾個銅圓。」「是這樣的嗎!」許多的米一齊這樣想。

个穿短衣服的男子交付了一叠圆圆的酱色的东西。”陈米说：“这叫做铜圆。”接着又说：“你们再留心看，有人空着手跑来把我们的同伴带走吗？”歇了好久，许多的米回答说没有。陈米就用先生一般的口气说：“你们记着，这里的情形是这样的：要有钞票、银圆、铜圆这些东西，才得把我们换去。对面那妇人急急纺纱，就想赶快得到几个铜圆。”“是这样的吗！”许多的米一齐这样想。

火車站

大批的人向火車站去。他們去坐九點鐘的火車。火車的來到和開行都有一定時間，一會兒也不遲延的。火車站裏大批的人在那裏買車票。後到的人排在先到的人之後，順次地買。又有在那裏交託行李的人。那是到遠地方去的。

第174课 火车站

大批的人向火车站去。他们去坐九点钟的火车。火车的来到和开行都有一定时间，一会儿也不迟延的。火车站里大批的人在那里买车票。后到的人排在先到的人之后，顺次地买。又有在那里交托行李的人。那是到远地方去的。站夫摇铃了。大批的人等着验过车票，顺次地来到月台。不久，火车望得站夫搖鈴了。大批的人等着驗過車票，順次地來到月臺。

不久，火車望得見了。最前吐着煙的是機關車。機關車後面聯着好多節客車。

火車停了。從客車裏下來許多人。然後許多人上去。又從車裏卸下許多行李，那是下來的許多人的。然後運上許多行李，那是剛纔在那裏交託的許多人的。

九點鐘到了。站長吹着叫笛，揮着旗子。汽笛叫了一聲，火車就開行了。

见了。最前吐着烟的是机关车。机关车后面联着好多节客车。火车停了。从客车里下来许多人。然后许多人上去。又从车里卸下许多行李，那是下来的许多人的。然后运上许多行李，那是刚才在那里交托的许多人的。九点钟到了。站长吹着叫笛，挥着旗子。汽笛叫了一声，火车就开行了。

航船埠頭

這裏是航船埠頭，停泊着一隻帆船。四五個船夫在船後梢喫早飯，太陽光照在他們身上。一個農人背着一個衣包上船了。船艙並不高，要彎了身子纔得進去。等一會，一個商人提着幾件貨品上船了。再等一會，又來了一個抱着孩子餵奶的婦人。好久，好久，船艙坐滿了，共有二十多人。他們要到航船經過的各個鄉村裏去。雖然風勢不順，但是他們都預備坐很長的時間，神色並不愁急。他們這樣說：「愁也沒有用，急也沒有用，遲早總會到的。」一個船夫慢慢地解了纜，自言自語說：「又是逆風！」幾個船夫動手划動船後梢的兩把櫓。航船就慢慢地離開船埠了。

第175课 航船埠头

这里是航船埠头。停泊着一只帆船。四五个船夫在船后梢吃早饭，太阳光照在他们身上。一个农人背着一个衣包上船了。船舱并不高，要弯了身子才得进去。等一会，一个商人提着几件货品上船了。再等一会，又来了一个抱着孩子喂奶的妇人。好久，好久，船舱坐满了，共有二十多人。他们要到航船经过的各个乡村里去。虽然风势不顺，但是他们都预备坐很长的时间，神色并不愁急。他们这样说："愁也没有用，急也没有用，迟早总会到的。"一个船夫慢慢地解了缆，自言自语说："又是逆风！"几个船夫动手划动船后梢的两把橹。航船就慢慢地离开船埠了。

修理農具

ㄉㄤ，ㄉㄤ，打鐵店裏發出響亮的聲音。鐵工赤着身，被爐裏的火光照得通紅。手裏的鐵椎一下一下打着燒紅的鐵，火星向四面飛散。

他們打的是農人用的鋤、犁、鐮刀等器具。那些器具用了好

第176课 修理农具

咄咄，打铁店里发出响亮的声音。铁工赤着身，被炉里的火光照得通红。手里的铁槌一下一下打着烧红的铁，火星向四面飞散。他们打的是农人用的锄、犁、镰刀等器具。那些器具用了好久，有点坏了，现在当农事的空闲，就送到打铁店来修理。对门木匠店里也正忙着工作。刨的刨，凿的凿，木

久，有點壞了，現在當農事的空閒，就送到打鐵店來修理。

對門木匠店裏也正忙着工作。鋸的鋸，鑿的鑿，木花、木片散得滿地。木匠身上只穿着薄薄的衣服，都被汗沾溼了。

他們做的是農人用的礱、風箱、水車等器具。那些器具用了好久，有點壞了，現在當農事的空閒，就送到木匠店來修理。

打鐵店和木匠店把農人的器具修理好了。農人跑來取回去，心裏非常歡喜，因爲他們又得用完好的器具了。

花、木片散得满地。木匠身上只穿着薄薄的衣服，都被汗水沾湿了。他们做的是农人用的砻、风箱、水车等器具。那些器具用了好久，有点坏了，现在当农事的空闲，就送到木匠店来修理。打铁店和木匠店把农人的器具修理好了。农人跑来取回去，心里非常欢喜，因为他们又得用完好的器具了。

怪東西

晚上商延年在那裏溫習算術，聽得窗外有一種聲音，丁凵，丁凵，丁凵。他突然害怕起來，放下手裏的筆，跑到母親跟前，伏在她的膝上說：「怪東西！窗外有怪東西！」

母親安靜地問：「怪東西？你看見的嗎？」

「雖然沒看見，但是聽得牠的聲音。你聽，丁凵，丁凵，丁凵。」

「聽得牠的聲音，怎麼就知道牠是怪東西？你聽得雞叫狗叫，爲什麼不說牠們是怪東西？」

「因爲那個聲音很可怕。」

第177课 怪东西

晚上商延年在那里温习算术，听得窗外有一种声音，嘘，嘘，嘘。他突然害怕起来，放下手里的笔，跑到母亲跟前，伏在她的膝上说：“怪东西！窗外有怪东西！”母亲安静地问：“怪东西？你看见的吗？”“虽然没有看见，但是听得它的声音。你听，嘘，嘘，嘘。”“听得它的声音，怎么就知道它是怪东西？你听得鸡叫狗叫，为什么不说它们是怪东西？”“因为那

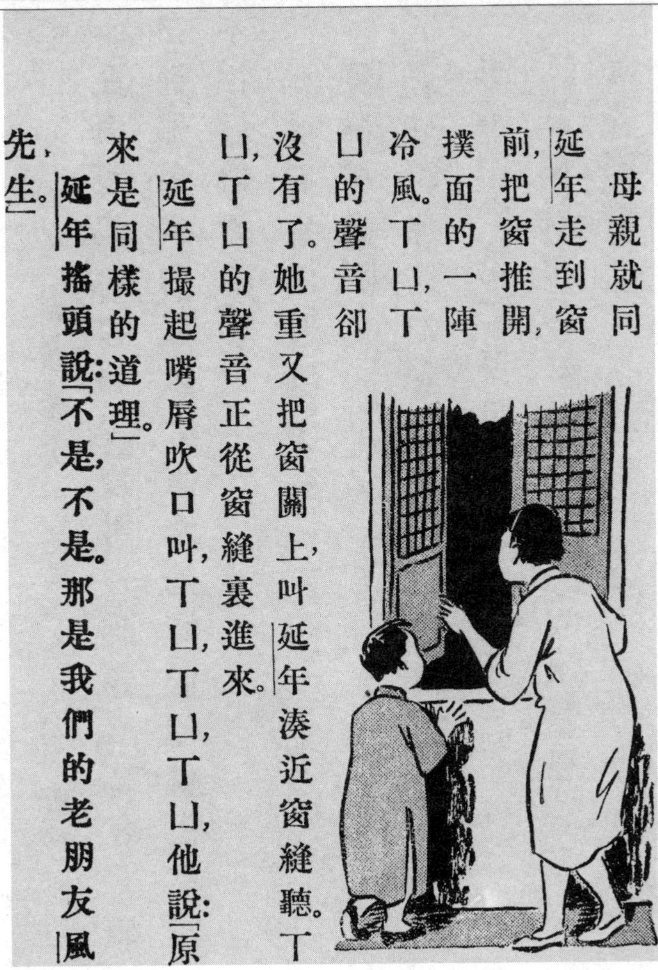
母親就同延年走到窗前，把窗推開，撲面的一陣冷風。ㄒㄩ，ㄒㄩ的聲音卻沒有了。她重又把窗關上，叫延年湊近窗縫聽。ㄒㄩ，ㄒㄩ的聲音正從窗縫裏進來。延年撮起嘴唇吹口叫，ㄒㄩ，ㄒㄩ，ㄒㄩ，他說：「原來是同樣的道理。」延年搖頭說：「不是，不是。那是我們的老朋友風先生。」

个声音很可怕。”母亲就同延年走到窗前，把窗推开，扑面的一阵冷风。嘘、嘘的声音却没有了。她重又把窗关上，叫延年凑近窗缝听。嘘、嘘的声音正从窗缝里进来。延年撮起嘴唇吹口叫，嘘，嘘，嘘，他说：“原来是同样的道理。”延年摇头说：“不是，不是。那是我们的老朋友风先生。”

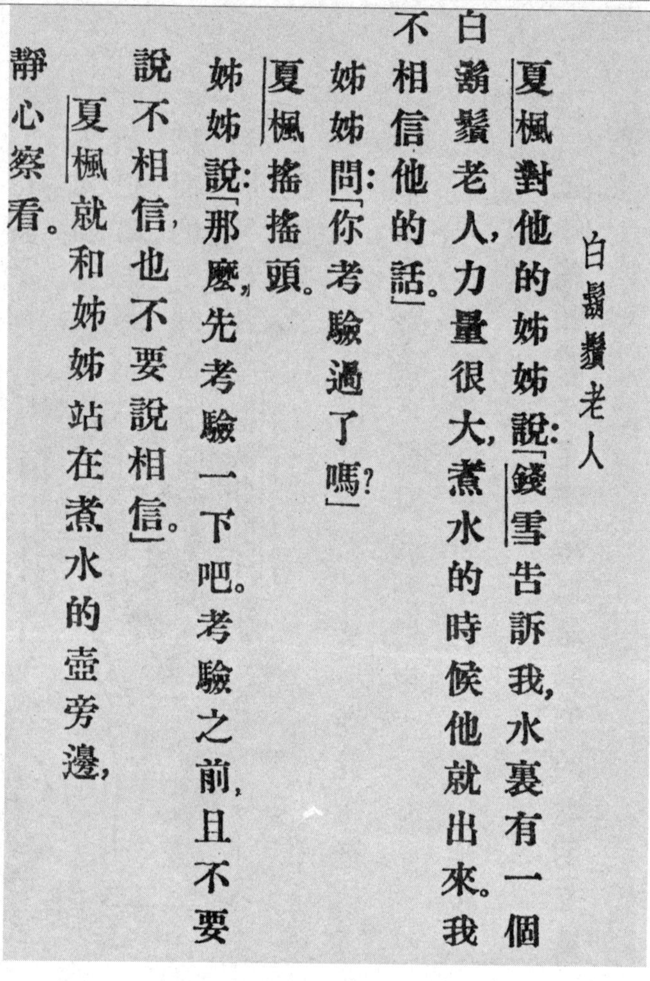
白鬍鬚老人

夏楓對他的姊姊說：「錢雪告訴我，水裏有一個白鬍鬚老人，力量很大，煮水的時候他就出來。我不相信他的話。」姊姊問：「你考驗過了嗎？」夏楓搖搖頭。姊姊說：「那麼，先考驗一下吧。考驗之前，且不要說不相信，也不要說相信。」夏楓就和姊姊站在煮水的壺旁邊，靜心察看。

第178课 白胡须老人

夏枫对他的姐姐说："钱雪告诉我，水里有一个白胡须老人，力量很大，煮水的时候他就出来，我不相信他的话。"姐姐问："你考验过了吗？"夏枫摇摇头。姐姐说："那么，先考验一下吧。考验之前，且不要说不相信，也不要说相信。"夏枫就和姐姐站在煮水的壶旁边，静心察看。水壶里先是嗞嗞

水壺裏先是ㄘㄘ地響，次是ㄌㄨㄥˊㄌㄨㄥˊ地響。後來一陣陣的白煙冒出來，把壺蓋掀動。響聲卻轉得極輕，像蟹吐泡沫的聲音。姊姊指點說：「你看老人掀動壺蓋要出來，他的白鬍鬚已經蓬蓬鬆鬆露在外面了。」夏楓這纔覺悟，原來錢雪說的暗指着水汽。

地响，次是隆隆地响。后来一阵阵的白烟冒出来，把壶盖掀动。响声却转得极轻，像蟹吐泡沫的声音。姐姐指点说：“你看老人掀动壶盖要出来，他的白胡须已经蓬蓬松松露在外面了。”夏枫这才觉悟，原来钱雪说的暗指着水汽。

上海图书馆馆藏拂尘·老课本

开明国语课本

（下册）

叶圣陶◎编
丰子恺◎绘

上海科学技术文献出版社

老开明国语课本始末

叶至善

72 年前，也就是 1932 年，上海开明书店出版了一部初等小学用的国语课本，共 8 册。我父亲叶圣陶(绍钧)先生写的课文，父亲的好友丰子恺先生绘的插图。课本一上市，果然有点儿轰动，受到了教育界的普遍赞誉。尤其小学教员，他们说有的教材内容陈腐，语言枯燥，插图呆板，孩子们见了就厌烦，哪儿来的学习兴趣。常言道“功欲善其事，必先利其器”，教科书本该编成这个样子。我父亲和丰先生受到了鼓舞，1934 年，又完成了高等小学用的 4 册国语课本。

父亲和丰先生编这 12 册课本的时候，我已经进初中了；70 年前的琐事，我还能想起一些来。父亲写的课本，尤其是歌谣，有些我还能背诵；丰先生绘的插图，我还记得一些轮廓。初小第一册第一课只两行；一行是“先生早！”孩子们的口吻；一行是“小朋友早！”老师的口吻。两句话都很短，初学的听一遍就会；7 个字中有一个是重复的，论生字只有 6 个，笔画都不多，间架又清楚，容易认，比着写也方便。把这两句放在第一册开头，似乎还有些讲究。开学那天，初小一年级生是头一回跨进学校，觉得什么都既新鲜又陌生。见着老师，他们上前去鞠了躬，问了好；老师微笑着欢迎他们。等到上国语课，老师发下课本，他们翻开一看，方才那温馨的一刹那原来已经写上课本了，还有像快照似的插图哩。插图上画着校园的一角，叶绿花红的美人蕉开得正盛，正是初秋时节。教课的老师如果善于启发，定能使孩子们感到学习的快活，逐渐养成观察和思考的好习惯。

1937年，抗日战争全面爆发。上海开明书店正处在火线上，受到了很大的损失，许多书籍只好停印，包括所有的小学教科书。直到1980年，父亲已经到了我现在这个年纪了，有人约他写一篇《我和儿童文学》，他才回想起半个世纪前，曾编过这样一部小学语文课本。他说这部课本初小8册，高小4册，共400来篇课文。400来篇，"形式和内容都很庞杂，大约有一半可以说是创作，另外一半是有所依据的再创作，总之没有一篇是现成的、抄来的。"又说，"给孩子们编写语文课本，当然要着眼于培养他们的阅读能力和写作能力，因而教材必须符合语文训练的规律和程序。但是这还不够。小学生既是儿童，他们的语文课本必是儿童文学，才能引起他们的兴趣，使他们乐于阅读，从而发展他们多方面的智慧。当时我编这一部国语课本，就是这样想的。"

《开明国语课本》绝版将 70 个年头，早已很难寻觅了。忽然传来喜讯，上海科学技术文献出版社居然找到了一部完整的，将作为"文献"影印出版，书名简单明白，就叫《开明国语课本》。我高兴之余，遵嘱写了这篇说明。

作者系叶圣陶之子、著名作家、教育家

儿童教育工作者丰子恺

丰一吟

在《辞海》的“丰子恺”条目中写着：“丰子恺(1898—1975)，现代画家、文学家、美术和音乐教育家……”虽然人们对丰子恺的认识，主要是漫画家和文学家，但实际上“教育家”贯穿着我父亲的一生。父亲从培养师资的浙江第一师范学校毕业出来，就到上海专科师范学校教图画。后来去日本10个月。回国后，又在春晖中学、立达学园等学校教图画音乐，以及抗战时期的浙江大学、国立艺术专科学校等校教美术理论。而其实，他不仅是美术和音乐的教育家，还关心儿童教育，虽称不上儿童教育家，至少也可算是儿童教育工作者吧。

眼前这本《开明国语课本》就是最好的证明。这本书出版于1935年，是由叶圣陶先生编写，我父亲书写并画插图的。

我一看到这本书，就想起我们小时候在家里诵念的情况。那时候，念这书的主要是我姐姐们。我还小，只是在一旁听，听听也听熟了。记得我大姐后来对我说，有一篇课文很有意义。她念道：“爸爸在园里种菜，弟弟问：‘为什么不种花？’爸爸说：‘要种的。先种菜，后种花。’”大姐接着对我说：“这28个字含有很深的意义。看起来是讲种菜种花的事，其实这里有一个大道理：既要注重吃，又要懂得爱美。两者不可偏废。但还是有主次之分。”这番话我至今还记得很清楚。

叶圣陶先生和我父亲合作的《开明国语课本》，可说是两人友谊的结晶。打那以后，叶先生对我父亲还有过两次决定性的影响。一次是在建国前。那时我家住在厦门，解放大军就要渡长江。父亲虽然喜欢南国的温暖气候，但还是念念不忘那四季分明、春红秋艳、富有诗情画意的江南风景。他怕将来万一成了南北对峙的局面而回不去。正在踌躇之中，叶先生从北方来了一封信，劝他趁早北返江南。

回上海以后，叶先生(当时任人民教育出版社社长)得知他学过俄文，就约他翻译苏联的音乐美术教育参考书。这工作使得父亲精神有所寄托，也解决了一家生活经济来源的问题。由此可见，叶先生和我父亲的关系绝非一般。

父亲对儿童的关爱，是自始至终的。他不仅画了这本教科书，后来还写了不少儿童故事，画了不少儿童画，儿童教育在他心目中一直处于重要地位。读者大概还不知道，他不仅是一位关爱儿童的艺术家，甚至是一位儿童崇拜者。他称自己为“老儿童”。

你们看：他为儿童写的教科书，一个个字就像铅字排出来那么工整！可见他对儿童的事绝不马虎。

得知上海科学技术文献出版社要出版《开明国语课本》，我是由衷地高兴：我终于可以见到老朋友了！

作者系丰子恺之女，上海社会科学院研究员

目 录

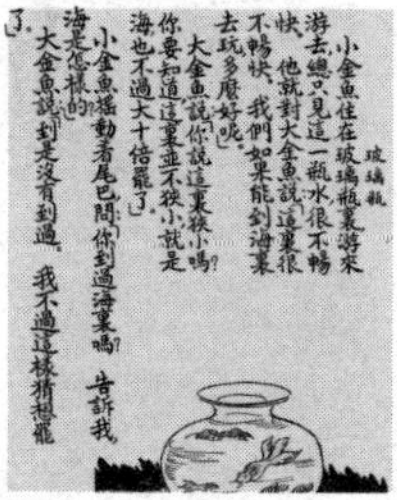

玻璃瓶

小金魚住在玻璃瓶裏，游來游去，總只見這一瓶水，很不暢快。他就對大金魚說，「這裏很不暢快，我們如果能到海裏去玩，多麼好呢。」

大金魚說，「你說這裏狹小嗎？你要知道，這裏並不狹小，就是海也不過大十倍罷了。」

小金魚搖動着尾巴問，「你到過海裏嗎？告訴我海是怎樣的？」

大金魚說，「到是沒有到過。我不過這樣猜想罷了。」

採棉

棉花田裏採棉回，

棉絮像雪積成堆。

彈棉絮，ㄊㄤㄊㄤㄊㄤ。

搓棉條，細又長。

白天紡棉紡不完，

晚上點燈再來紡。

閒布機，

織棉布。

棉絮棉布都有了，全家縫身棉衣袴。

孫中山先生的故事(二)

孫中山先生是農家的兒子。他有一個大哥在火奴魯魯做工。他也想到火奴魯魯去，可是父母不許，因為他年紀還小，那裏又很遠。經他再三請求，父母纔許了他。那時候他十四歲。

他到了火奴魯魯，在英國人開的學校裏學英文。三年中間，他學得很好。畢業的時候，他是第二名。

他畢業以後，又在大哥那裏住了一年，纔回國來。他見識得多，思想自然和人家不同了。

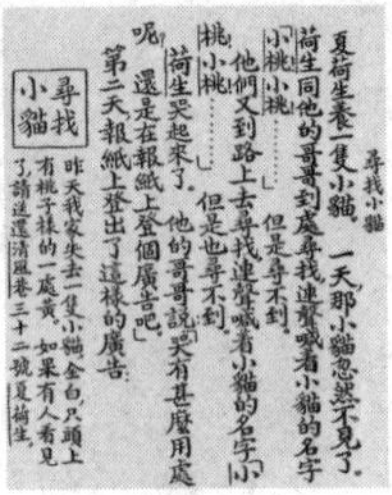
尋找小貓

夏荷生養一隻小貓。一天，那小貓忽然不見了。荷生同他的哥哥到處尋找，連聲喊着小貓的名字「小桃！小桃！……」但是尋不到。他們又到路上去尋找，連聲喊着小貓的名字「小桃！小桃！……」但是也尋不到。荷生哭起來了。他的哥哥說：「哭有甚麼用處呢？還是在報紙上登個廣告吧。」第二天，報紙上登出了這樣的廣告：

尋找小貓　昨天我家失去一隻小貓，全白，只頭上有桃子樣的一處黃。如果有人看見了，請送還清風巷三十二號夏荷生。

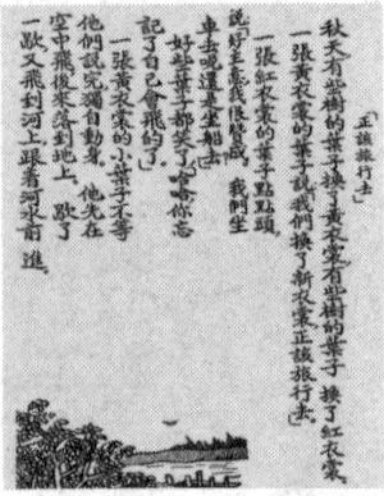
「正該旅行去」

秋天，有些樹的葉子換了黃衣裳，有些樹的葉子換了紅衣裳。一張黃衣裳的葉子說：「我們換了新衣裳，正該旅行去。」一張紅衣裳的葉子點點頭，說：「好主意，我很贊成。我們坐車去呢，還是坐船去？」好些葉子都笑了：「喲，你忘記了自己會飛的了。」一張黃衣裳的小葉子不等他們說完，獨自動身。他先在空中飛，後來落到地上，歇了一歇，又飛到河上，跟着河水前進。

百靈搬家

百靈住在麥叢裏，非常安適。一天，牠將要出去覓食，對牠的小鳥說：「我出去了，你們在這裏，要當心呀。」說罷，牠飛去了。隔不多時，農人來了，望着麥田說：「麥完全熟了，請鄰人來幫我收割吧。」小鳥聽了，不免擔心。等百靈回來，就告訴了牠。

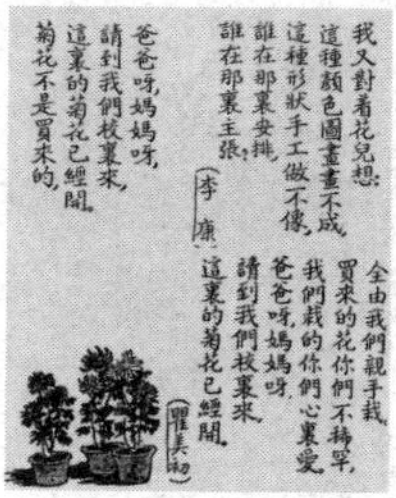

我又對着花兒想：
這種顏色圖畫畫不成，
這種形狀手工做不像，
誰在那裏安排，
誰在那裏主張？
（李康）
爸爸呀，媽媽呀，
請到我們校裏來，
這裏的菊花已經開，
菊花不是買來的，
全由我們親手栽，
買来的花你們不稀罕，
我們栽的你們心裏愛。
爸爸呀，媽媽呀，
請到我們校裏來，
這裏的菊花已經開。

多全被埋沒，只偶然有幾處露出葉尖兒。
停手的時候，大家是一身的汗。
第二天下午，大家動手作畦，又是
一身的汗。一方一方的畦十分整齊，
橫的豎的溝道界在中間。啊，我們有
了良好的田地了！
第三天下午，我們下種。左邊種菜，
右邊種大豆。下種完畢大家拍手說：幾
天以後，就可以看
見嫩綠的新芽了。」

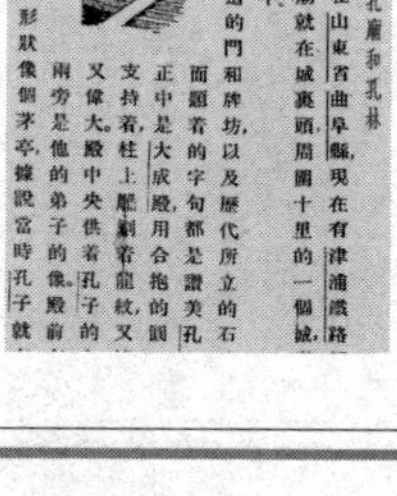

孔廟和孔林
孔子的家鄉在山東省曲阜縣，現在有津浦鐵路
的境界。孔廟就在城裏頭，周圍十里的一個城，
他西面的一半。
廟裏頭一道道的門和牌坊，以及歷代所立的石
面題着的字句都是讚美孔
正中是大成殿，用合抱的圓
支持着，柱上雕刻着龍紋，又
又偉大。殿中央供着孔子的
兩旁是他的弟子的像。殿前
黃磚頭砌成，形狀像個茅亭，據說當時孔子就

三腳賽跑

一，二，三！——
我們拔腳就跑。
當心我們的步調，
一步也不能亂跑。
當心我們的步調，
差一點就會跌交。
我們兩個合用一條腿，
我們把肩膀互相緊抱。
我們兩個就像一個人，我們的呼吸互相勻調。
一，二，我們的前面再沒有別人，
一，二，這回是我們第一個跑到！

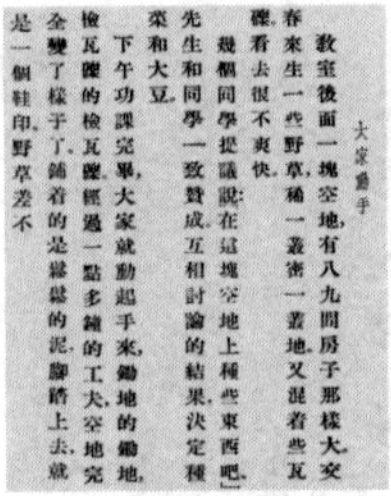

大家動手

教室後面一塊空地，有八九間房子那樣大。交春來生一些野草，稀一叢密一叢地，又混着些瓦礫，看去很不爽快。
幾個同學提議說：「在這塊空地上種些東西吧。」先生和同學一致贊成。互相討論的結果，決定種菜和大豆。
下午功課完畢，大家就動起手來，鋤地的鋤地，檢瓦礫的檢瓦礫。經過一點多鐘的工夫，空地完全變了樣子了。鋪着的是鬆鬆的泥，腳踏上去，就是一個鞋印。野草差不

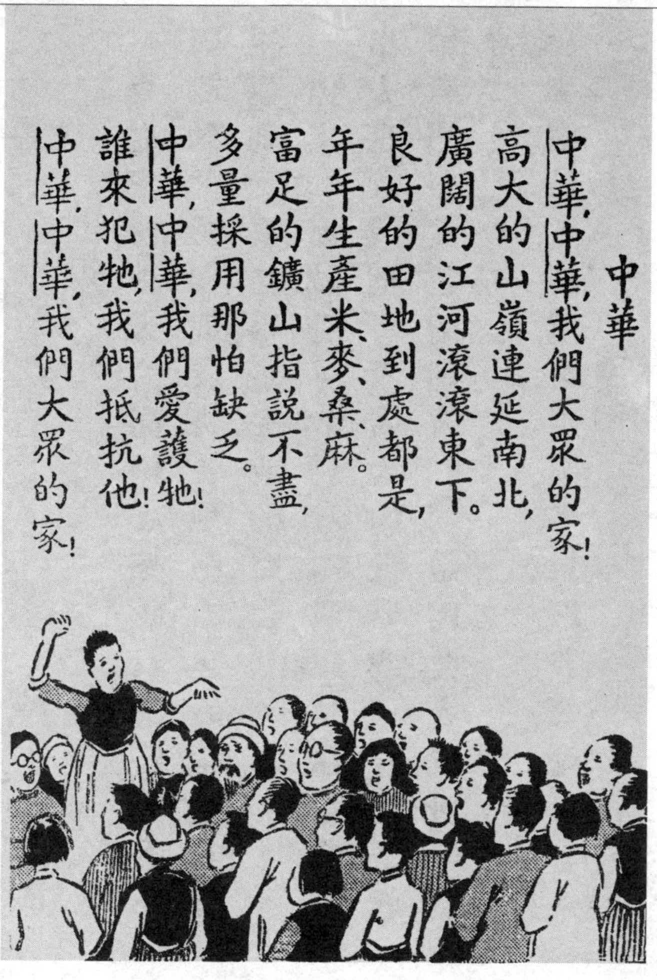
中華

中華，中華，我們大眾的家！
高大的山嶺連延南北，
廣闊的江河滾滾東下。
良好的田地到處都是，
年年生產米、麥、桑、麻。
富足的鑛山指說不盡，
多量採用那怕缺乏。
中華，中華，我們愛護牠！
誰來犯牠，我們抵抗他！
中華，中華，我們大眾的家！

第1课 中华

中华，中华，我们大众的家！高大的山岭连延南北，广阔的江河滚滚东下。良好的田地到处都是，年年生产米、麦、桑、麻。富足的矿山指说不尽，多量采用哪怕缺乏。中华，中华，我们爱护她！谁来犯她，我们抵抗他！中华，中华，我们大众的家！

黃河的話

「我從青海地方的高山動身。啊，我的路程眞不短！起勁的時候我就快快地跑，力乏的時候我就慢慢地跑，我總得走完我的路程。

「山上的泥沙看見我動身，對我說：『請你帶我們出去，也讓我們看看廣大的世界。』我不好推辭，就帶着那些黃色的朋友一同跑。因此，人就叫我『黃河。』

「我跑出了長城，又跑進了長城。我經過沒有人

第2课 黄河的话

“我从青海地方的高山动身。啊，我的路程真不短！起劲的时候我就快快地跑，力乏的时候我就慢慢地跑，我总得走完我的路程。山上的泥沙看见我动身，对我说：‘请你带我们出去，也让我们看看广大的世界。’我不好推辞，就带着那些黄色的朋友一同跑。因此，人就叫我‘黄河’。我跑出了长城，又跑进了长城。我经过没有人烟的沙漠，

煙的沙漠，也經過容易耕種的好地方。

「有時候，我跑到兩座山的中間。道路狹窄，山崖筆直，逼得我只好拚命快跑。山上有些什麼東西，我都來不及看。

「我跑到有些地方，只能看見兩旁邊的隄岸。聽說隄岸外邊的鄉村和城市都比我低，人恐怕我跑到那邊去，所以築起隄岸來。

「最後我到了海裏。多麼快樂呀，每天朝晨，我可以看海上升起來的太陽！」

也经过容易耕种的好地方。有时候，我跑到两座山的中间。道路狭窄，山崖笔直，逼得我只好拼命快跑。山上有些什么东西，我都来不及看。我跑到有些地方，只能看见两旁边的堤岸。听说堤岸外边的乡村和城市都比我低，人恐怕我跑到那边去，所以筑起堤岸来。最后我到了海里，多么快乐呀，每天朝晨，我可以看海上升起来的太阳！”

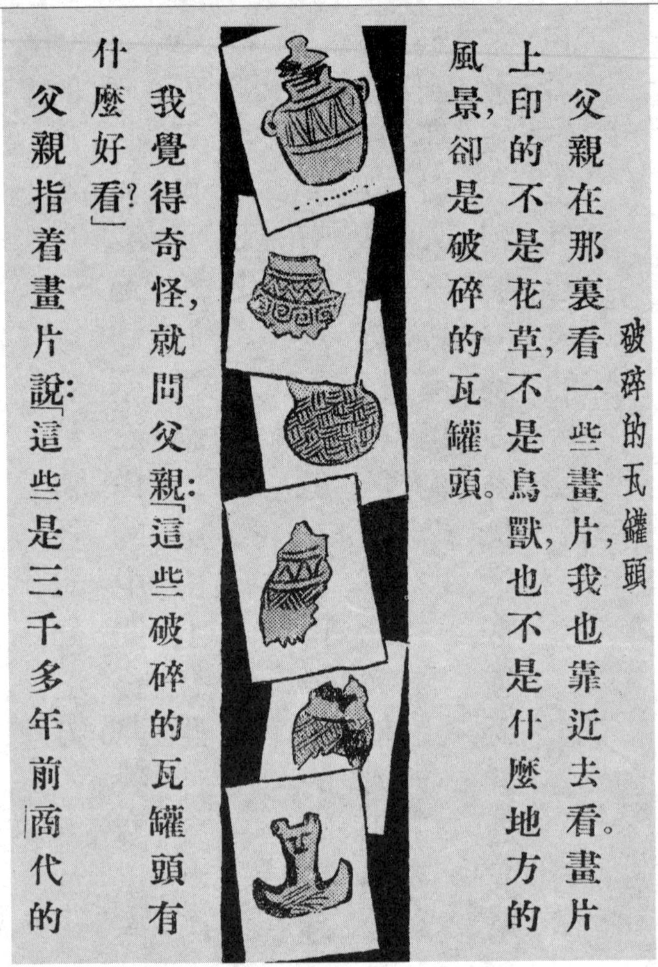

破碎的瓦罐頭

父親在那裏看一些畫片，我也靠近去看。畫片上印的不是花草，不是鳥獸，也不是什麼地方的風景，卻是破碎的瓦罐頭。

我覺得奇怪，就問父親：「這些破碎的瓦罐頭有什麼好看？」

父親指着畫片說：「這些是三千多年前商代的

第3课 破碎的瓦罐头

父亲在那里看一些画片，我也靠近去看。画片上印的不是花草，不是鸟兽，也不是什么地方的风景，却是破碎的瓦罐头。我觉得奇怪，就问父亲："这些破碎的瓦罐头有什么好看？" 父亲指着画片说："这些是三千多年前商代的东西，在河南省黄河北岸掘出来的。我们看了这些东西的式样和花纹，可以知道古代人的心思和艺术工夫。"啊，三千東西，在河南省黃河北岸掘出來的。我們看了這些東西的式樣和花紋，可以知道古代人的心思和藝術工夫。

啊，三千多年前的東西！我聽了父親說的，就拿起畫片來仔細看。

這些瓦東西有高的，有矮的，有大口的，有小口的，有平底的，有三腳的，有斜紋的，有回紋的。論藝術工夫，同現在的陶器差不多。

商代人在這些東西裏盛着酒或者牛肉、羊肉，大家取來喝，取來喫，想來也露出一副饞臉兒吧。

多年前的东西！我听了父亲说的，就拿起画片来仔细看。这些瓦东西有高的，有矮的，有大口的，有小口的，有平底的，有三脚的，有斜纹的，有回纹的。论艺术工夫，同现在的陶器差不多。商代人在这些东西里盛着酒或者牛肉、羊肉，大家取来喝，取来吃，想来也露出一副馋脸儿吧。

商代人的書

父親又從桌子的抽屜裏取出一疊畫片授給我，說：「你再看這個。」這些畫片上印着一塊塊黑色的東西，式樣和大小都不一樣。上面有一簇簇的白紋，好像是文字，但是我不識。

父親說：「這些是商代人的書。」

我說：「我們在白紙上印黑字，商代人卻在黑紙上印白字。他們同我們相反的。」

父親說：「商代人那裏有紙？又那裏有印書的機

第4课　商代人的书

父亲又从桌子的抽屉里取出一叠画片授给我，说：“你再看这个。”这些画片上印着一块块黑色的东西，式样和大小都不一样。上面有一簇簇的白纹，好像是文字，但是我不识。父亲说：“这些是商代人的书。”我说：“我们在白纸上印黑字，商代人却在黑纸上印白字。他们同我们相反的。”父亲说：“商代人哪里有纸？又哪里有印书的机器？这一块

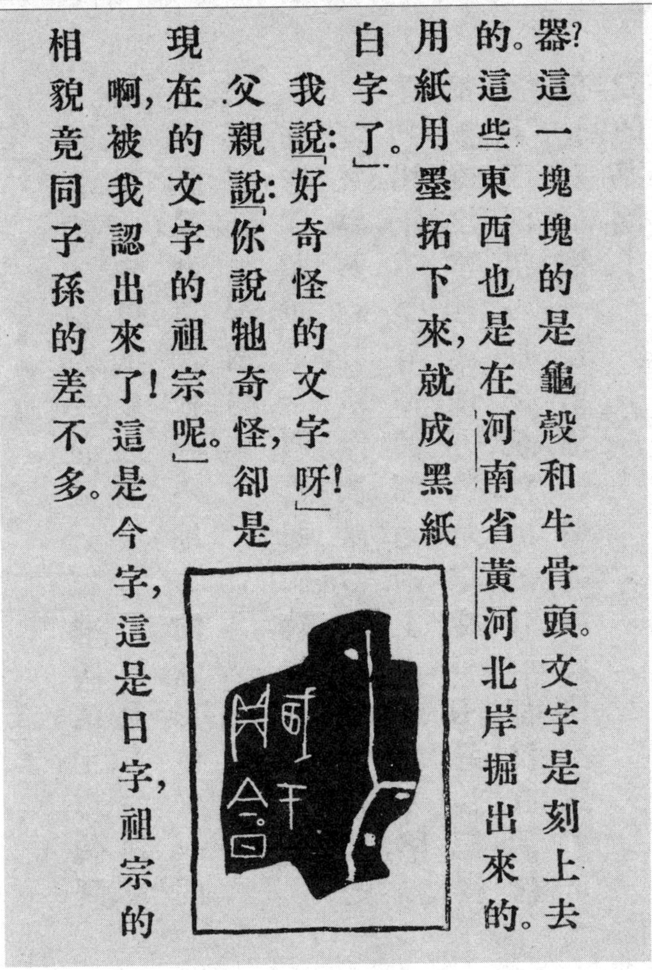
器?這一塊塊的是龜殼和牛骨頭。文字是刻上去的。這些東西也是在河南省黃河北岸掘出來的。用紙用墨拓下來，就成黑紙白字了。」

我說:「好奇怪的文字呀!」

父親說:「你說牠奇怪，卻是現在的文字的祖宗呢。」

啊，被我認出來了!這是今字，這是日字，祖宗的相貌竟同子孫的差不多。

块的是龟壳和牛骨头。文字是刻上去的。这些东西也是在河南省黄河北岸掘出来的。用纸用墨拓下来，就成黑纸白字了。”我说：“好奇怪的文字呀！”父亲说：“你说它奇怪，却是现在的文字的祖宗呢。”啊，被我认出来了！这是今字，这是日字，祖宗的相貌竟同子孙的差不多。

沙漠

舅父來了。他是一位旅行家。我國的地方，他到過的有一半以上。最近他旅行了西北方的沙漠。我們最歡喜聽他講各地方的情形，他每一回來，都要請他講個暢快。

姊姊開頭說：「這一回給我們講沙漠吧。」

舅父點頭說：「好，給你們講沙漠。你們學校裏的運動場上，不是有個沙潭嗎？踏上去就向下陷，鞋都被掩沒了。沙漠地方就是這樣子，不過沙深得多了。四圍望去也全是沙，別的什麼都沒有。偶然望見幾棵樹，一片草地，一個池塘，就像找到了可愛的花園了。

第5课 沙漠

舅父来了。他是一位旅行家。我国的地方，他到过的有一半以上。最近他旅行了西北方的沙漠。我们最欢喜听他讲各地方的情形，他每一回来，都要请他讲个畅快。姐姐开头说：“这一回给我们讲沙漠吧。”舅父点头说：“好，给你们讲沙漠。你们学校里的运动场上，不是有个沙潭吗？踏上去就向下陷，鞋都被掩没了。沙漠地方就是这样子，不

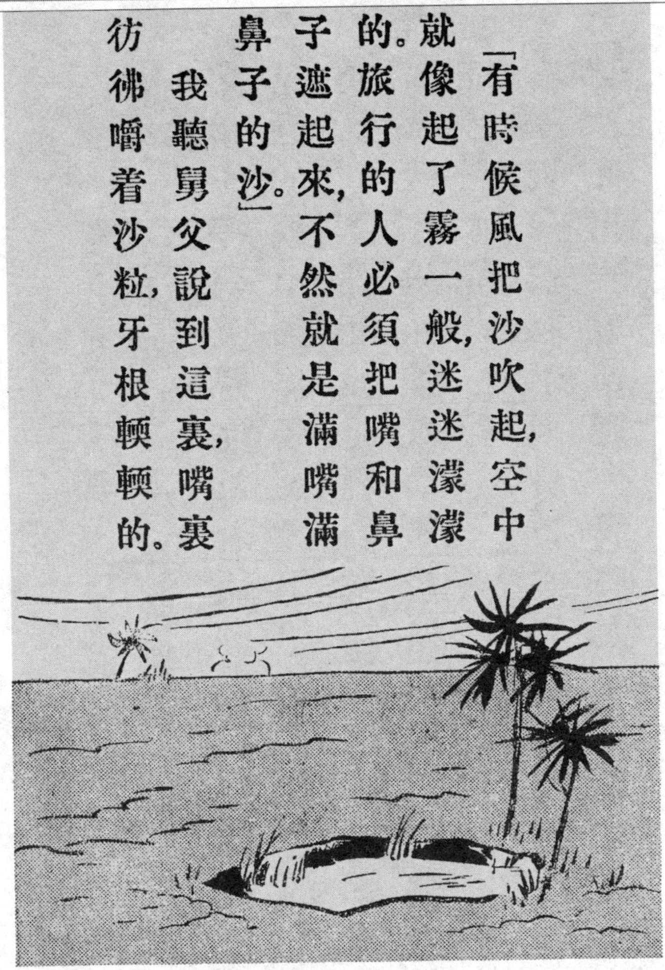
「有時候風把沙吹起，空中就像起了霧一般，迷迷濛濛的。旅行的人必須把嘴和鼻子遮起來，不然就是滿嘴滿鼻子的沙。」

我聽舅父說到這裏，嘴裏彷彿嚼着沙粒，牙根輭輭的。

过沙深得多了。四围望去也全是沙，别的什么都没有。偶然望见几棵树，一片草地，一个池塘，就像找到了可爱的花园了。

有时候风把沙吹起，空中就像起了雾一般，迷迷蒙蒙的。旅行的人必须把嘴和鼻子遮起来，不然就是满嘴满鼻子的沙。”我听舅父说到这里，嘴里仿佛嚼着沙粒，牙根软软的。

「忽然起了大風」

「旅行沙漠地方，我們騎着駱駝……」

弟弟不等舅父說完，搶着說：「駱駝，我在圖畫上看見過的，長項頸，擡起頭，臉上總是笑嘻嘻的。」舅父說：「不錯，正是這種駱駝。駱駝有一種本領，能够幾天不喝水。牠又認識道路，知道向那裏走纔能碰到水草。」

「有一天，忽然起了大風，」舅父的聲音轉得很有力。「黃沙像山一般衝過來，我們人和駱駝都被掩

第6课 忽然起了大风

“旅行沙漠地方，我们骑着骆驼……”弟弟不等舅父说完，抢着说：“骆驼，我在图画上看见过的，长项颈，抬起头，脸上总是笑嘻嘻的。”舅父说：“不错，正是这种骆驼。骆驼有一种本领，能够几天不喝水。它又认识道路，知道向哪里走才能碰到水草。”“有一天，忽然起了大风，”舅父的声音转得很有力。“黄沙像山一般冲过来，我们人和骆驼

沒。連忙用手掘開，一會兒又被掩沒了。天色暗得像黃昏，貼近身邊的同伴只能見個淡淡的影子。熱度在九十度以上，大家非常口渴。但是帶着的水只賸一杯了，只得沾溼了手巾，各人潤一潤唇。這樣過了一天一夜，風息了，纔得再向前進行。」姊姊、弟弟和我都聽得呆了，大家望着舅父的臉，一聲不響。

都被掩没。连忙用手掘开，一会儿又被掩没了。天色暗得像黄昏，贴近身边的同伴只能见个淡淡的影子。热度在九十度以上，大家非常口渴。但是带着的水只剩一杯了，只得沾湿了手巾，各人润一润唇。这样过了一天一夜，风息了，才得再向前进行。”姐姐、弟弟和我都听得呆了，大家望着舅父的脸，一声不响。

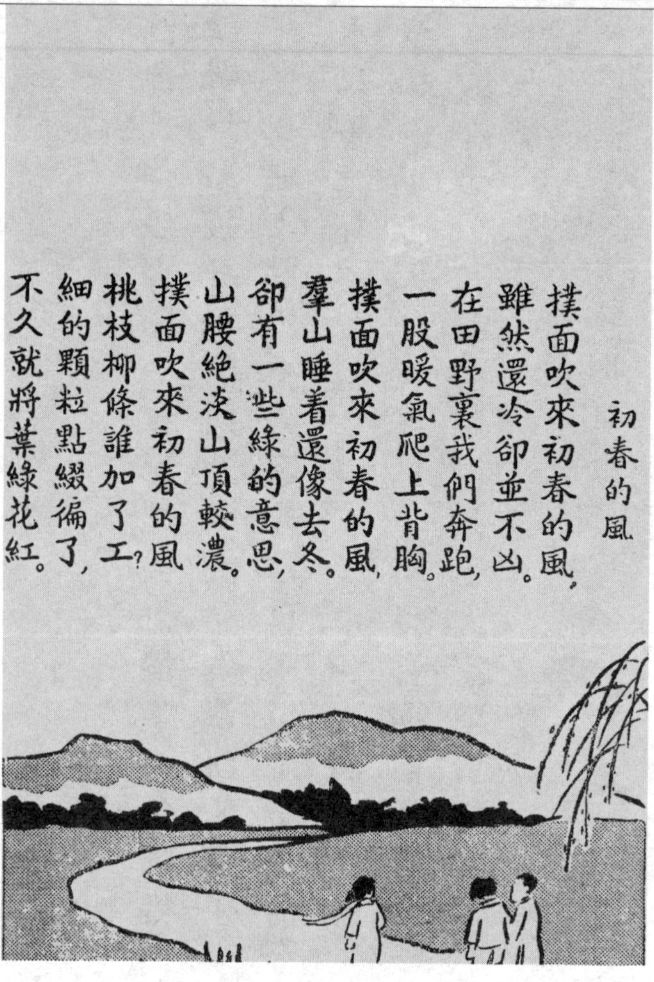
初春的風

撲面吹來初春的風。
雖然還冷卻並不凶。
在田野裏我們奔跑，
一股暖氣爬上背胸。
撲面吹來初春的風，
羣山睡着還像去冬。
卻有一些綠的意思，
山腰絶淡山頂較濃。
撲面吹來初春的風，
桃枝柳條誰加了工？
細的顆粒點綴徧了，
不久就將葉綠花紅。

第7课 初春的风

扑面吹来初春的风，虽然还冷却并不凶。在田野里我们奔跑，一股暖气爬上背胸。扑面吹来初春的风，群山睡着还像去冬。却有一些绿的意思，山腰绝淡山顶较浓。扑面吹来初春的风，桃枝柳条谁加了工？细的颗粒点缀遍了，不久就将叶绿花红。

春天來了

春天來了，什麼東西都像睡足了醒來，神清氣爽，預備做一番事情。

泥土默默地說：「所有的植物在我胸前生長吧。你們要多少營養料就拿多少，我是從不吝惜的。我只願你們開得好花，結得好果。」

河水輕輕地唱：「我要旅行，就在此刻登程。一路訪問田裏的朋友，也想看看城市的風景。最後到那大海——我的外祖父的家庭。」

第8课 春天来了

春天来了，什么东西都像睡足了醒来，神清气爽，预备做一番事情。泥土默默地说：“所有的植物在我胸前生长吧。你们要多少营养料就拿多少，我是从不吝惜的。我只愿你们开得好花，结得好果。”河水轻轻地唱：“我要旅行，就在此刻登程。一路访问田里的朋友，也想看看城市的风景。最后到那大海——我的外祖父的家庭。”麦叶伸一伸腰，豆麥葉伸一伸腰，豆苗擡一擡頭，大家說：「我們有滿身的精力，來，比賽誰的花開得茂盛吧！」桃樹的花蕾靠在枝頭，這個那個都說：「好一個可愛的世界呀！」有幾個就露出笑臉來。母牛、母羊掛着大肚子在那裏想：「我的孩子就要生產了，這嫩草地正好作他們的運動場。我要盡力看護他們，使他們個個强健。」

苗抬一抬头，大家说："我们有满身的精力，来，比赛谁的花开得茂盛吧！"桃树的花蕾靠在枝头，这个那个都说："好一个可爱的世界呀！"有几个就露出笑脸来。母牛、母羊挂着大肚子在那里想："我的孩子就要生产了，这嫩草地正好作它们的运动场。我要尽力看护它们，使它们个个强健。"

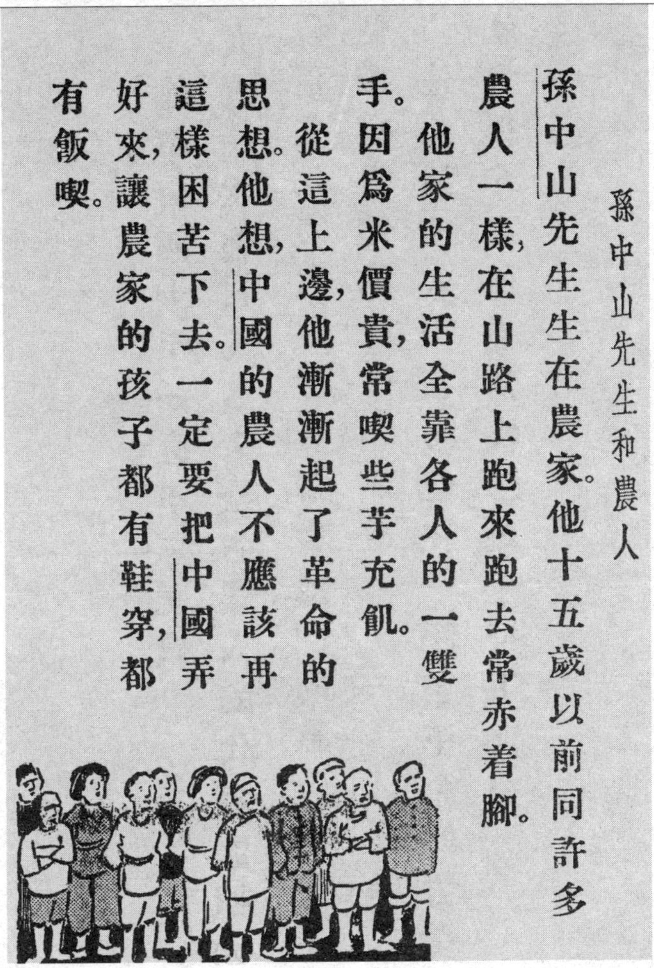

孫中山先生和農人

孫中山先生生在農家。他十五歲以前同許多農人一樣，在山路上跑來跑去常赤着腳。他家的生活全靠各人的一雙手。因爲米價貴，常喫些芋充飢。從這上邊，他漸漸起了革命的思想。他想，中國的農人不應該再這樣困苦下去。一定要把中國弄好來，讓農家的孩子都有鞋穿，都有飯喫。

第9课 孙中山先生和农人

孙中山先生生在农家。他十五岁以前同许多农人一样，在山路上跑来跑去常赤着脚。他家的生活全靠各人的一双手。因为米价贵，常吃些芋充饥。从这上边，他渐渐起了革命的思想。他想，中国的农人不应该再这样困苦下去。一定要把中国弄好来，让农家的孩子都有鞋穿，都有饭吃。他革命四十年，一直不忘记农人。有一次，他聚集广他革命四十年，一直不忘記農人。有一次，他聚集廣東全省農人的代表，開個大會。這些代表大半赤着腳，看他們的臉色，不像是個個喫得飽的。

他想這些人現在同他在一起了，革命的力量就大得多了。他異常快活，幾乎掉下淚來。

东全省农人的代表，开个大会。这些代表大半赤着脚，看他们的脸色，不像是个个吃得饱的。他想这些人现在同他在一起了，革命的力量就大得多了。他异常快活，几乎掉下泪来。

游中山陵記

到了南京的第二天，我們去游中山陵。中山陵在南京城東北鍾山的南面，靠山建築，從遠望去，全體像個鐘形。常綠樹整整齊齊地排列着，受着陽光的照耀，現出可愛的亮綠色。到了陵下，我們一級級踏着石階上去。這石階是很好的工程，又平正，又潔白。每多少級有一個平臺，讓人休息。我們不要休息，一口氣把石階走

第10课 游中山陵记

到了南京的第二天，我们去游中山陵。中山陵在南京城东北钟山的南面，靠山建筑，从远望去，全体像个钟形。常绿树整整齐齐地排列着，受着阳光的照耀，现出可爱的亮绿色。到了陵下，我们一级级踏着石阶上去。这石阶是很好的工程，又平正，又洁白。每多少级有一个平台，让人休息。我们不要休息，一口气把石阶走完，共四百级不

完，共四百級不到一點。大家喘得非常利害，兩條腿僵僵的，不像是自己的了。

我們歇了一歇，就走進祭堂。這裏建築得非常精美，地上和牆上都是最好的大理石。正中是孫中山先生的坐像，他的眼莊嚴地慈愛地看着我們。

祭堂的北牆上，兩扇銅門關着，裏面就是孫中山先生的墓室了。

到一点。大家喘得非常厉害，两条脚僵僵的，不像是自己的了。我们歇了一歇，就走进祭堂。这里建筑得非常精美，地上和墙上都是最好的大理石。正中是孙中山先生的坐像，他的眼庄严地慈爱地看着我们。祭堂的北墙上，两扇铜门关着，里面就是孙中山先生的墓室了。

龜和狐

狐捉到一隻龜，就送到嘴裏去咬。龜的殼很硬，幾乎把狐的牙齒軋碎。狐不免動怒，狠狠地說：「我總得喫你的肉，待我用石塊打碎你的殼！」龜想這就完了，心裏十分慌。但是牠立刻有了計策，牠裝得很放心地說：「告訴你，莫說小小的石塊，就是搬一座泰山來，也打不碎我的殼。」狐怒得更利害了。牠說：「那麼，我用火把你燒！」

第11课 龟和狐

狐捉到一只龟，就送到嘴里去咬。龟的壳很硬，几乎把狐的牙齿轧碎。狐不免动怒，狠狠地说：“我总得吃你的肉，待我用石块打碎你的壳！”龟想这就完了，心里十分慌。但是它立刻有了计策，它装得很放心地说：“告诉你，莫说小小的石块，就是搬一座泰山来，也打不碎我的壳。”狐怒得更厉害了。它说：“那么，我用火把你烧！”龟大笑说：

龜大笑說:「那是我最歡喜的事,我常常到燒紅的窰裏去玩的。」

「你竟是這樣一個蠻東西,只配沈在河底裏完事!」狐把喫龜肉的事忘了。

龜裝出一副害怕的樣子,懇求說:「請你用火燒,用石塊打吧。千萬不要把我丟到河裏,因爲我最怕的是水!」

狐聽龜這樣說,馬上把牠丟到河裏。

龜在河裏笑着問:「你不知道河是我的家鄉嗎?」

“那是我最欢喜的事,我常常到烧红的窑里去玩的。”“你竟是这样一个蛮东西,只配沉在河底里完事!”狐把吃龟肉的事忘了。龟装出一副害怕的样子,恳求说:“请你用火烧,用石块打吧。千万不要把我丢到河里,因为我最怕的是水!”狐听龟这样说,马上把它丢到河里。龟在河里笑着问:“你不知道河是我的家乡吗?”

聽獅子叫

山林裏面，獅子是凶蠻的王。一切獸類都是牠的食品，由牠揀中意的喫。

一天，幾種野獸在柏樹底下商量，怎樣免得被獅子喫掉。有的主張練習爬樹，等牠來時逃上樹去。有的主張練習快跑，比牠跑得快，就不會被牠捉住了。

野羊說：「依我的意思，我們第一要聽慣獅子叫。如果不聽慣，等牠叫一聲，我們就發抖了。還能爬樹、跑路嗎？」

第12课 听狮子叫

山林里面，狮子是凶蛮的王。一切兽类都是它的食品，由它拣中意的吃。一天，几种野兽在柏树底下商量，怎样免得被狮子吃掉。有的主张练习爬树，等它来时逃上树去。有的主张练习快跑，比它跑得快，就不会被它捉住了。野羊说：“依我的意思，我们第一要听惯狮子叫。如果不听惯，等它叫一声，我们就发抖了。还能爬树、跑路吗？”

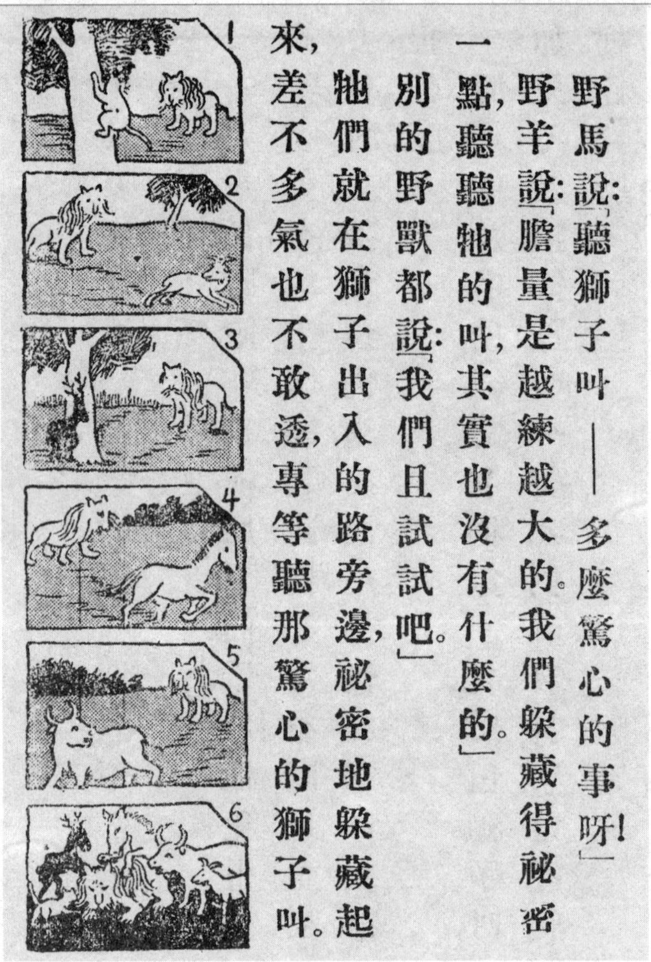

野馬說:「聽獅子叫——多麼驚心的事呀!」野羊說:「膽量是越練越大的。我們躲藏得祕密一點，聽聽牠的叫，其實也沒有什麼的。」別的野獸都說:「我們且試試吧。」牠們就在獅子出入的路旁邊，祕密地躲藏起來，差不多氣也不敢透，專等聽那驚心的獅子叫。

野马说:“听狮子叫——多么惊心的事呀!”野羊说:“胆量是越练越大的。我们躲藏得秘密一点，听听它的叫，其实也没有什么的。”别的野兽都说:“我们且试试吧。”它们就在狮子出入的路旁边，秘密地躲藏起来，差不多气也不敢透，专等听那惊心的狮子叫。

膽量和力量

幾種野獸聽到獅子叫，起初是發抖的。後來聽慣了，也就泰然，像聽到風聲、泉聲一樣。牠們又聚會了。

野馬說：「我不免要笑從前的自己。現在聽聽，獅子的聲音不過闊大一點，有什麼可怕呢？」

鹿說：「不要多說閒話，我們第二步該練習什麼呢？」

野羊說：「我們聽慣了獅子叫，膽量也就不小了。獅子若來欺侮我們，我們可以合起來抵抗牠。我有角和蹄，是有用的傢伙。你們有的同我一樣，有的有快利的牙和爪。怕牠什麼！」

第13课 胆量和力量

几种野兽听到狮子叫，起初是发抖的。后来听惯了，也就泰然，像听到风声、泉声一样。它们又聚会了。野马说：“我不免要笑从前的自己。现在听听，狮子的声音不过阔大一点，有什么可怕呢？”鹿说：“不要多说闲话，我们第二步该练习什么呢？”野羊说：“我们听惯了狮子叫，胆量也就不小了。狮子若来欺侮我们，我们可以合起来抵抗它。我這當兒，樹背後突然跳出一隻獅子，張開的嘴裏流出口涎來。

山貓第一個縱身向前，咬住獅子的項頸，讓自己的身子掛着。鹿和野羊野牛用角刺牠的胸腹，又用蹄踢牠的腿。猴子從牠的背脊上爬到頭上，用前脚挖牠的眼睛。

獅子跌倒了，滿身流着血。

幾種野獸這纔相信自己的膽量的確不小了。牠們更相信自己的力量也的確不小。

有角和蹄，是有用的家伙。你们有的同我一样，有的有快利的牙和爪。怕它什么！”这当儿，树背后突然跳出一只狮子，张开的嘴里流出口涎来。山猫第一个纵身向前，咬住狮子的项颈，让自己的身子挂着。鹿和野羊野牛用角刺它的胸腹，又用蹄踢它的腿。猴子从它的背脊上爬到头上，用前脚挖它的眼睛。狮子跌倒了，满身流着血。几种野兽这才相信自己的胆量的确不小了。它们更相信自己的力量也的确不小。

黃花岡

民國前一年的三月二十九日，廣州地方有幾百個人攻打總督衙門。

這些人都是孫中山先生的同志。他們想得到了廣州地方，先把革命的旗子掛起來。他們在別處地方這樣做過好多次，都失敗了。他們希望這一次能够成功，個個勇氣百倍。

第14课 黄花冈

民国前一年的三月二十九日，广州地方有几百个人攻打总督衙门。这些人都是孙中山先生的同志。他们想得到了广州地方，先把革命的旗子挂起来。他们在别处地方这样做过好多次，都失败了。他们希望这一次能够成功，个个勇气百倍。但是这一次也失败了。被害的但是這一次也失敗了。被害的人中間，有七十二個合葬在廣州城東黃花岡地方。

這一年的十月十日武昌起義。不久，中華民國成立。黃花岡地方就建築起偉大的墳墓來。前面立一塊碑，刻着「七十二烈士之墓」七個大字。

每年的三月二十九日，全國各地都開紀念會，紀念這革命被害的許多人。

人中间，有七十二个合葬在广州城东黄花冈地方。这一年的十月十日武昌起义。不久，中华民国成立。黄花冈地方就建筑起伟大的坟墓来。前面立一块碑，刻着“七十二烈士之墓”七个大字。每年的三月二十九日，全国各地都开纪念会，纪念这革命被害的许多人。

荆軻

民國前二千一百多年的時候，秦國好像凶蠻的獅子一樣，專想吞滅別國。牠要把別國的土地作爲自己的土地，把別國的百姓作爲自己的奴隸。別國都恨着牠，但是沒有力量抵抗牠。

一天，燕國派來一個叫做荆軻的人，說是來獻土地的。秦王高興得很，叫荆軻把地圖呈上來。荆軻呈上地圖，右手裏執着一把刀。突然間，他左手抓住秦王的衣袖，右手的刀就直刺過去。

第15课 荆轲

民国前二千一百多年的时候，秦国好像凶蛮的狮子一样，专想吞灭别国。它要把别国的土地作为自己的土地，把别国的百姓作为自己的奴隶。别国都恨着它，但是没有力量抵抗它。一天，燕国派来一个叫做荆轲的人，说是来献土地的。秦王高兴得很，叫荆轲把地图呈上来。荆轲呈上地图，右手里执着一把刀。突然间，他左手抓住秦王的衣袖，右手的刀就直刺过去。秦王慌得跳起来，把衣袖都拉断了。背秦王慌得跳起來，把衣袖都拉斷了。背後荆軻在那裏追，他繞着柱子逃。後來他拔出劍來，回轉身去，砍斷了荆軻的左股。荆軻受了傷，還把刀向秦王丢去，但是沒有丢中。

荆軻失敗了，就此被殺。

恨着秦國的人都覺得這是很可惜的事。

后荆轲在那里追，他绕着柱子逃。后来他拔出剑来，回转身去，砍断了荆轲的左股。荆轲受了伤，还把刀向秦王丢去，但是没有丢中。荆轲失败了，就此被杀。恨着秦国的人都觉得这是很可惜的事。

大家動手

教室後面一塊空地，有八九間房子那樣大。交春來生一些野草，稀一叢密一叢地。又混着些瓦礫。看去很不爽快。

幾個同學提議說：「在這塊空地上種些東西吧。」先生和同學一致贊成。互相討論的結果，決定種菜和大豆。

下午功課完畢，大家就動起手來，鋤地的鋤地，檢瓦礫的檢瓦礫。經過一點多鐘的工夫，空地完全變了樣子了。鋪着的是鬆鬆的泥，腳踏上去，就是一個鞋印。野草差不

第16课 大家动手

教室后面一块空地，有八九间房子那样大。交春来生一些野草，稀一丛密一丛地。又混着些瓦砾。看去很不爽快。几个同学提议说：“在这块空地上种些东西吧。”先生和同学一致赞成。互相讨论的结果，决定种菜和大豆。下午功课完毕，大家就动起手来，锄地的锄地，捡瓦砾的捡瓦砾。经过一点多钟的工夫，空地完全变了样子了。铺着的

多全被埋沒，只偶然有幾處露出葉尖兒。停手的時候，大家是一身的汗。第二天下午，大家動手作畦，又是一身的汗。一方一方的畦十分整齊，橫的豎的溝道界在中間。啊，我們有了良好的田地了！第三天下午，我們下種。左邊種菜，右邊種大豆。下種完畢大家拍手說「幾天以後，就可以看見嫩綠的新芽了」

是松松的泥，脚踏上去，就是一个鞋印。野草差不多全被埋没，只偶然有几处露出叶尖儿。停手的时候，大家是一身的汗。第二天下午，大家动手作畦，又是一身的汗。一方一方的畦十分整齐，横的竖的沟道界在中间。啊，我们有了良好的田地了！第三天下午，我们下种。左边种菜，右边种大豆。下种完毕大家拍手说：“几天以后，就可以看见嫩绿的新芽了！”

菜秧

昨天先生關照，
今天不用回去喫飯，
原來下菜子的畦上，
菜秧都已長滿，
「菜秧絕嫩，採一些來，
我請你們喫麵。」

菜秧和麵同煮，
顏色好像翡翠。
舉筷送到嘴裏，
味道果然鮮美。
彷彿以前沒有喫過，

第17课 菜秧

昨天先生关照，今天不用回去吃饭，原来下菜子的畦上，菜秧都已长满，“菜秧绝嫩，采一些来，我请你们吃面。”菜秧和面同煮，颜色好像翡翠。举筷送到嘴里，味道果然鲜美。仿佛以前没有吃过，竟竟描摹不來這種味。
麪由先生買，
菜由大家種。
自己種來自己喫，
這種快樂今已懂。
以後要加倍當心，
把菜和大豆培壅。

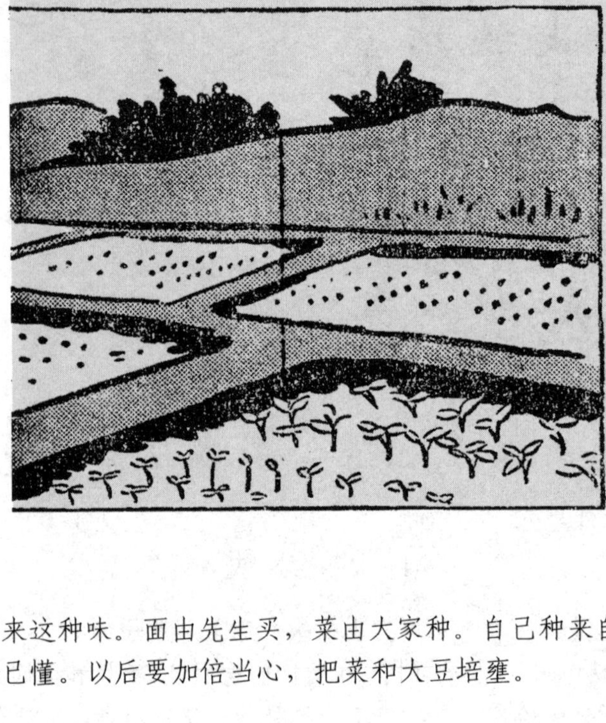

描摹不来这种味。面由先生买，菜由大家种。自己种来自己吃，这种快乐今已懂。以后要加倍当心，把菜和大豆培壅。

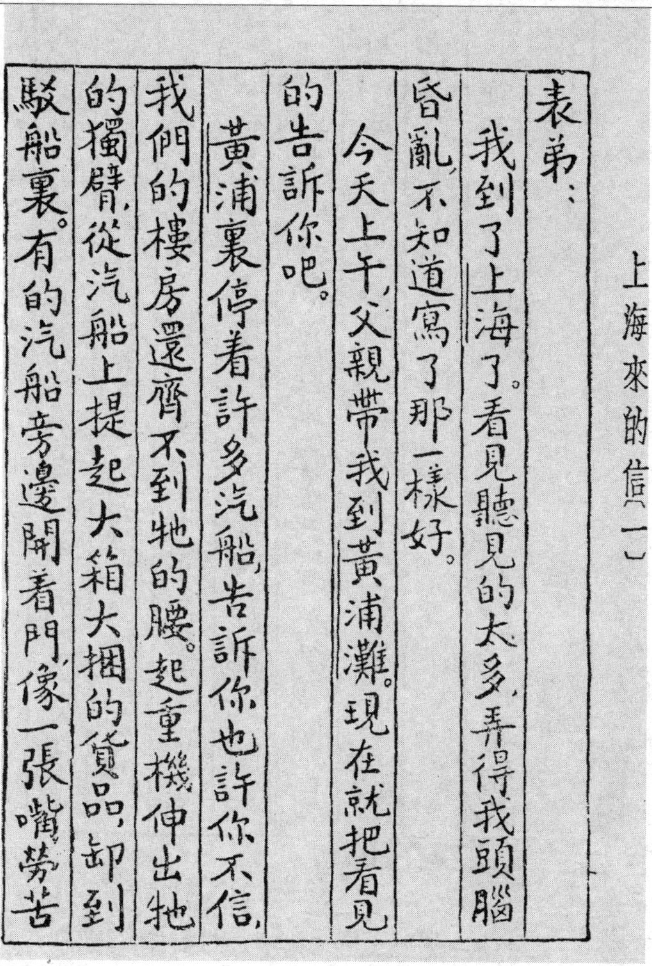
上海來的信（一）

表弟：

我到了上海了。看見聽見的太多，弄得我頭腦昏亂，不知道寫了那一樣好。

今天上午，父親帶我到黃浦灘。現在就把看見的告訴你吧。

黃浦裏停着許多汽船，告訴你也許你不信，我們的樓房還齊不到牠的腰。起重機伸出牠的獨臂，從汽船上提起大箱大捆的貨品，卸到駁船裏。有的汽船旁邊開着門，像一張嘴，勞苦

第18课　上海来的信

表弟：我到了上海了。看见听见的太多，弄得我头脑昏乱，不知道写了哪一样好。今天上午，父亲带我到黄浦滩。现在就把看见的告诉你吧。黄浦里停着许多汽船，告诉你也许你不信，我们的楼房还齐不到它的腰。起重机伸出它的独臂，从汽船上提起大箱大捆的货品，卸到驳船里。有的汽船旁边开着门，像一张嘴，劳苦的工人从那里扛出货品来，也卸到驳船里。父亲说：“这大批的外国货品，都是等着我们出钱去买的。”黄浦里又有许多外国的军舰。长长的炮前面后面都是，

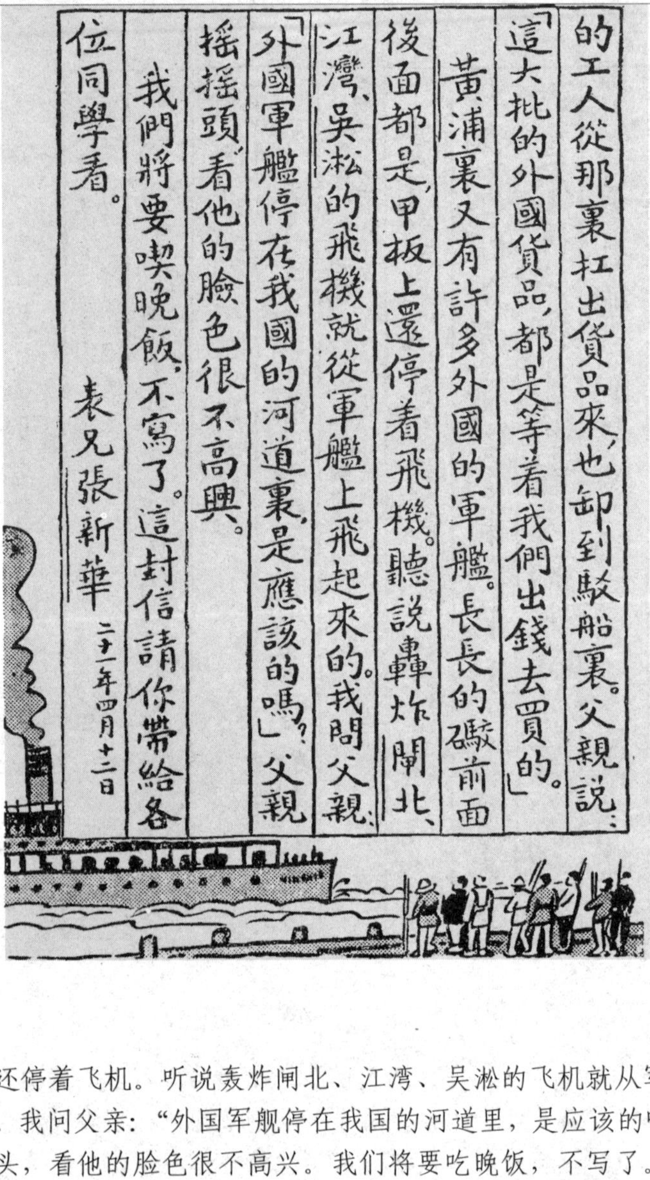
的工人從那裏扛出貨品來，也卸到駁船裏。父親說：「這大批的外國貨品，都是等着我們出錢去買的。」

黃浦裏又有許多外國的軍艦。長長的礮前面後面都是，甲板上還停着飛機。聽說轟炸閘北、江灣、吳淞的飛機就從軍艦上飛起來的。我問父親：「外國軍艦停在我國的河道裏，是應該的嗎？」父親搖搖頭，看他的臉色很不高興。

我們將要喫晚飯，不寫了。這封信請你帶給各位同學看。

表兄張新華

二十一年四月十二日

甲板上还停着飞机。听说轰炸闸北、江湾、吴淞的飞机就从军舰上飞起来的。我问父亲：“外国军舰停在我国的河道里，是应该的吗？”父亲摇摇头，看他的脸色很不高兴。我们将要吃晚饭，不写了。这封信请你带给各位同学看。表兄张新华　二十一年四月十二日

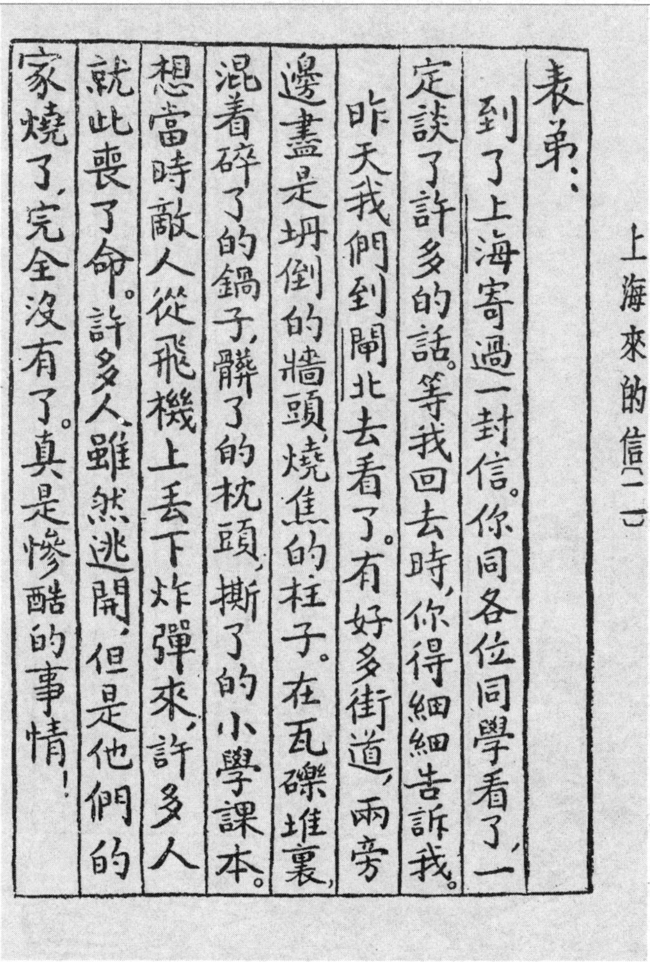
上海來的信（二）

表弟：

到了上海寄過一封信。你同各位同學看了，一定談了許多的話。等我回去時，你得細細告訴我。昨天我們到閘北去看了。有好多街道，兩旁邊盡是坍倒的牆頭，燒焦的柱子。在瓦礫堆裏，混着碎了的鍋子，髒了的枕頭，撕了的小學課本。想當時敵人從飛機上丟下炸彈來，許多人就此喪了命。許多人雖然逃開，但是他們的家燒了，完全沒有了。真是慘酷的事情！

表弟：到了上海寄过一封信。你同各位同学看了，一定谈了许多的话。等我回去时，你得细细告诉我。昨天我们到闸北去看了。有好多街道，两旁边尽是坍倒的墙头，烧焦的柱子。在瓦砾堆里，混着碎了的锅子，脏了的枕头，撕了的小学课本。想当时敌人从飞机上丢下炸弹来，许多人就此丧了命。许多人虽然逃开，但是他们的家烧了，完

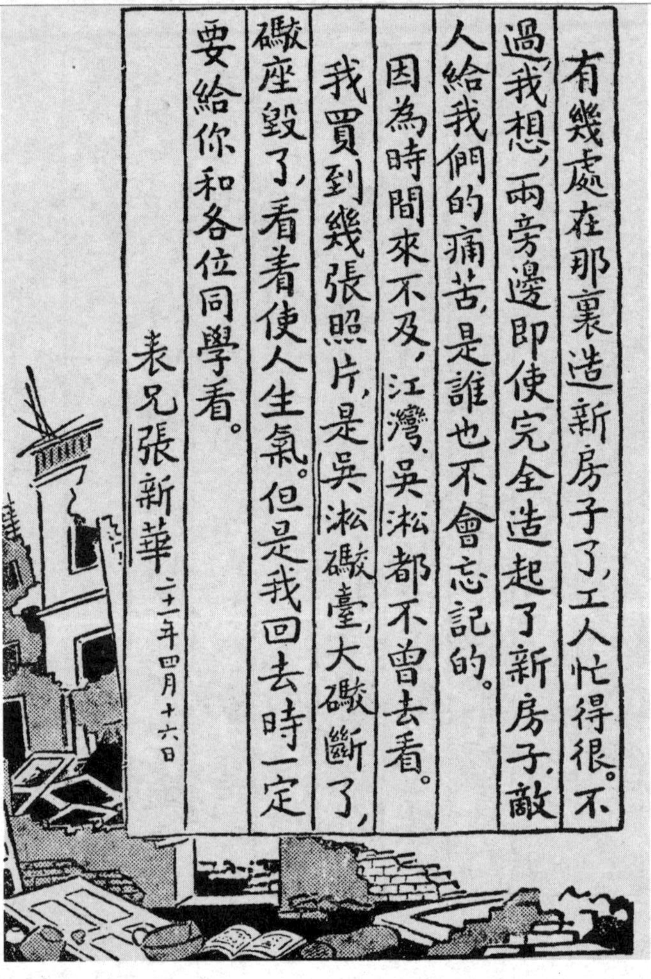
有幾處在那裏造新房子了，工人忙得很。不過，我想，兩旁邊即使完全造起了新房子，敵人給我們的痛苦，是誰也不會忘記的。因為時間來不及，江灣、吳淞都不曾去看。我買到幾張照片，是吳淞礮臺，大礮斷了，礮座毀了，看着使人生氣。但是我回去時一定要給你和各位同學看。

表兄張新華 二十一年四月十六日

全没有了。真是惨酷的事情！有几处在那里造新房子了，工人忙得很。不过，我想，两旁边即使完全造起了新房子，敌人给我们的痛苦，是谁也不会忘记的。因为时间来不及，江湾、吴淞都不曾去看。我买到几张照片，是吴淞炮台，大炮断了，炮座毁了，看着使人生气。但是我回去时一定要给你和各位同学看。表兄张新华 二十一年四月十六日

笨人

麥田裏的麥葉瘦得可憐，大半倒着頭，好像快要枯了的樣子。

兩個蜜蜂在麥田上飛，飛飛飛飛，總是不停下來。

一個歎氣說：「這裏快要成爲死田了，那裏還有蜜。我們到別處去吧。」

另一個說：「這也奇怪，好好的田，怎麼會弄成這個樣子？」

「農人不來好好照顧，自然弄成這個樣子了。」

第19课 笨人

麦田里的麦叶瘦得可怜，大半倒着头，好像快要枯了的样子。两个蜜蜂在麦田上飞，飞飞飞飞，总是不停下来。一个叹气说：“这里快要成为死田了，哪里还有蜜，我们到别处去吧。”另一个说：“这也奇怪，好好的田，怎么会弄成这个样子？”“农人不来好好照顾，自然弄成这个样子了。”“不知道农人到哪里去了。”“并没有到哪里去，他在

「不知道農人到那裏去了。」
「並沒有到那裏去，他在那裏自殺。」
「自殺！他有什麼怨恨的事？」
「不是有什麼怨恨的事。他常常吸着一種東西的煙，那東西叫做『鴉片』，非常毒的，所以說他自殺。」
「現在死了嗎？」
「還沒有死，不過離開死不遠了。我剛纔看見他，形狀和這些麥葉差不多。你想，那裏還種得成田？」
「世界上竟有這樣的笨人，用毒東西害自己的。」
「告訴你，這樣的笨人多着呢！——我們到別處

那里自杀。”“自杀！他有什么怨恨的事？”“不是有什么怨恨的事。他常常吸着一种东西的烟，那东西叫做‘鸦片’，非常毒的，所以说他自杀。”“现在死了吗？”“还没有死，不过离开死不远了。我刚才看见他，形状和这些麦叶差不多。你想，哪里还种得成田？”“世界上竟有这样的笨人，用毒东西害自己的。”“告诉你，这样的笨人多着呢！——我们到别处去吧。”

百靈搬家

百靈住在麥叢裏，非常安適。一天，牠將要出去覓食，對牠的小鳥說：「我出去了。你們在這裏，要當心呀。」說罷，牠飛去了。隔不多時，農人來了，望着麥田說：「麥完全熟了，請鄰人來幫我收割吧。」小鳥聽了，不免擔心。等百靈囘來，就告訴了牠。

第20课 百灵搬家

百灵住在麦丛里，非常安适。一天，它将要出去觅食，对它的小鸟说：“我出去了。你们在这里，要当心呀。”说罢，它飞去了。隔不多时，农人来了，望着麦田说：“麦完全熟了，请邻人来帮我收割吧。”小鸟听了，不免担心。等百灵回来，就告诉了它。百灵说：“担什么心呢？我们放心住在这里好了。”第二天，百灵出去觅食的时候，农人又来了。他望着麦田说：“明天请亲戚来帮我收割罢。”小鸟等百灵回来，立刻告诉了它。百灵说：“还是不用担心。我们放心住在这里好了。”第百靈說：「擔什麼心呢？我們放心住在這裏好了。」

第二天，百靈出去覓食的時候，農人又來了。他望着麥田說：「明天請親戚來幫我收割罷。」

小鳥等百靈囘來，立刻告訴了牠。

百靈說：「還是不用擔心。我們放心住在這裏好了。」

第三天，農人又來了。他自言自語說：「我爲什麼要請人幫忙呢？明天獨自來收割吧。」

小鳥又把聽見的話告訴了百靈。

百靈說：「他不再想依靠人家，明天一定要來收割了。我們搬家吧。」

百靈就帶着牠的小鳥搬到別處去。

三天，农人又来了。他自言自语说：“我为什么要请人帮忙呢？明天独自来收割吧。”小鸟又把听见的话告诉了百灵。百灵说：“他不再想依靠人家，明天一定要来收割了。我们搬家吧。”百灵就带着它的小鸟搬到别处去。

「可爱的同學」

鍾良生了病，三天不到學校了。我們都想念着他，大家說要去看他一趟纔是。一同去，人數太多，就推舉代表去。推舉的結果，我和陶慈當選做代表。

下午放了學，我和陶慈到鍾良家裏，帶着兩朵新開的芍藥花。

鍾良躺在牀上，三天不看見，好像瘦了不少。他

第21课 可爱的同学

钟良生了病，三天不到学校了。我们都想念着他，大家说要去看他一趟才是。一同去，人数太多，就推举代表去。推举的结果，我和陶慈当选做代表。下午放了学，我和陶慈到钟良家里，带着两朵新开的芍药花。钟良躺在床上，三天不看见，好像瘦了不少。他的脸色本

的臉色本來紅紅的，現在紅色差不多不見了。我們先把芍藥花替他插在一個花瓶裏，告訴他說，是全級同學的公意，採這兩朵花來陪伴他。

鍾良側轉頭望着芍藥花，說：「可愛的花！」接着又

来红红的，现在红色差不多不见了。我们先把芍药花替他插在一个花瓶里，告诉他说，是全级同学的公意，采这两朵花来陪伴他。钟良侧转头望着芍药花，说：“可爱的花！”接着又感激地说：“可爱的同学！”他说他生的是热病，前天、昨天都请了医生。现在热已经退了，再休

感激地說:「可愛的同學!」
他說他生的是熱病,前天、昨天都請了醫生。現在熱已經退了,再休養一兩天,就能到學校了。我們聽說,纔安了心。
他的母親請我們喝茶,喫油煎餅。
我們把三天裏做的事告訴他。他聽得很高興,說:「你們一來,我的病彷彿完全好了!」
我們恐怕他疲勞,不敢坐得太久。分別的時候,他說:「我感激各位同學,但是我不知道應該怎麼說纔好!」

养一两天，就能到学校了。我们听说，才安了心。他的母亲请我们喝茶，吃油煎饼。我们把三天里做的事告诉他。他听得很高兴，说:“你们一来，我的病仿佛完全好了!”我们恐怕他疲劳，不敢坐得太久。分别的时候，他说:“我感激各位同学，但是我不知道应该怎么说才好!”

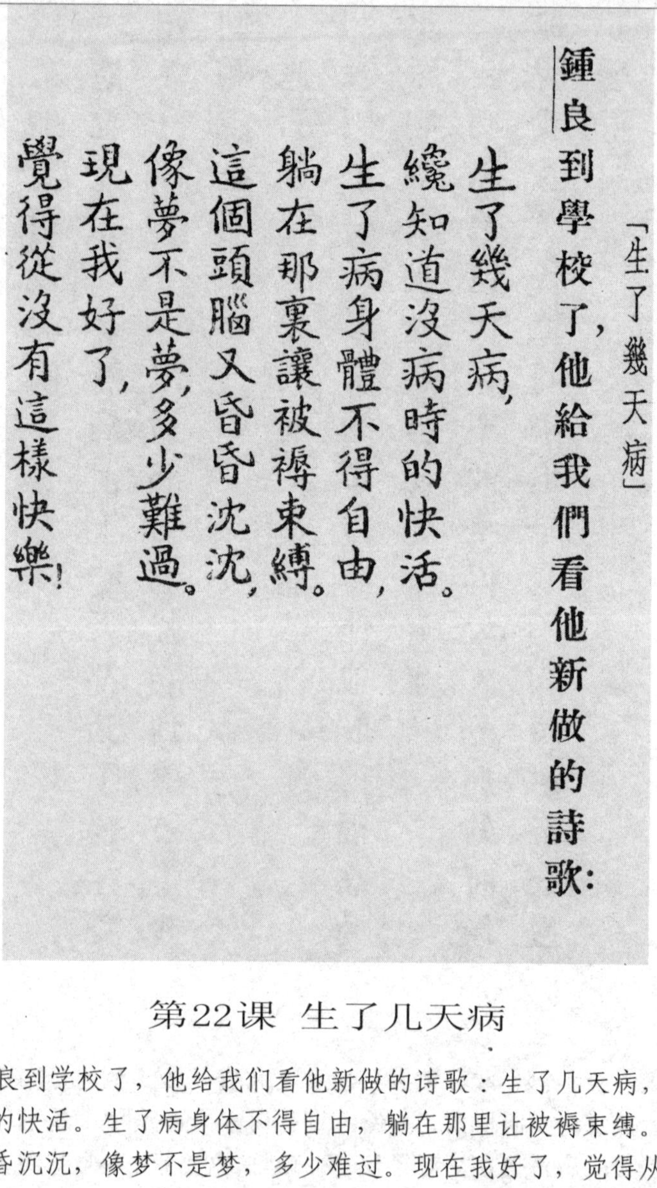
「生了幾天病」

鍾良到學校了，他給我們看他新做的詩歌：

生了幾天病，
纔知道沒病時的快活。
生了病身體不得自由，
躺在那裏讓被褥束縛。
這個頭腦又昏昏沈沈，
像夢不是夢，多少難過。
現在我好了，
覺得從沒有這樣快樂！

第22课 生了几天病

钟良到学校了，他给我们看他新做的诗歌：生了几天病，才知道没病时的快活。生了病身体不得自由，躺在那里让被褥束缚。这个头脑又昏昏沉沉，像梦不是梦，多少难过。现在我好了，觉得从没有这样快乐！生了几天病，费了母亲不少的精神。她看护着我一刻不离，直

生了幾天病，
費了母親不少的精神。
她看護着我一刻不離，
直到我好了她纔安心。
同學來看我，贈我好花，
他們的情意多少殷勤。
我真說不盡，
怎樣感激同學和母親！

先生看了他的詩歌，對他說：「這是你的眞經驗，做得不壞。抄上學校新聞去吧。」

到我好了她才安心。同学来看我，赠我好花，他们的情意多少殷勤。我真说不尽，怎样感激同学和母亲！先生看了他的诗歌，对他说：“这是你的真经验，做得不坏。抄上《学校新闻》去吧。”

一封電報

今天上午，先生接到一封電報。他按照數目字翻譯出來，是

3637 父
4016 病
6850 重
6643 速
2981 歸
0337 元

六個字。他的臉色立刻變得灰白了，雙手捧着頭，說：「父親病重，弟弟來了電報，我得趕十點鐘的火車回去！你們的功課，我請徐先生代我教。」

先生說罷，就到房裏去。一會兒，他提着一隻柳條箱出來，慌慌張張對我們說：「再見！」

我們送他到校門口，看他兩步幷作一步在路上跑去，可以知道他心

第23课　一封电报

今天上午，先生接到一封电报。他按照数目字翻译出来，是“父病重速归元”六个字。他的脸色立刻变得灰白了，双手捧着头，说：“父亲病重，弟弟来了电报，我得赶十点钟的火车回去！你们的功课，我请徐先生代我教。”先生说罢，就到房里去。一会儿，他提着一只柳条箱出来，慌慌张张对我们说：“再见！”我们送他到校门口，看他两步并作一步在路上跑去，可以知道他心里怎样地着急。他一定恨不生两扇

裏怎樣地着急。他一定恨不生兩扇翅膀，坐火車回去實在不够快。

我們希望他的父親的病馬上減輕，等他走進門，他的弟弟拉着他的手告訴他：「天大的幸運，父親的病輕得多了！」

但是我們又想，這個希望恐怕不很靠得住。那邊發電報是一點鐘以內的事，纔說病重，怎麼會馬上減輕？

那麼，先生一到家，見着病重的父親，他的心裏更要多少難過呢！

翅膀，坐火车回去实在不够快。我们希望他的父亲的病马上减轻，等他走进门，他的弟弟拉着他的手告诉他："天大的幸运，父亲的病轻得多了！"但是我们又想，这个希望恐怕不很靠得住。那边发电报是一点钟以内的事，才说病重，怎么会马上减轻？那么，先生一到家，见着病重的父亲，他的心里更要多少难过呢！

兩句話

先生來了。他第一句對我們說:「我從此沒有父親了!」他的聲音很悽慘,淚珠兒留在眼眶裏。我們覺得心裏一陣酸,似乎也要流淚了。先生又說:「我的父親臨死的時候,斷斷續續對我說了兩句話:『要盡力做事!要盡力教你的小朋友!』以後再也聽不見父親的話了,我要終身記着這兩句。我教你們要比以前更盡力!」

第24课 两句话

先生来了。他第一句对我们说:“我从此没有父亲了!”他的声音很凄惨,泪珠儿留在眼眶里。我们觉得心里一阵酸,似乎也要流泪了。先生又说:“我的父亲临死的时候,断断续续对我说了两句话:‘要尽力做事!要尽力教你的小朋友!’以后再也听不见父亲的话了,我要终身记着这两句。我教你们要比以前更尽力!”先生从柳条箱里取出一张先生從柳條箱裏取出一張相片來,自已看了一歇,就翻過來給我們看。他說:「這是我的父親!」

相片上一位慈和的老人,微微地笑,白鬍鬚鋪在胸前。

一個同學說:「太先生愛我們,請把他的相片掛在教室裏,作爲紀念吧。」

大家齊聲說:「這個提議好!」

先生眼眶裏的淚珠兒掉下來了,他說:「依你們的……」以下說不出來了。

相片来，自己看了一歇，就翻过来给我们看。他说：“这是我的父亲!”相片上一位慈和的老人，微微地笑，白胡须铺在胸前。一个同学说：“太先生爱我们，请把他的相片挂在教室里，作为纪念吧。”大家齐声说：“这个提议好!”先生眼眶的泪珠儿掉下来了，他说：“依你们的……”以下说不出来了。

插秧

秧田裏的稻秧綠得可愛。那不是草葉同樹葉一般的綠色，那是鮮明的，嬌嫩的，誰看見了都歡喜的。從遠望去，幾塊長方形的秧田猶如美麗的綠絨毯。

預備插秧的田裏積着水，水面比泥土高。泥土浸在水裏，成爲爛爛的了。

農人拔起稻秧，拿了一把，就到

第25课 插秧

秧田里的稻秧绿得可爱。那不是草叶同树叶一般的绿色，那是鲜明的，娇嫩的，谁看见了都欢喜的。从远望去，几块长方形的秧田犹如美丽的绿绒毯。预备插秧的田里积着水，水面比泥土高。泥土浸在水里，成为烂烂的了。农人拔起稻秧，拿了一把，就到水田里去插。他的脚陷在水泥里，身体向前弯着，头距离水面不过一尺多。他插一下，水田裏去插。他的腳陷在水泥裏，身體向前彎着，頭距離水面不過一尺多。

他插一下，幾棵稻秧就立在水田裏。偏右再插一下，又是幾棵稻秧立在水田裏。這樣插了一排，他就向後退，再插一排。手裏的秧完了，他再去拿一把。

這時候有好些蛙在四圍叫，聲音清脆響亮，好像特地叫給農人聽，讓他起勁的。

一塊田裏插滿了稻秧，橫看豎看都整齊。風輕輕吹過，稻秧一順地彎着腰。

几棵稻秧就立在水田里。偏右再插一下，又是几棵稻秧立在水田里。这样插了一排，他就向后退，再插一排。手里的秧完了，他再去拿一把。这时候有好些蛙在四围叫，声音清脆响亮，好像特地叫给农人听，让他起劲的。一块田里插满了稻秧，横看竖看都整齐。风轻轻吹过，稻秧一顺地弯着腰。

戽水

插秧以前，如果下幾場雨，是農人最歡喜的事情，因爲田裏就積着水了。不然就得戽水。插秧以後，如果隔多少天下一場雨，也是農人最歡喜的事情，因爲田裏就常常有水了。不然也得戽水。

用水車把河道裏的水運到田裏，叫做戽水。轉動水車，或者靠牛的力量，或者由農人手搖、腳踏。

農人搖水車、踏水車是一種辛苦的工作，全身

第26课 戽水

插秧以前，如果下几场雨，是农人最欢喜的事情，因为田里就积着水了。不然就得戽水。插秧以后，如果隔多少天下一场雨，也是农人最欢喜的事情，因为田里就常常有水了 不然也得戽水。用水车把河道里的水运到田里，叫做戽水。转动水车，或者靠牛的力量，或者由农人手摇、脚踏。农人摇水车、踏水车是一种辛苦的工作，全身都

都得用力。而且忙着戽水的時候，天空裏總掛着熱烈的太陽。

有些地方稻田在山上，戽水時更辛苦了。先須在山坡上開一些積水潭，然後把水從河裏運到低處的潭裏，從低處的潭裏運到高一點的潭裏，這樣一級級上去，水纔到田裏。

倘若用機器戽水，農人就省力了。但是機器價錢貴，農人大都買不起，所以只得自己來幹，至多叫牛幫幫忙。

得用力。而且忙着戽水的时候，天空里总挂着热烈的太阳。有些地方稻田在山上，戽水时更辛苦了。先须在山坡上开一些积水潭，然后把水从河里运到低处的潭里，从低处的潭里运到高一点的潭里，这样一级级上去，水才到田里。倘若用机器戽水，农人就省力了。但是机器价钱贵，农人大都买不起，所以只得自己来干，至多叫牛帮帮忙。

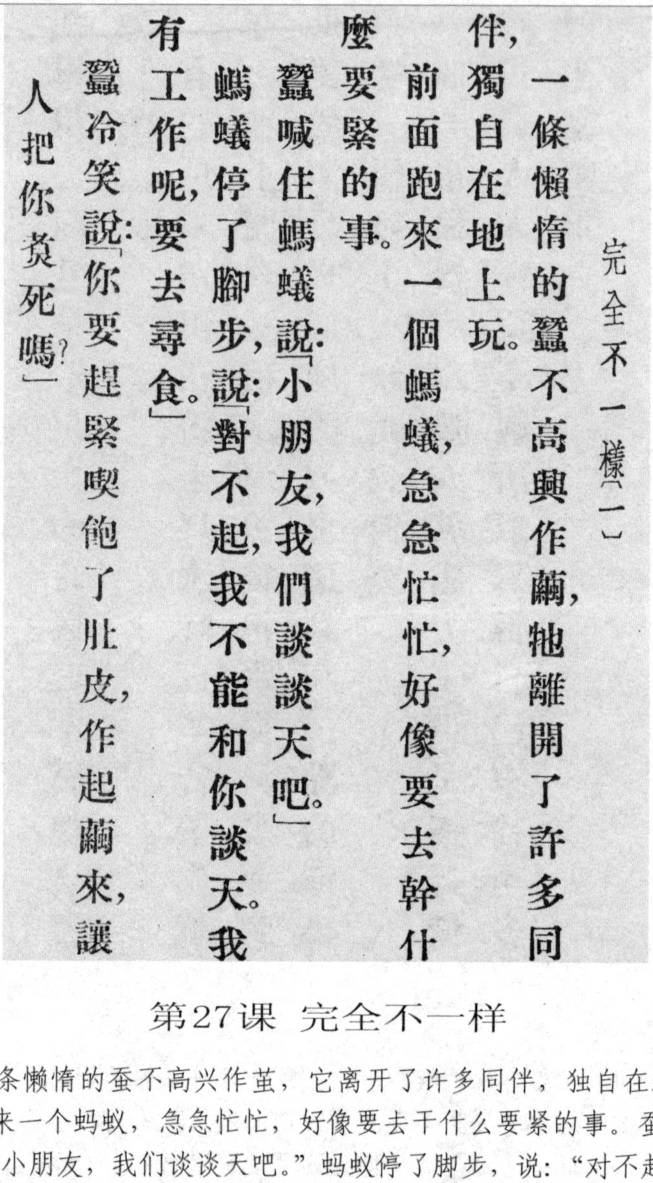
完全不一樣（一）

一條懶惰的蠶不高興作繭，牠離開了許多同伴，獨自在地上玩。

前面跑來一個螞蟻，急急忙忙，好像要去幹什麼要緊的事。

蠶喊住螞蟻說：「小朋友，我們談談天吧。」

螞蟻停了腳步，說：「對不起，我不能和你談天。我有工作呢，要去尋食。」

蠶冷笑說：「你要趕緊喫飽了肚皮，作起繭來，讓人把你煑死嗎？」

第27课 完全不一样

一条懒惰的蚕不高兴作茧，它离开了许多同伴，独自在地上玩。前面跑来一个蚂蚁，急急忙忙，好像要去干什么要紧的事。蚕喊住蚂蚁说：“小朋友，我们谈谈天吧。”蚂蚁停了脚步，说：“对不起，我不能和你谈天。我有工作呢，要去寻食。”蚕冷笑说：“你要赶紧吃饱了肚皮，作起茧来，让人把你煮死吗？”蚂蚁说：“我不懂你的话。”蚕说：“你们蚂蚁不是和我们蚕一样的吗？我们吃饱桑叶，作成了茧，就

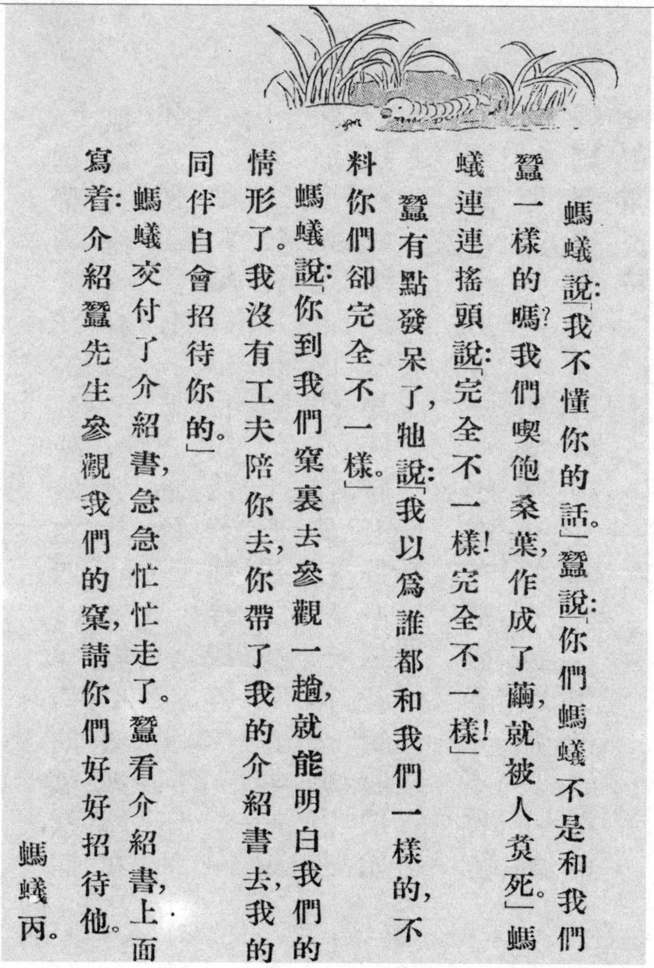

螞蟻說：「我不懂你的話。」蠶說：「你們螞蟻不是和我們
蠶一樣的嗎？我們喫飽桑葉，作成了繭，就被人煑死。」螞
蟻連連搖頭說：「完全不一樣！完全不一樣！」
蠶有點發呆了，牠說：「我以爲誰都和我們一樣的，不
料你們卻完全不一樣。」
螞蟻說：「你到我們窠裏去參觀一趟，就能明白我們的
情形了。我沒有工夫陪你去，你帶了我的介紹書去，我的
同伴自會招待你的。」
螞蟻交付了介紹書，急急忙忙走了。蠶看介紹書，上面
寫着：介紹蠶先生參觀我們的窠，請你們好好招待他。
螞蟻丙。

被人煮死。”蚂蚁连连摇头说：“完全不一样！完全不一样！”蚕有点发呆了，它说：“我以为谁都和我们一样的，不料你们却完全不一样。”蚂蚁说：“你到我们窠里去参观一趟，就能明白我们的情形了。我没有工夫陪你去，你带了我的介绍书去，我的同伴自会招待你的。”蚂蚁交付了介绍书，急急忙忙走了。蚕看介绍书，上面写着：介绍蚕先生参观我们的窠，请你们好好招待他。 蚂蚁丙。

蠶帶着介紹書到螞蟻窠門口，守衛的螞蟻請他進去。他就看到一個勞動的世界，個個螞蟻在那裏做工，沒有一個貪懶的。

一個螞蟻做招待員，陪着牠參觀各處。

先到「糧食庫」。積着的東西眞不少。許多螞蟻還在那裏運進東西來，有幾個扛着一個蒼蠅，有幾個扛着蝴蝶的一片翅膀，有好些個各銜着饅頭的細屑。

又到「育兒房」。有一些螞蟻在那裏看守不曾孵化的卵，並且照料剛纔孵化的小螞蟻。那些小螞蟻細到幾乎看不清，留神看時，卻見黃色的小東西在那裏動。

蚕带着介绍书到蚂蚁窠门口，守卫的蚂蚁请他进去。他就看到一个劳动的世界，个个蚂蚁在那里做工，没有一个贪懒的。一个蚂蚁做招待员，陪着它参观各处。先到“粮食库”。积着的东西真不少。许多蚂蚁还在那里运进东西来，有几个扛着一个苍蝇，有几个扛着蝴蝶的一片翅膀，有好些个各衔着馒头的细屑。又到“育儿房”。有一些蚂蚁在那里看守不曾孵化的卵，并且照料刚才孵化的小蚂蚁。那些小蚂蚁细到几乎看不清，留神看时，却见黄色的小东西在那里动。又到“开又到「開路處」。每一個螞蟻銜着一粒泥，跑去放掉了，回來再銜一粒。他們要開成三條道路，都是通到地面的。這樣，大家出入可以揀最近的路走了。

蠶對招待員說：「你們眞高興。」

蠶想了一想，又說：「難道沒有什麼東西來欺侮你們嗎？」

招待員指着全窠的同伴說：「你要知道，我們個個是兵士呢！誰來欺侮我們，我們就全體出去抵抗。」

蠶自言自語說：「和我們不一樣，的確，完全不一樣。」

路处”。每一个蚂蚁衔着一粒泥，跑去放掉了，回来再衔一粒。他们要开成三条道路，都是通到地面的。这样，大家出入可以拣最近的路走了。蚕对招待员说：“你们真高兴。”蚕想了一想，又说：“难道没有什么东西来欺侮你们吗？”招待员指着全窠的同伴说：“你要知道，我们个个是兵士呢！谁来欺侮我们，我们就全体出去抵抗。”蚕自言自语说：“和我们不一样，的确，完全不一样。”

小鳥的回家

孩子彈鳥手段高，帶着弓兒、彈兒樹林裏跑，看見小鳥停在那裏唱，一彈飛去就把牠打下了樹梢。拾起來看，受傷並不重，張開小嘴，撲着翅膀，樣子可有點嬌。孩子跑回家一陣的嚷：「媽媽，鳥籠呢？我要把牠關牢。」

第28课 小鸟的回家

孩子弹鸟手段高，带着弓儿、弹儿树林里跑，看见小鸟停在那里唱，一弹飞去就把它打下了树梢。拾起来看，受伤并不重，张开小嘴，扑着翅膀，样子可有点娇。孩子跑回家一阵的嚷：“妈妈，鸟笼呢？我要把它关牢。”妈妈露出一副哀怜的容貌，一壁说话，一壁抚着小鸟的

媽媽露出一副哀憐的容貌，
一壁說話，一壁撫着小鳥的羽毛。
「你也有爸爸和媽媽，
他們在家裏一定等得你心焦。
倘若知道你受了傷，又被關住了，
他們更將要心碎魂消。
要發電報不知道你的地址，
要來尋你又不知路徑是那一條，
他們沒有法想，
只得哭哭啼啼過今宵！」
孩子聽說馬上出門去，
「送牠回家，我樹林裏去走一遭」！

羽毛。“你也有爸爸和妈妈。他们在家里一定等得你心焦。倘若知道你受了伤，又被关住了，他们更将要心碎魂消。要发电报不知道你的地址，要来寻你又不知路径是哪一条，他们没有法想，只得哭哭啼啼过今宵！”孩子听说马上出门去，“送它回家，我树林里去走一遭！”

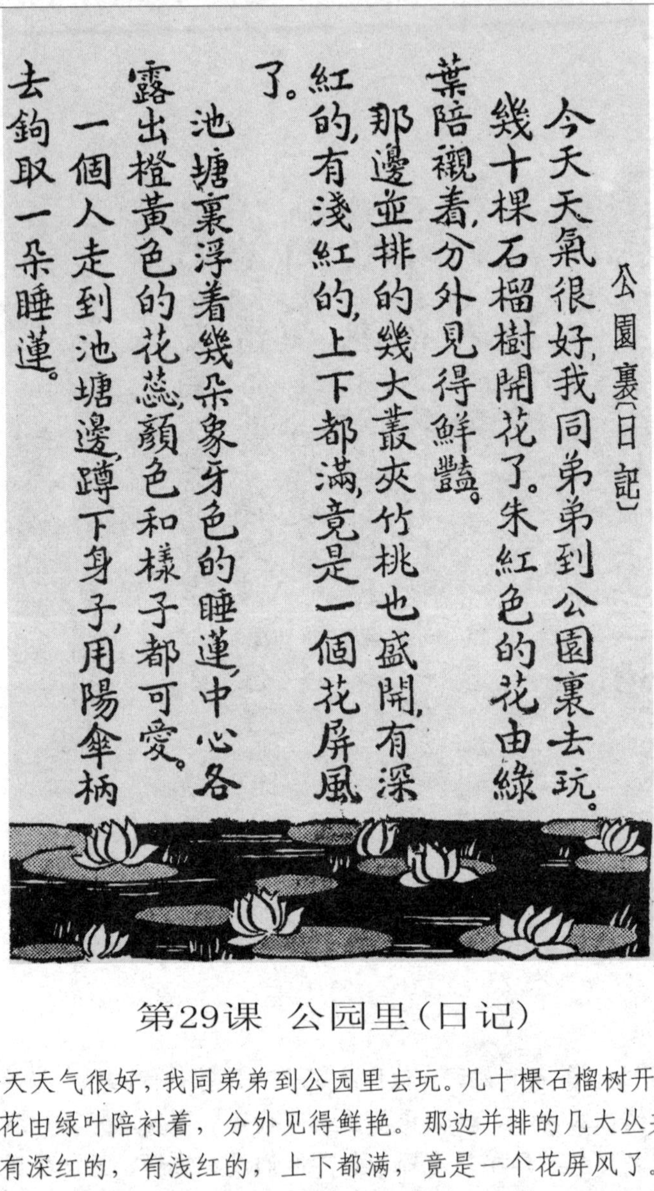
公園裏(日記)

今天天氣很好,我同弟弟到公園裏去玩。幾十棵石榴樹開花了。朱紅色的花由綠葉陪襯着,分外見得鮮豔。那邊並排的幾大叢夾竹桃也盛開,有深紅的,有淺紅的,上下都滿,竟是一個花屏風了。

池塘裏浮着幾朵象牙色的睡蓮,中心各露出橙黃色的花蕊,顏色和樣子都可愛。

一個人走到池塘邊,蹲下身子,用陽傘柄去鉤取一朵睡蓮。

第29课 公园里(日记)

今天天气很好,我同弟弟到公园里去玩。几十棵石榴树开花了。朱红色的花由绿叶陪衬着,分外见得鲜艳。那边并排的几大丛夹竹桃也盛开,有深红的,有浅红的,上下都满,竟是一个花屏风了。池塘里浮着几朵象牙色的睡莲,中心各露出橙黄色的花蕊,颜色和样子都可爱。一个人走到池塘边,蹲下身子,用阳伞柄去钩取一朵睡莲。我走

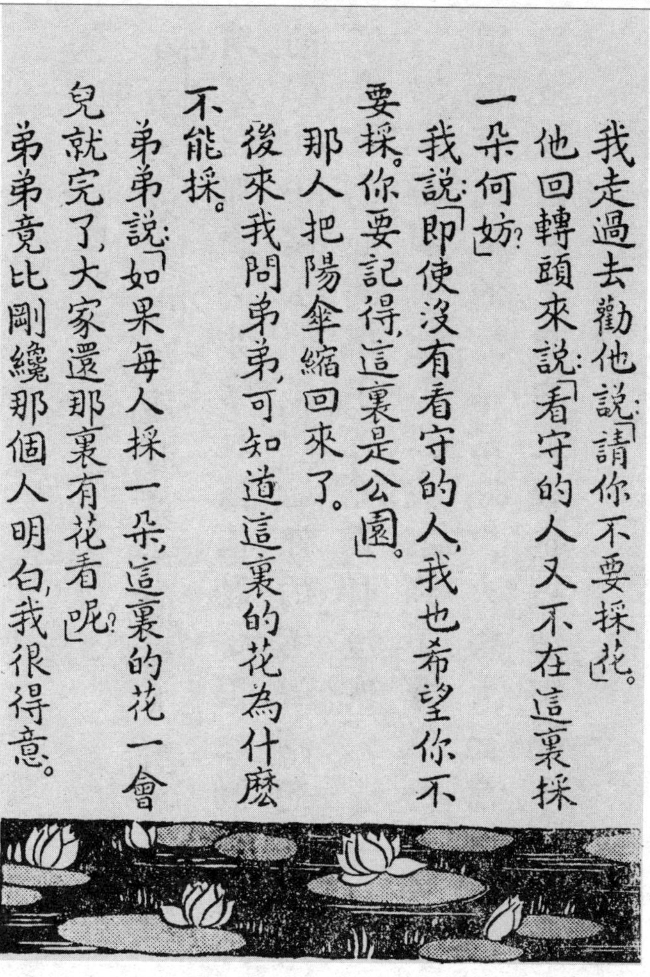

我走過去勸他說：「請你不要採花」。

他回轉頭來說：「看守的人又不在這裏採一朵何妨？」

我說：「即使沒有看守的人，我也希望你不要採。你要記得，這裏是公園」。

那人把陽傘縮回來了。

後來我問弟弟，可知道這裏的花為什麼不能採。

弟弟說：「如果每人採一朵，這裏的花一會兒就完了，大家還那裏有花看呢？」

弟弟竟比剛纔那個人明白，我很得意。

过去劝他说："请你不要采花"。他回转头来说："看守的人又不在这里采一朵何妨？"我说："即使没有看守的人，我也希望你不要采，你要记得，这里是公园。"那人把阳伞缩回来了。后来我问弟弟，可知道这里的花为什么不能采。弟弟说："如果每人采一朵，这里的花一会儿就完了，大家还哪里有花看呢？"弟弟竟比刚才那个人明白，我很得意。

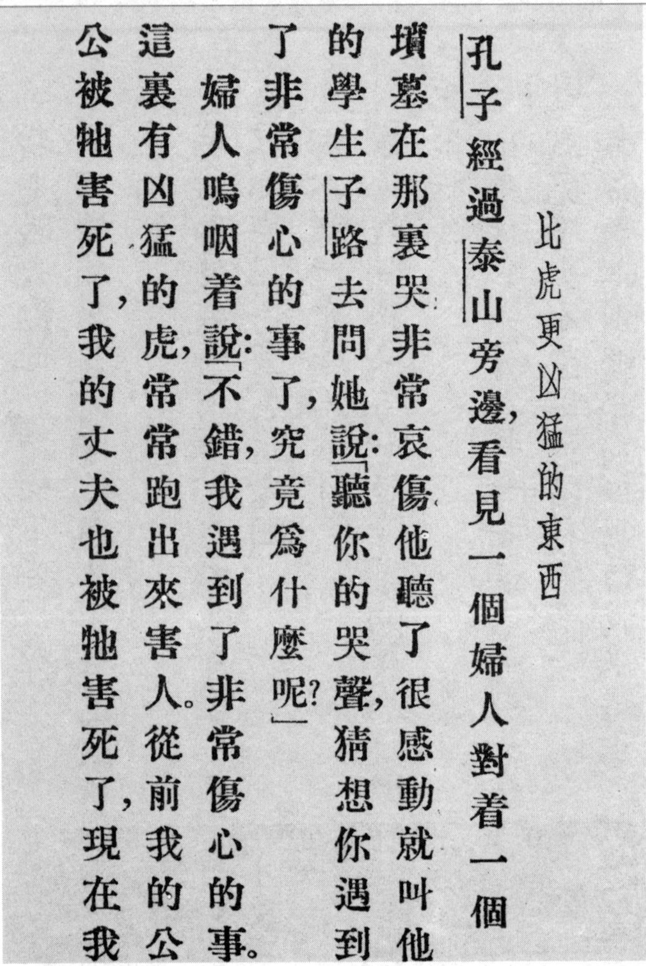
比虎更凶猛的東西

孔子經過泰山旁邊，看見一個婦人對着一個墳墓在那裏哭非常哀傷他聽了很感動就叫他的學生子路去問她說：「聽你的哭聲，猜想你遇到了非常傷心的事了，究竟爲什麼呢？」婦人嗚咽着說：「不錯，我遇到了非常傷心的事。這裏有凶猛的虎，常常跑出來害人。從前我的公公被牠害死了，我的丈夫也被牠害死了，現在我

第30课 比虎更凶猛的东西

孔子经过泰山旁边，看见一个妇人对着一个坟墓在那里哭，非常哀伤。他听了很感动，就叫他的学生子路去问她说：“听你的哭声，猜想你遇到了非常伤心的事了，究竟为什么呢？”妇人呜咽着说：“不错，我遇到了非常伤心的事。这里有凶猛的虎，常常跑出来害人。从前我的公公被它害死了，我的丈夫也被它害死了，现在我的儿子又被它害

的兒子又被牠害死了!」
孔子說:「既是這樣,爲什麼不離開這裏,住到別地方去呢?」
婦人說:「這裏捐稅還輕,勞役還少,所以不想離開。別地方雖然沒有凶猛的虎,但是那捐稅和勞役實在擔當不起。」
孔子對他的學生說:「你們記着,世間還有比虎更凶猛的東西呢!」

死了!”孔子说:“既是这样,为什么不离开这里,住到别地方去呢?”妇人说:“这里捐税还轻,劳役还少,所以不想离开。别地方虽然没有凶猛的虎,但是那捐税和劳役实在担当不起。”孔子对他的学生说:“你们记着,世间还有比虎更凶猛的东西呢!”

救火

「火！……火！……火！」發狂一般的叫喊突然起來了。每一所房屋裏立刻跑出來一串人，男女老少都有。他們各提着一件傢伙，不是木桶，就是鉛壺。

第31课 救火

“火！……火！……火！”发狂一般的叫喊突然起来了。每一所房屋里立刻跑出来一串人，男女老少都有。他们各提着一件家伙，不是木桶，就是铅壶。街道上本来静悄悄的，现在变得闹嚷嚷的了。他们看见朝南的一所白粉墙的平屋在那里冒烟，知道失火的就是这一家，赶忙跑街道上本來靜悄悄的，現在變得鬧嚷嚷的了。

他們看見朝南的一所白粉牆的平屋在那裏冒煙，知道失火的就是這一家，趕忙跑往河埠頭，用手裏的傢伙舀了河水，向這一家跑去。

他們把水澆掉了，再跑往河埠頭去舀，兩趟，三趟，四趟……往回不歇。街道上溼漉漉的，好像剛下過大雨，行走極容易跌交。但是他們不顧，兩條腿盡力地跑，只怕遲了一步。

往河埠头，用手里的家伙舀了河水，向这一家跑去。他们把水浇掉了，再跑往河埠头去舀，两趟，三趟，四趟……往回不歇。街道上湿漉漉的，好像刚下过大雨，行走极容易跌交。但是他们不顾，两条腿尽力地跑，只怕迟了一步。靠着大家的救助，这一家只烧去了一些柱子和靠着大家的救助，這一家只燒去了一些柱子和門、窗，火並沒有冒穿屋頂。

救火的人見火熄了，各自提着空傢伙回家去，臉上露出「安心了」的神色。

這裏原是一個小市鎮，沒有什麼救火會。但是這裏的人有種習慣，聽到失火就提起傢伙跑去救，那怕手裏有最要緊的事，也須放下。所以這裏從來不曾有過大火災。

门、窗，火并没有冒穿屋顶。救火的人见火熄了，各自提着空家伙回家去，脸上露出“安心了”的神色。这里原是一个小市镇，没有什么救火会。但是这里的人有种习惯，听到失火就提起家伙跑去救，哪怕手里有最要紧的事，也须放下。所以这里从来不曾有过大火灾。

水災

雨下得多了，各處的水流到江河裏，來不及排洩，向岸上衝去，這就成水災。

水災是極可怕的一件事。

田地被水淹沒，種着的植物漂去的漂去，爛掉的爛掉，收成就很少希望了。

房屋裏灌滿了水，人不能再住在裏邊，只得爬到屋頂、樹頂上去。不會爬的老年人和小孩子，還有牛、馬、豬、羊，就只得活活地淹死。

爬到了屋頂、樹頂上去的人也還是困難。四圍是白茫茫的水，那裏來喫的東西？倘若水接連十天半個月不退，當不住肚子飢餓、身子疲倦，也就

第32课 水灾

雨下得多了，各处的水流到江河里，来不及排泄，向岸上冲去，这就成水灾。水灾是极可怕的一件事。田地被水淹没，种着的植物漂去的漂去、烂掉的烂掉，收成就很少希望了。房屋里灌满了水，人不能再住在里边，只得爬到屋顶、树顶上去。不会爬的老年人和小孩子，还有牛、马、猪、羊，就只得活活地淹死。爬到了屋顶、树顶上去的人

死了。一處地方遇着水災，別處地方的人去救，最要緊的是預備船隻和糧食。有船隻，受災的人就可以到別處去了。有糧食，受災的人就可以暫時充飢了。

也还是困难。四围是白茫茫的水，哪里来吃的东西？倘若水接连十天半个月不退，当不住肚子饥饿、身子疲倦，也就死了。一处地方遇着水灾，别处地方的人去救，最要紧的是预备船只和粮食。有船只，受灾的人就可以到别处去了。有粮食，受灾的人就可以暂时充饥了。

蜻蜓

蜻蜓停在一朵荷花上。荷花對牠說：「你早啊，我們不是見過的嗎？你長得漂亮極了，銀紗的翅膀，金節的身體，還有一對光耀的眼睛。」

蜻蜓自言自語說：「我該在什麼地方產卵呢？」

荷花接着說：「你要產卵嗎？何不多坐一會兒，告訴我現在比從前是不是更快活了。從前你是一條幼蟲，在我的柄上爬上爬下的，那情形想還記

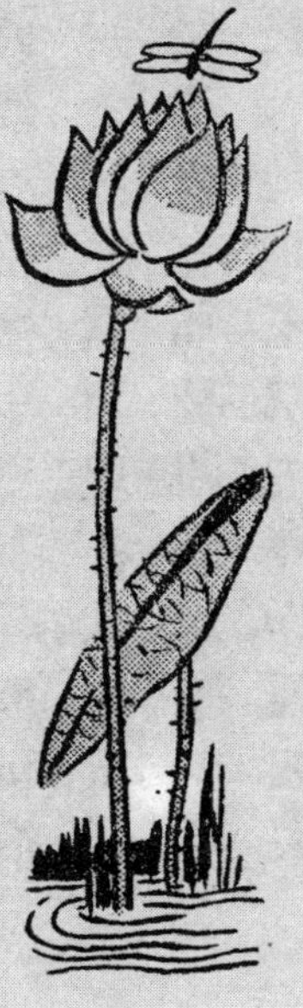

第33课 蜻蜓

蜻蜓停在一朵荷花上。荷花对它说：“你早啊，我们不是见过的吗？你长得漂亮极了，银纱的翅膀，金节的身体，还有一对光耀的眼睛。”蜻蜓自言自语说：“我该在什么地方产卵呢？”荷花接着说：“你要产卵吗？何不多坐一会儿，告诉我现在比从前是不是更快活了。从前你是一条幼虫，在我的柄上爬上爬下的，那情形想还记得吧。”蜻蜓

得吧。」

蜻蜓尖聲喊說：「我該在什麼地方產卵呢？我該在什麼地方產卵呢？」牠就飛起來，這裏產一顆卵，那裏產一顆卵，末了停在一張荷葉上面。

荷花又說：「請你告訴我呀。」

蜻蜓說：「從前的時候好得多了，沒有什麼事情要擔心的。現在呢，這太陽光眞可愛，在水面上飛也是一種快樂。可是我沒有那種閒心思，也就不覺得什麼了。我得整天地飛來飛去產卵，連喫東西也差不多沒有時間。再會吧，我還要產卵呢。」

荷花看蜻蜓飛去，輕輕地歎一聲氣，可憐牠太辛苦了。

尖声喊说：“我该在什么地方产卵呢？我该在什么地方产卵呢？”它就飞起来，这里产一颗卵，那里产一颗卵，末了停在一张荷叶上面。荷花又说：“请你告诉我呀。”蜻蜓说：“从前的时候好得多了，没有什么事情要担心的。现在呢，这太阳光真可爱，在水面上飞也是一种快乐。可是我没有那种闲心思，也就不觉得什么了。我得整天地飞来飞去产卵，连吃东西也差不多没有时间。再会吧，我还要产卵呢。”荷花看蜻蜓飞去，轻轻地叹一声气，可怜它太辛苦了。

月夜

今夜月亮好，我和哥哥到池塘旁邊去散步。池塘上面立着荷葉，出水很高。荷葉和荷葉挨着，幾乎沒有空處。這中間露出一些白花，有開了的，有打着朵兒的。

微風吹過，我聞到一陣清香。這時候葉和花輕輕搖動，從這邊傳到那邊。我對哥哥說：「我們看見了風的腳步了。」

月亮光像流水一般，靜靜地瀉在這一大片的葉和花上。池塘上又浮起了淡淡的青色霧。哥哥

第34课　月夜

今夜月亮好，我和哥哥到池塘旁边去散步。池塘上面立着荷叶，出水很高。荷叶和荷叶挨着，几乎没有空处。这中间露出一些白花，有开了的，有打着朵儿的。微风吹过，我闻到一阵清香。这时候叶和花轻轻摇动，从这边传到那边。我对哥哥说：“我们看见了风的脚步了。”月亮光像流水一般，静静地泻在这一大片的叶和花上。池塘上又浮起

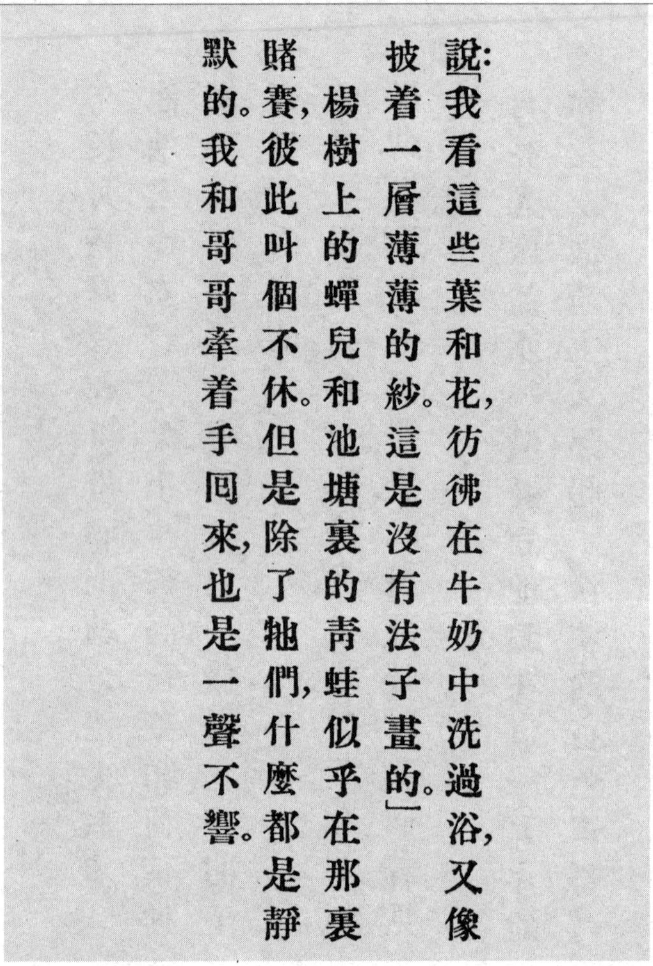
說：「我看這些葉和花，彷彿在牛奶中洗過浴，又像披着一層薄薄的紗。這是沒有法子畫的。」楊樹上的蟬兒和池塘裏的青蛙似乎在那裏賭賽，彼此叫個不休。但是除了牠們，什麼都是靜默的。我和哥哥牽着手回來，也是一聲不響。

了淡淡的青色雾。哥哥说：“我看这些叶和花，仿佛在牛奶中洗过浴，又像披着一层薄薄的纱。这是没有法子画的。”杨树上的蝉儿和池塘里的青蛙似乎在那里赌赛，彼此叫个不休。但是除了它们，什么都是静默的。我和哥哥牵着手回来，也是一声不响。

種瓜人的夜

一片田地上種着西瓜。瓜已結得有足球那樣大，碧綠的，這邊一個，那邊一個，比起葉子和藤來，這些瓜好像太大了。種瓜的人不敢貪懶，清早也澆灌，傍晚也澆灌，他們知道澆灌得越勤，瓜長得越快。

到了晚上，他們就在田地上睡，用幾張蘆席圍起來，算是他們的蚊帳。雖說睡，可是不敢放心睡熟。他們得留心聽，有沒有刺蝟走動的聲音。刺蝟這小東西是歡喜喫瓜的。牠

第35课 种瓜人的夜

一片田地上种着西瓜。瓜已结得有足球那样大，碧绿的，这边一个，那边一个，比起叶子和藤来，这些瓜好像太大了。种瓜的人不敢贪懒，清早也浇灌，傍晚也浇灌，他们知道浇灌得越勤，瓜长得越快。到了晚上，他们就在田地上睡，用几张芦席围起来，算是他们的蚊帐。虽说睡，可是不敢放心睡熟。他们得留心听，有没有刺猬走动的声音。刺猬这小东西是欢喜吃瓜的。它身上有坚硬的毛。种瓜人说它只要咬

身上有堅硬的毛。種瓜人說牠只要咬斷了瓜蒂，身體打一個滾，就把硬毛刺進瓜皮，背着走了。這當然要防備。不然，辛辛苦苦種出瓜來請刺蝟喫，種瓜人太喫虧了。

一聽到刺蝟走動的聲音，種瓜人馬上起來，向發聲的那一面跑去，呼喊着，揮動着竹竿。他們還得當心腳下，不要踏着了瓜。他們願意這些瓜安穩地睡過一夜，明天清早看時，又比今天大得多了。

断了瓜蒂，身体打一个滚，就把硬毛刺进瓜皮，背着走了。这当然要防备。不然，辛辛苦苦种出瓜来请刺猬吃，种瓜人太吃亏了。一听到刺猬走动的声音，种瓜人马上起来，向发声的那一面跑去，呼喊着，挥动着竹竿。他们还得当心脚下，不要踏着了瓜。他们愿意这些瓜安稳地睡过一夜，明天清早看时，又比今天大得多了。

天上的橋

虹呀，天上的橋！
圓弧架空長又長，
誰的手段這樣巧？
紅、橙、黃、綠、青、藍、紫，
何來寶石這樣好？

虹呀，天上的橋！
登橋下望地球面，
山海風景定奇妙。
誰能借我輕氣球，
讓我登橋看個飽。

虹呀，天上的橋！
轉眼忽然不見了，
累我擡頭一陣找。
全沒雲遮和霧掩，
那裏去了誰知道？

第36课 天上的桥

虹呀，天上的桥！圆弧架空长又长，谁的手段这样巧？红、橙、黄、绿、青、蓝、紫，何来宝石这样好？虹呀，天上的桥！登桥下望地球面，山海风景定奇妙。谁能借我轻气球，让我登桥看个饱。虹呀，天上的桥！转眼忽然不见了，累我抬头一阵找。全没云遮和雾掩，哪里去了谁知道？

遊泰山記

泰山在山東省泰安縣北面五里，從山腳到山頂四十多里，石階有六千七百多級，是我國有名的地方。

今年暑天，父親帶着我遊泰山。我們乘津浦車到了泰安，住在一家旅館裏。第二天清早，就僱了兩乘「兜子」登山。兜子是一把椅子，上面有「遮陽」，旁邊有兩根棒，由兩個工人擡着走。坐着兜子登山，全身都得用勁，不然就好像要翻下去了。工人擡着兜子登山，當然更得用勁，他們的布衫都給汗溼透了。

半山的地方叫做迴馬嶺，到了那裏，不能再騎馬上去了。我回頭向下望，心裏不免害怕。但是從那裏上去，風景

第37课 游泰山记

泰山在山东省泰安县北面五里，从山脚到山顶四十多里，石阶有六千七百多级，是我国有名的地方。今年暑天，父亲带着我游泰山。我们乘津浦车到了泰安，住在一家旅馆里。第二天清早，就雇了两乘“兜子”登山。兜子是一把椅子，上面有“遮阳”，旁边有两根棒，由两个工人抬着走。坐着兜子登山，全身都得用劲，不然就好像要翻下去了。工人抬着兜子登山，当然更得用劲，他们的布衫都给汗湿透了。半山

源頭。最險的地方叫做十八盤。兩峯像牆壁一般直立，中間一條狹路，彎彎曲曲盤上去。登山的人，在前的只見後人的頭頂，在後的只見前人的腳跟，足見那石級陡得可以了。到了南天門，地面纔見開闊。我們休息了一會，再上玉

的地方叫做回马岭，到了那里，不能再骑马上去了。我回头向下望，心里不免害怕。但是从那里上去，风景源头。最险的地方叫做十八盘。两峰像墙壁一般直立，中间一条狭路，弯弯曲曲盘上去。登山的人，在前的只见后人的头顶，在后的只见前人的脚跟，足见那石级陡得可以了。到了南天门，地面才见开阔。我们休息了一会，再上玉皇顶。那里是泰山的最高处了。向下望去，许多城镇像鸡笼，许多山岭像土堆，

皇頂。那裏是泰山的最高處了。向下望去，許多城鎮像雞籠，許多山嶺像土堆，黃河像一條帶子，樹林像一叢細草。父親說：「泰山偉大啊！」我點點頭。

從山腳到山頂一共走了四點鐘。在山頂廟裏住下，清早可以看太陽出來，這是泰山的奇景。可惜我們當天就要乘火車往北平去，只在玉皇頂停留了半點鐘，就下山了。

黄河像一条带子，树林像一丛细草。父亲说："泰山伟大啊！"我点点头。从山脚到山顶一共走了四点钟。在山顶庙里住下，清早可以看太阳出来，这是泰山的奇景。可惜我们当天就要乘火车往北平去，只在玉皇顶停留了半点钟，就下山了。

母親的生日（一）

母親的生日快要到了。她今年四十歲了，怎樣給她慶祝呢？

大姊姊說：「平常日子煑飯、做菜，總由媽媽一個人動手，我們至多幫她洗洗菜、端端碗。到她的生日，我們來動手，做幾樣菜，下一鍋麪，讓她安安適適喫一餐『壽麪。』你們想好不好？」

二姊姊立刻表示贊成，說：「我們預備那幾樣菜呢？——山筍是媽媽歡喜喫的，還有鯽魚湯……」

大姊姊說：「就是拌山筍同鯽魚湯好了。菜也不用多，再有兩樣也就够了，到那天看什麼新鮮買什麼吧。」

第38课 母亲的生日

母亲的生日快要到了。她今年四十岁了，怎样给她庆祝呢？大姐姐说：“平常日子煮饭、做菜，总由妈妈一个人动手，我们至多帮她洗洗菜、端端碗。到她的生日，我们来动手，做几样菜，下一锅面，让她安安适适吃一餐‘寿面’。你们想好不好？”二姐姐立刻表示赞成，说：“我们预备哪几样菜呢？——山笋是妈妈欢喜吃的，还有鲫鱼汤……”大姐姐说：“就是拌山笋同鲫鱼汤好了。菜也不用多，再有两样也就够了，到那天看什么新鲜买什么吧。”我说：“这个办法固然很我說：「這個辦法固然很好，但是不能留下永遠的紀念。我想在庭中種一棵紀念樹，由我們好好地培養。願那棵樹永遠茂盛，願我們的媽媽永遠康健！」

大姊姊、二姊姊都拍手了。她們同聲說：「種一棵什麼樹呢？」

「我主張種柏樹。柏是常綠樹，壽命又是很長的。」

兩位姊姊聽了我的話，都說有意思。

我們就拿出積着的錢來，歸大姊姊執管，買菜、買柏樹用多少錢，我們三個均分。

好，但是不能留下永远的纪念。我想在庭中种一棵纪念树，由我们好好地培养。愿那棵树永远茂盛，愿我们的妈妈永远康健！”大姐姐、二姐姐都拍手了。她们同声说：“种一棵什么树呢”“我主张种柏树。柏是常绿树，寿命又是很长的。”两位姐姐听了我的话，都说有意思。我们就拿出积着的钱来，归大姐姐执管，买菜、买柏树用多少钱，我们三个均分。

母親的生日（二）

母親的生日，大姑母、三姨母都來祝壽。母親笑着對她們說：「今天他們姊姊、弟弟不讓我動手，我坐在這裏，好像做客人了。」

父親送給母親一副眼鏡，他對母親說：「你說近來做針線眼前有點模糊，你應該戴一副眼鏡了。」

母親戴了眼鏡，拿起一張報紙來看，她快樂地說：「果然清楚多了。謝謝你給我適用的禮物！」

喫過了「壽麪」，我們把柏樹種在庭中。這是一棵可愛的柏樹，葉色

母亲的生日，大姑母、三姨母都来祝寿。母亲笑着对她们说：“今天他们姐姐、弟弟不让我动手，我坐在这里，好像做客人了。”父亲送给母亲一副眼镜，他对母亲说：“你说近来做针线眼前有点模糊，你应该戴一副眼镜了。”母亲戴了眼镜，拿起一张报纸来看，她快乐地说：“果然清楚多了。谢谢你给我适用的礼物！”吃过了“寿面”，我们把柏树种在庭中。这是一棵可爱的柏树，叶色翠绿，有大姐姐那样高。我们说：“愿这棵柏树永远茂盛，愿我们的妈妈永远康健！”母亲露着慈

翠綠，有大姊姊那樣高。我們說：「願這棵柏樹永遠茂盛，願我們的媽媽永遠康健！」

母親露着慈愛的笑容回答我們：「謝謝你們的好意！我願你們和這棵柏樹一同長大起來，成爲有用的人！」這當兒，郵差送到哥哥給母親的信。母親看罷，授給我們看，一壁說：「他的話我的確愛聽。」

哥哥的信很簡單，是這樣的幾句話：「你四十歲生日，我不能回家給你慶祝，特地寫這封信，表達我的意思。我到校的時候，你對我說：『努力用手工作，努力用腦思想。』我記着這兩句話，兩星期來，不曾讓手和腦閒空起來。這個消息你一定愛聽，現在就把牠作爲送給你的禮物。」

爱的笑容回答我们：“谢谢你们的好意！我愿你们和这棵柏树一同长大起来，成为有用的人！”这当儿，邮差送到哥哥给母亲的信。母亲看罢，授给我们看，一壁说：“他的话我的确爱听。”哥哥的信很简单，是这样的几句话：“你四十岁生日，我不能回家给你庆祝，特地写这封信，表达我的意思。我到校的时候，你对我说：‘努力用手工作，努力用脑思想。’我记着这两句话，两星期来，不曾让手和脑闲空起来。这个消息你一定爱听，现在就把它作为送给你的礼物。”

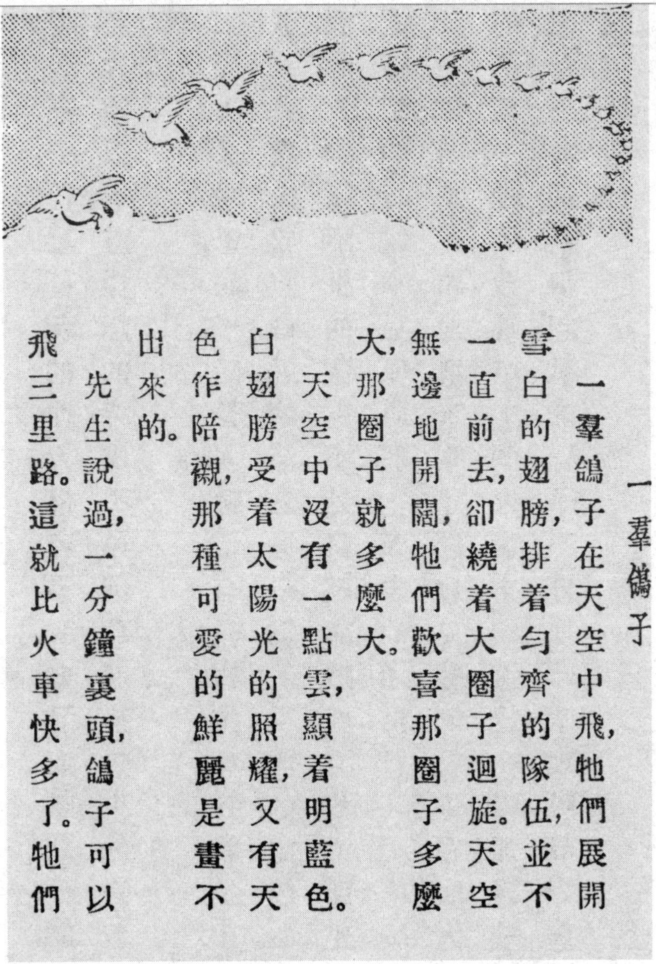
一羣鴿子

一羣鴿子在天空中飛，牠們展開雪白的翅膀，排着勻齊的隊伍，並不一直前去，卻繞着大圈子迴旋。天空無邊地開闊，牠們歡喜那圈子多麼大，那圈子就多麼大。

天空中沒有一點雲，顯着明藍色。白翅膀受着太陽光的照耀，又有天色作陪襯，那種可愛的鮮麗是畫不出來的。

先生說過，一分鐘裏頭，鴿子可以飛三里路。這就比火車快多了。牠們

第39课 一群鸽子

一群鸽子在天空中飞，它们展开雪白的翅膀，排着匀齐的队伍，并不一直前去，却绕着大圈子回旋。天空无边地开阔，它们欢喜那圈子多么大，那圈子就多么大。天空中没有一点云，显着明蓝色。白翅膀受着太阳光的照耀，又有天色作陪衬，那种可爱的鲜丽是画不出来的。先生说过，一分钟里头，鸽子可以飞三里路。这就比火车快多了。它们要是高兴，什么好玩的地方都容易去，并且成群结伴，总不会嫌孤

要是高興，什麼好玩的地方都容易去，並且成羣結伴，總不會嫌孤單。這樣想的時候，不免羨慕那些天生的飛行家了。

先生又說過，鴿子能替人帶信，有些報館裏養着鴿子，派到各處去收集最近的消息。這全靠着牠們的記憶力。我們人到了陌生的遠處，不見得就認識回來的道路吧。這樣想的時候，不免佩服那些天生的通信員了。

一羣鴿子一順地飛下來了。一會兒，牠們就停在廣大的草地上。牠們搜尋草上的果實來喫，這邊一啄，那邊一啄。每一隻都是很和氣的樣子，不停地「咕咕」地叫着，好像說「請呀，請呀。」

单。这样想的时候，不免羡慕那些天生的飞行家了。先生又说过，鸽子能替人带信，有些报馆里养着鸽子，派到各处去收集最近的消息。这全靠着它们的记忆力。我们人到了陌生的远处，不见得就认识回来的道路吧。这样想的时候，不免佩服那些天生的通信员了。一群鸽子一顺地飞下来了。一会儿，它们就停在广大的草地上。它们搜寻草上的果实来吃，这边一啄，那边一啄。每一只都是很和气的样子，不停地，“咕咕”地叫着，好像说“请呀，请呀。”

月食的一夜（一）

「怎麼，圓圓的、光明的一個月亮，忽然有了一抹黑影子了！」一個人仰面看天，這樣喊起來。

第二個人也在那裏看天，一眼不眨，輕輕地說：「那裏是什麼黑影子。這是天狗的嘴！天狗要把月亮吞下去，當牠的點心。你看，剛纔還只吞下一點兒，現在已經有大半個進牠的嘴了！」

第三個人這就嚇得發抖了，他斷斷續續說：「了不得的事情！了不得的事情！月亮被喫掉，我們就要遇到頂可怕的災難了！」

第40课 月食的一夜

“怎么，圆圆的、光明的一个月亮，忽然有了一抹黑影子了！”一个人仰面看天，这样喊起来。第二个人也在那里看天，一眼不眨，轻轻地说：“哪里是什么黑影子。这是天狗的嘴！天狗要把月亮吞下去，当它的点心。你看，刚才还只吞下一点儿，现在已经有大半个进它的嘴了！”第三个人这就吓得发抖了，他断断续续说：“了不得的事情！了不得的事情！月亮被吃掉，我们就要遇到顶可怕的灾难了！”另外几个人有另外的主意，说：“我们还可以敲起锣，打起鼓，即使天狗不肯领我另外幾個人有另外的主意，說：「我們還可以敲起鑼，打起鼓，即使天狗不肯領我們的情，也被鑼鼓聲音嚇退了。」一羣人就此忙亂起來，燒香，點蠟燭，供牛肉、羊肉、豬肉，跪下來禱告，鑼聲、鼓聲鬧成一片。

過了一些時候，黑影子漸漸地縮小了，到後來完全沒有了，天空中仍舊是圓圓的、光明的一個月亮。

一羣人想，天狗也許領了他們的情，也許被鑼鼓聲音嚇退了。總之，他們把月亮救出來了，他們不會遇到頂可怕的災難了。於是他們哈哈地笑起來。

好幾個人一齊說：「我們燒起香，點起蠟燭，供起牛肉、羊肉、豬肉，禱告天狗不要喫掉月亮吧。」

们的情，也被锣鼓声音吓退了。”一群人就此忙乱起来，烧香，点蜡烛，供牛肉、羊肉、猪肉，跪下来祷告，锣声、鼓声闹成一片。过了一些时候，黑影子渐渐地缩小了，到后来完全没有了，天空中仍旧是圆圆的、光明的一个月亮。一群人想，天狗也许领了他们的情，也许被锣鼓声音吓退了。总之，他们把月亮救出来了，他们不会遇到顶可怕的灾难了。于是他们哈哈地笑起来。好几个人一齐说：“我们烧起香，点起蜡烛，供起牛肉、羊肉、猪肉，祷告天狗不要吃掉月亮吧。”

月食的一夜（二）

報紙上登載着天文臺的報告，說今夜月食，本地可以看見。我很高興，喫罷晚飯就靠着窗子望。八點半的時候，月亮的一邊有了一抹影子了。我招呼哥哥同爸爸、媽媽說：「月食開始了，來看呀！」影子慢慢地擴大開來，直到遮了月亮的四分之三爲止。被遮的部分並不完全看不見，隱隱地現出淡紅色。其餘的部分依然發光，彎彎的，彷彿新月一般。

我說：「據說這是地球的影子。地球的影子怎麼遮沒了月亮呢？」

哥哥說：「這是很容易明白的，我馬上試驗給你看。」他取一個木球、一個皮球在手裏，又說：「太陽是發光的，地球和月亮是不發光的。大概你已經知道了。」

报纸上登载着天文台的报告，说今夜月食，本地可以看见。我很高兴，吃罢晚饭就靠着窗子望。八点半的时候，月亮的一边有了一抹影子了。我招呼哥哥同爸爸、妈妈说：“月食开始了，来看呀！”影子慢慢地扩大开来，直到遮了月亮的四分之三为止。被遮的部分并不完全看不见，隐隐地现出淡红色。其余的部分依然发光，弯弯的，仿佛新月一般。我说：“据说这是地球的影子。地球的影子怎么遮没了月亮呢？”哥哥说：“这是很容易明白的，我马上试验给你看。”他取一个木球、一个皮球在手里，又说：“太阳是发光的，地球和月亮是不发光我回答「知道了。」

「在這裏，燈是發光的，木球和皮球是不發光的。」他用左手舉起皮球，說：「這樣，皮球的一面不是受着燈光嗎？」又用右手舉起木球，介在燈和皮球的中間，說：「你看，皮球上有什麼了？」

我說：「有木球的影子。現在我明白了，燈好比太陽，皮球好比月亮，木球好比地球，地球行到太陽和月亮的中間，這就是月食了。」

哥哥又把木球移正一點，木球的影子就把皮球完全遮沒，他說：「有時候月食是這樣子的，一個月亮完全被遮沒了，叫做『全食』。今夜地球行得不很正，所以不是『全食』。」

的。大概你已经知道了。”我回答“知道了。”“在这里，灯是发光的，木球和皮球是不发光的。”他用左手举起皮球，说：“这样，皮球的一面不是受着灯光吗？”又用右手举起木球，介在灯和皮球的中间，说：“你看，皮球上有什么了？”我说：“有木球的影子。现在我明白了，灯好比太阳，皮球好比月亮，木球好比地球，地球行到太阳和月亮的中间，这就是月食了。”哥哥又把木球移正一点，木球的影子就把皮球完全遮没，他说：“有时候月食是这样子的，一个月亮完全被遮没了，叫做‘全食’。今夜地球行得不很正，所以不是‘全食’”。

設立圖書館意見書

諸位小朋友：

我們兩個發起，設立一個「四年級圖書館」特地寫這篇意見書，希望你們看了，贊成我們的意見。

我們除了讀幾種課本以外，還想看旁的書，就請父親、母親給我們買。買來的書好像入口而化的糖果，一會兒看完了，還是要想看，就請父親、母親再給我們買。父親、母親的錢費了不少，我們卻仍舊不滿足。因此，我們想，何必各看各的呢？設立一個圖書館，大家把書捐出來，大家可以拿來看，不是好得多嗎？

我們一級裏有四十三個人，每人捐兩本書就有八十

第41课 设立图书馆意见书

诸位小朋友：我们两个发起，设立一个“四年级图书馆”。特地写这篇意见书，希望你们看了，赞成我们的意见。我们除了读几种课本以外，还想看旁的书，就请父亲、母亲给我们买。买来的书好像入口而化的糖果，一会儿看完了，还是要想看，就请父亲、母亲再给我们买。父亲、母亲的钱费了不少，我们却仍旧不满足。因此，我们想，何必各看各的呢？设立一个图书馆，大家把书捐出来，大家可以拿来看，不是好得多吗？我们一级里有四十三个人，每人捐两本书就有八十六

六本，每人捐五本書就有兩百十五本。一個人捐五本書並不算多，合起來的總數卻很不少了。如果家裏沒有書，或者所有的書和別人的重複，也可以捐一點錢，預備拿去買書。捐錢多少，我們沒有主張，要等你們贊成了我們的意見，大家商量。

我們教室隔壁有一間房子，現在空在那裏，正好作我們的圖書館。倘若向校長請求，我們想校長一定答應的。圖書館怎麼管理，也得待大家商量。現在先請你們想想我們的意見有沒有道理。倘若覺得有道理，就請把贊成的意思告訴我們。

趙大泉 劉麟 同啟。

本，每人捐五本书就有两百十五本。一个人捐五本书并不算多，合起来的总数却很不少了。如果家里没有书，或者所有的书和别人的重复，也可以捐一点钱，预备拿去买书。捐钱多少，我们没有主张，要等你们赞成了我们的意见，大家商量。我们教室隔壁有一间房子，现在空在那里，正好作我们的图书馆。倘若向校长请求，我们想校长一定答应的。图书馆怎么管理，也得待大家商量。现在先请你们想想我们的意见有没有道理。倘若觉得有道理，就请把赞成的意思告诉我们。赵大泉刘麟同启。

新收到的書——伊索寓言

伊索寓言是一本很古的書。牠有各國文字的譯本。各國的小朋友都歡喜讀牠。伊索是古代希臘人，生當民國紀元前二千五百年左右。他很聰明，有口才，常常說一些寓言。他無論到那裏，總受到熱烈的歡迎，因爲大家都愛聽他的寓言。什麼叫做寓言呢？寓言往往是一個短短的故事，又往往是一個巧妙的比喻。在故事和比喻裏，包含着很好的道理。

第42课 新收到的书——伊索寓言

伊索寓言是一本很古的书。它有各国文字的译本。各国的小朋友都欢喜读它。伊索是古代希腊人，生当民国纪元前二千五百年左右。他很聪明，有口才，常常说一些寓言。他无论到哪里，总受到热烈的欢迎，因为大家都爱听他的寓言。什么叫做寓言呢?寓言往往是一个短短的故事，又往往是一个巧妙的比喻。在故事和比喻里，包含着很好的道理。伊索寓言记录伊索的寓言三百多篇，多数是动物的故事。那些……伊索寓言記錄伊索的寓言三百多篇，多數是動物的故事。那些故事非常有趣，讀了一篇，誰都愛兩篇三篇地讀下去。

讀着伊索寓言，就好像親眼看見狡猾的狐狸、懦弱的兎子、凶猛的獅子、殘忍的狼……在那裏活動，親耳朵聽見牠們在那裏說話。不知不覺中間，也就明白了許多很好的道理。

我們圖書館裏新收到一本伊索寓言，是三年級級任鄭先生捐贈的。特地寫這一篇「提要」，告訴大家。請大家留意，快來借看。

故事非常有趣，读了一篇，谁都爱两篇三篇地读下去。读着伊索寓言，就好像亲眼看见狡猾的狐狸、懦弱的兔子、凶猛的狮子、残忍的狼……在那里活动，亲耳朵听见它们在那里说话。不知不觉中间，也就明白了许多很好的道理。我们图书馆里新收到一本伊索寓言，是三年级级任郑先生捐赠的。特地写这一篇“提要”，告诉大家。请大家留意，快来借看。

蒲公英

「小小的蒲公英，金髮的姑娘，
現在是秋天了，你將怎麽樣？」
「時光真快呀，轉眼交了秋，
我就要老了，我將白了頭。
可是，我的白髮向那裏飄揚，
明年，那裏又見金髮的姑娘。
白頭轉成金髮，金髮轉成白頭，
在每一年裏頭，就這樣地輪流。」

第43课 蒲公英

“小小的蒲公英，金发的姑娘，现在是秋天了，你将怎么样？”“时光真快呀，转眼交了秋，我就要老了，我将白了头。可是，我的白发向哪里飘扬，明年，哪里又见金发的姑娘。白头转成金发，金发转成白头，在每一年里头，就这样地轮流。”

梧桐子

幾顆梧桐子並排坐在一起。牠們從綠帳幔的縫道裏望出去，白天可以看見地面的花草和空中的小鳥，晚上可以看見天上的月亮和星兒。牠們想，坐在這裏乏味極了，如果離開這裏，和花草一同玩耍，和小鳥一同飛行，或者和月亮、星兒談談天上的情形，多麼好呀。

牠們的母親知道了牠們的心思，告訴牠們說：「將來你們會離開這裏的，不用着急，等着吧。」

西風來了。綠帳幔漸漸轉成黃色，掉下去了。梧桐子看自己身上，好不奇怪，綠衣服換了褐色的了。正在驚訝的當兒，一陣風經過，把牠們帶了出去。

一顆梧桐子跟着風飛了一程，掉在地上，被一個小姑

第44课 梧桐子

几颗梧桐子并排坐在一起。它们从绿帐幔的缝道里望出去，白天可以看见地面的花草和空中的小鸟，晚上可以看见天上的月亮和星儿。它们想，坐在这里乏味极了，如果离开这里，和花草一同玩耍，和小鸟一同飞行，或者和月亮、星儿谈谈天上的情形，多么好呀。它们的母亲知道了它们的心思，告诉它们说："将来你们会离开这里的，不用着急，等着吧。"西风来了。绿帐幔渐渐转成黄色，掉下去了。梧桐子看自己身上，好不奇怪，绿衣服换了褐色的了。正在惊讶的当儿，一阵风经过，把它们带了出去。一颗梧桐子跟着风飞了一程，掉在地上，被一个小姑娘拾起来了。它问："小姑娘，我的姐姐妹妹哪里去了？"小

娘拾起來了。牠問：「小姑娘，我的姊姊妹妹那裏去了？」

小姑娘不答應，把牠帶回家裏，玩了一會，就擺在窗臺上。等會兒麻雀來了，銜着牠就飛。牠問：「麻雀先生，我的姊姊妹妹那裏去了？」

麻雀大約要想回答，把嘴一張，梧桐子就掉在泥地裏了。

泥地裏是很舒服的。漸漸地，梧桐子脫了褐色衣服，換上嫩綠的新衣。身體長大起來了，後來差不多同母親一樣高了。

因爲思念母親和姊姊妹妹，牠託燕子替牠去探消息。燕子回來說：「你的母親身體很康健，此刻又添了許多妹妹在那裏了。你的姊姊妹妹同你一樣，都住得很好，長得很快，並且大半有了孩子了」。

姑娘不答应，把它带回家里，玩了一会，就摆在窗台上。等会儿麻雀来了，衔着它就飞。它问：“麻雀先生，我的姐姐妹妹哪里去了？”麻雀大约要想回答，把嘴一张，梧桐子就掉在泥地里了。泥地里是很舒服的。渐渐地，梧桐子脱了褐色衣服，换上嫩绿的新衣。身体长大起来了，后来差不多同母亲一样高了。因为思念母亲和姐姐妹妹，它托燕子替它去探消息。燕子回来说：“你的母亲身体很康健，此刻又添了许多妹妹在那里了。你的姐姐妹妹同你一样，都住得很好，长得很快，并且大半有了孩子了。”

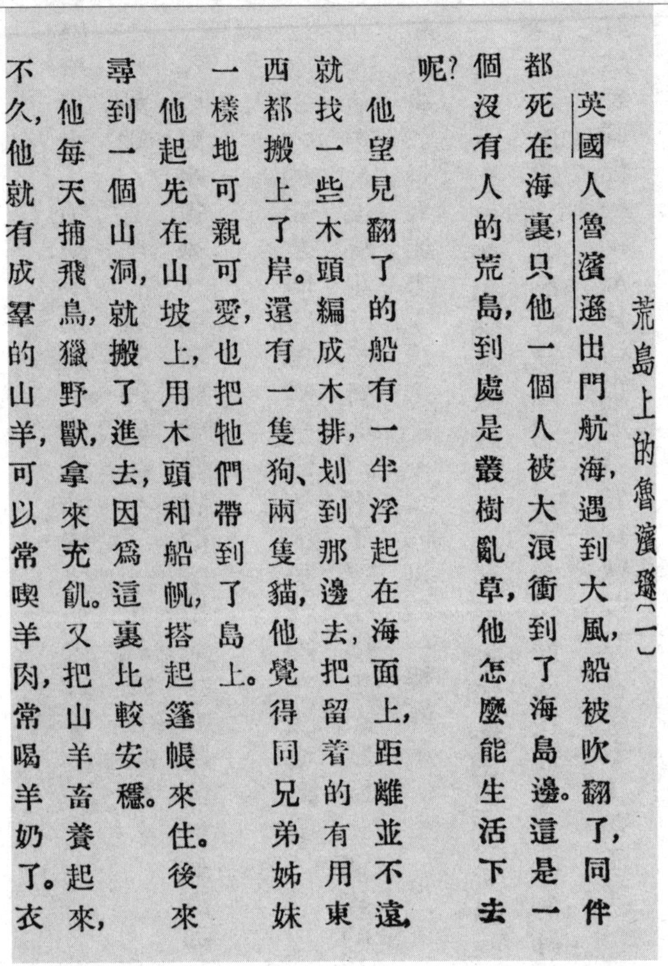
荒島上的魯濱遜（一）

英國人魯濱遜出門航海，遇到大風，船被吹翻了，同伴都死在海裏，只他一個人被大浪衝到了海島邊。這是一個沒有人的荒島，到處是叢樹亂草，他怎麼能生活下去呢？

他望見翻了的船有一半浮起在海面上，距離並不遠，就找一些木頭編成木排，划到那邊去，把留着的有用東西都搬上了岸。還有一隻狗、兩隻貓，他覺得同兄弟姊妹一樣地可親可愛，也把牠們帶到了島上。

他起先在山坡上，用木頭和船帆，搭起篷帳來住。後來尋到一個山洞，就搬了進去，因爲這裏比較安穩。

他每天捕飛鳥，獵野獸，拿來充飢。又把山羊畜養起來，不久，他就有成羣的山羊，可以常喫羊肉，常喝羊奶了。衣

第45课 荒岛上的鲁滨逊

英国人鲁滨逊出门航海，遇到大风，船被吹翻了，同伴都死在海里，只他一个人被大浪冲到了海岛边。这是一个没有人的荒岛，到处是丛树乱草，他怎么能生活下去呢？他望见翻了的船有一半浮起在海面上，距离并不远，就找一些木头编成木排，划到那边去，把留着的有用东西都搬上了岸。还有一只狗、两只猫，他觉得同兄弟姐妹一样地可亲可爱，也把它们带到了岛上。他起先在山坡上，用木头和船帆，搭起篷帐来住。后来寻到一个山洞，就搬了进去，因为这里比较安稳。他每天捕飞鸟，猎野兽，拿来充饥。又把山羊畜养起来，不久，他就有成群的山羊，可以常吃羊肉，常喝羊奶了。衣服破了，就缝了兽皮，

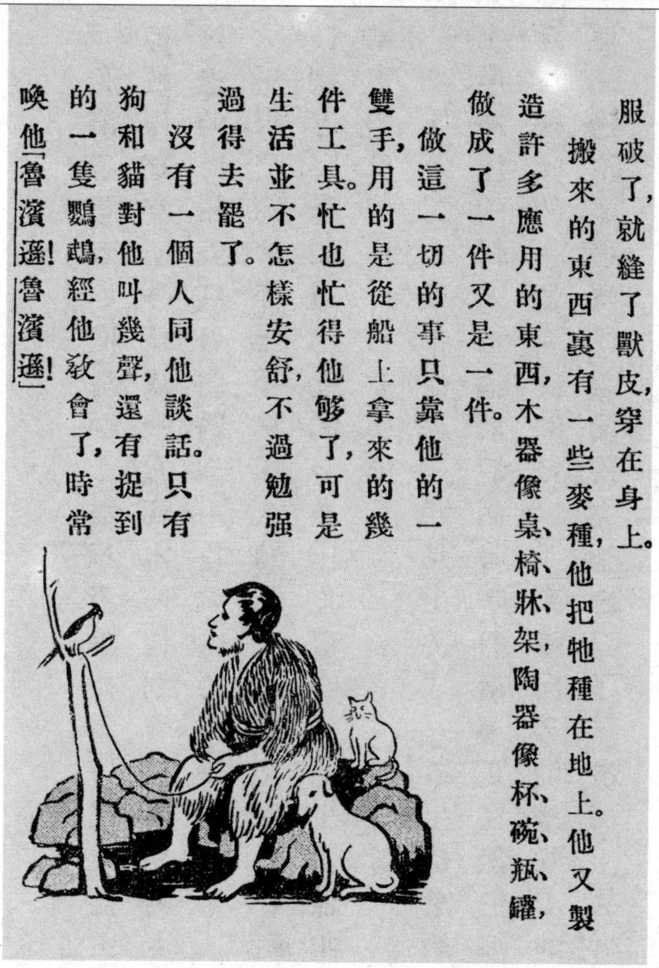

服破了，就縫了獸皮，穿在身上。搬來的東西裏有一些麥種，他把牠種在地上。他又製造許多應用的東西，木器像桌、椅、牀、架，陶器像杯、碗、瓶、罐，做成了一件又是一件。

做這一切的事只靠他的一雙手，用的是從船上拿來的幾件工具。忙也忙得他够了，可是生活並不怎樣安舒，不過勉强過得去罷了。

没有一個人同他談話。只有狗和貓對他叫幾聲，還有捉到的一隻鸚鵡，經他教會了，時常喚他「魯濱遜！魯濱遜！」

穿在身上。搬来的东西里有一些麦种，他把它种在地上。他又制造许多应用的东西，木器像桌、椅、床、架，陶器像杯、碗、瓶、罐，做成了一件又是一件。做这一切的事只靠他的一双手，用的是从船上拿来的几件工具。忙也忙得他够了，可是生活并不怎样安舒，不过勉强过得去罢了。没有一个人同他谈话。只有狗和猫对他叫几声，还有捉到的一只鹦鹉，经他教会了，时常唤他“鲁滨逊！鲁滨逊！”鲁滨逊想到四围海面上去察看，就砍倒一棵大树，去掉枝条，挖空树身，造成一只独木船。他划着独木船，对着无边的海和天，只希望遇到一只航魯濱遜想到四圍海面上去察看，就砍倒一棵大樹，去掉枝條，挖空樹身，造成一隻獨木船。他划着獨木船，對着無邊的海和天，只希望遇到一隻航海的大船。

一天，他在沙灘上發見了人類的腳跡和幾堆人骨頭，仔細考察，纔知道附近的海島上住着喫人的生番。他非常害怕，只好格外當心防備。

到了第二十五年，他果眞遇見生番了。一羣生番乘船上岸，縛住兩個人，把他們活剝着喫。魯濱遜正在驚慌，那還沒被喫的一個人忽然掙脫了束縛，向魯濱遜躲着的這一邊跑來。這時候，魯濱遜完全忘記了驚慌，衝上去「砰!

海的大船。一天，他在沙滩上发现了人类的脚迹和几堆人骨头，仔细考察，才知道附近的海岛上住着吃人的生番。他非常害怕，只好格外当心防备。到了第二十五年，他果真遇见生番了。一群生番乘船上岸，缚住两个人，把他们活剥着吃。鲁滨逊正在惊慌，那还没被吃的一个人忽然挣脱了束缚，向鲁滨逊躲着的这一边跑来。这时候，鲁滨逊完全忘记了惊慌，冲上去“砰!砰!”几枪，就把生番吓退。那逃过来的人也是生番，不过是另外的一族。鲁滨逊救了他，替他取个名字叫做砰！」幾鎗，就把生番嚇退。

那逃過來的人也是生番，不過是另外的一族。魯濱遜救了他，替他取個名字叫做星期五，教他說話，叫他幫同做事。二十五年來沒有人作伴，現在有了星期五，魯濱遜何等快活啊！

後來魯濱遜和星期五又從生番羣裏救出兩個人，一個是星期五的父親，一個是航海遇難的歐洲人。星期五父子團聚，快活非常。魯濱遜有同洲的人住在一起，也是說不出地高興。

到了第二十八年，有一隻英國船經過這裏，魯濱遜就和幾個人一同上船，囘到英國。這時候，他的親戚朋友大半不在了。

星期五，教他说话，叫他帮同做事。二十五年来没有人作伴，现在有了星期五，鲁滨逊何等快活啊！后来鲁滨逊和星期五又从生番群里救出两个人，一个是星期五的父亲，一个是航海遇难的欧洲人。星期五父子团聚，快活非常。鲁滨逊有同洲的人住在一起，也是说不出地高兴。到了第二十八年，有一只英国船经过这里，鲁滨逊就和几个人一同上船，回到英国。这时候，他的亲戚朋友大半不在了。

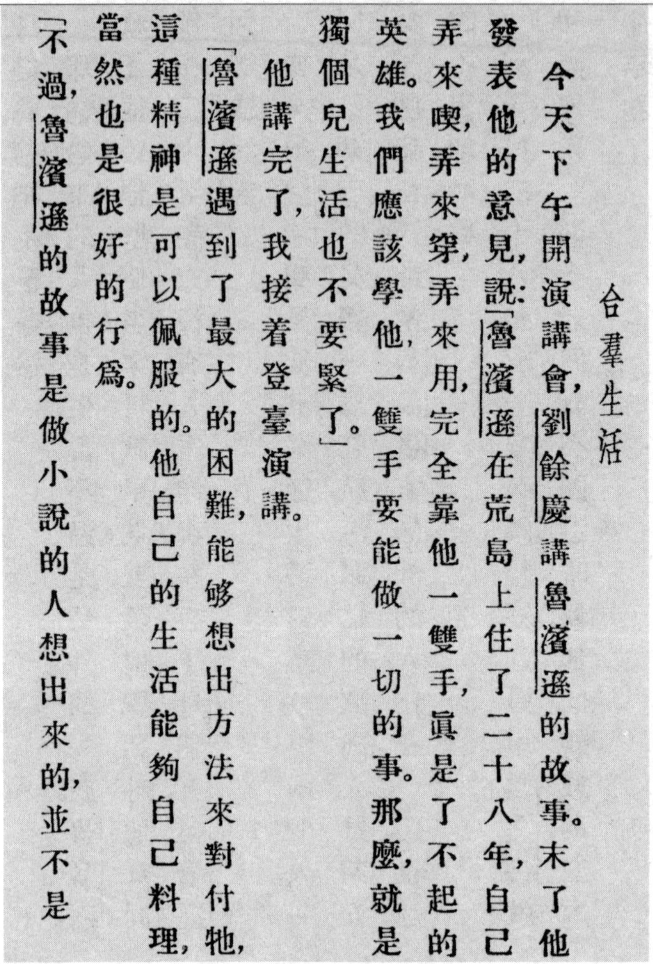
合羣生活

今天下午開演講會，劉餘慶講魯濱遜的故事。末了他發表他的意見，說：「魯濱遜在荒島上住了二十八年，自己弄來喫，弄來穿，弄來用，完全靠他一雙手，眞是了不起的英雄。我們應該學他，一雙手要能做一切的事。那麼，就是獨個兒生活也不要緊了。」

他講完了，我接着登臺演講。

「魯濱遜遇到了最大的困難，能够想出方法來對付牠，這種精神是可以佩服的。他自己的生活能夠自己料理，當然也是很好的行爲。

「不過，魯濱遜的故事是做小說的人想出來的，並不是

第46课 合群生活

今天下午开演讲会，刘余庆讲鲁滨逊的故事。末了他发表他的意见，说："鲁滨逊在荒岛上住了二十八年，自己弄来吃，弄来穿，弄来用，完全靠他一双手，真是了不起的英雄。我们应该学他，一双手要能做一切的事。那么，就是独个儿生活也不要紧了。"他讲完了，我接着登台演讲。"鲁滨逊遇到了最大的困难，能够想出方法来对付它，这种精神是可以佩服的。他自己的生活能够自己料理，当然也是很好的行为。不过，鲁滨逊的故事是做小说的人想出来的，并不是实际的事情。讲到实际，人类向来是合群生活的。你做这一件，我做那一件，共

實際的事情。講到實際，人類向來是合羣生活的。你做這一件，我做那一樁，共同努力，共同受用，生活纔得安舒。如果各做各的，不相往來，卽使能夠同魯濱遜一樣，也不過住一個狹窄的山洞，穿幾張破爛的獸皮，喫一些粗糙的麥餅罷了。

「我們有這樣的房屋住，有這樣的衣服穿，有這許多的東西喫，有這許多的物品使用，這不是一個農人做得到的，也不是一個工人做得到的。必須無數的農人和工人合起來，纔做得到這般地步呀。

「所以，魯濱遜的精神和行爲雖然可以佩服，但更可稱讚的，卻是人類的合羣生活。」

同努力，共同受用，生活才得安舒。如果各做各的，不相往来，即使能够同鲁滨逊一样，也不过住一个狭窄的山洞，穿几张破烂的兽皮，吃一些粗糙的麦饼罢了。我们有这样的房屋住，有这样的衣服穿，有这许多的东西吃，有这许多的物品使用，这不是一个农人做得到的，也不是一个工人做得到的。必须无数的农人和工人合起来，才做得到这般地步呀。所以，鲁滨逊的精神和行为虽然可以佩服，但更可称赞的，却是人类的合群生活。”

大埽除

上星期六下午，我們在教室裏舉行大埽除。大家動手，先生也在內，個個把衣袖捲到臂彎裏，袴管捲到腿彎裏，赤着腳，像一個將要下田的農人。

我們先把桌子、椅子搬到庭中，把教臺也擡了出去。幾個同學從井裏汲起水來。幾個同學就把桌子、椅子、講臺細細地洗濯，面面都洗濯到，不讓牠存留一點灰塵、一條墨跡。

在教室裏，我們用乾淨的帚埽那牆壁和天花板。平時好像沒有什麼灰塵，一埽之後，掉到地板上來的卻也不少。我們埽去了灰塵，就用水冲地板，冲了一桶，又是一桶。

第47课 大扫除

上星期六下午，我们在教室里举行大扫除。大家动手，先生也在内，个个把衣袖卷到臂弯里，裤管卷到腿弯里，赤着脚，像一个将要下田的农人。我们先把桌子、椅子搬到庭中，把教台也抬了出去。几个同学从井里汲起水来。几个同学就把桌子、椅子、讲台细细地洗濯，面面都洗濯到，不让它存留一点灰尘、一条墨迹。在教室里，我们用干净的帚扫那墙壁和天花板。平时好像没有什么灰尘，一扫之后，掉

再用刷子着力地刷。末了纔把淌着的水抹去。

地板漸漸地乾了，大家又把桌子、椅子、教臺搬進來，好像新搬了家一樣，我們擺得格外整齊。一切做完了的時候，只聽得這個也喊「一身的汗！」那個也喊「一身的汗！」

今天，我們坐在教室裏，看太陽光照着十分乾淨的牆壁和地板，覺得有一種說不出來的舒服。

到地板上来的却也不少。我们扫去了灰尘，就用水冲地板，冲了一桶，又是一桶。再用刷子着力地刷。末了才把淌着的水抹去。地板渐渐地干了，大家又把桌子、椅子、教台搬进来，好像新搬了家一样，我们摆得格外整齐。一切做完了的时候，只听得这个也喊“一身的汗！”那个也喊“一身的汗！”今天，我们坐在教室里，看太阳光照着十分干净的墙壁和地板，觉得有一种说不出来的舒服。

做皮鞋的作場

今天，先生領我們去參觀做皮鞋的作場。在一間大房子裏，許多人做着不同的工作。兩個人在那裏切鞋底皮，另外兩個人在那裏切鞋面皮。他們把皮切下來，隨手浸在水裏，使牠着潮轉輭。三個人在那裏把幾層底皮紮起來。他們紮了多少針，就用一個錘子敲一陣，錘子觸着皮的那一頭都是圓光光的。我問一個鞋匠說：「怎麼你們的錘子都是圓光光的？」那鞋匠擡起頭來看了我一眼，說：「不圓光光就要把皮

第48课 做皮鞋的作场

今天，先生领我们去参观做皮鞋的作场。在一间大房子里，许多人做着不同的工作。两个人在那里切鞋底皮，另外两个人在那里切鞋面皮。他们把皮切下来，随手浸在水里，使它着潮转软。三个人在那里把几层底皮扎起来。他们扎了多少针，就用一个锤子敲一阵，锤子触着皮的那一头都是圆光光的。我问一个鞋匠说：“怎么你们的锤子都是圆光光的？”那鞋匠抬起头来看了我一眼，说：“不圆光光就要把皮弄坏了。如果敲得重些，还会敲出洞来呢。”我又问：“那一头平平的，又是做什么用的？”那鞋匠把锤子的那一头在皮上擦了一阵，说：“这

弄壞了。如果敲得重些，還會敲出洞來呢。」

我又問：「那一頭平平的，又是做什麼用的？」

那鞋匠把錘子的那一頭在皮上擦了一陣，說：「這樣把皮擦得輭些，穿在腳上纔不會痛呀。」

我們再走過去，看見四個人各把鞋面皮包在腳模型上，依照牠的尺寸，仔細地修翦。修翦好了，交給一個專管縫合的人。那人轉動縫紉機，把每一個鞋面縫合起來，又用打洞器把穿帶子的洞打好。然後交給另外三個人。

那三個人把縫好的鞋面套在腳模型上，先縫上一層襯裏的底皮，再裝上紮好的厚底。完全做好之後，又把許多木片塞進去，使各處張緊。到這地步，皮鞋就成功了。

样把皮擦得软些，穿在脚上才不会痛呀。”我们再走过去，看见四个人各把鞋面皮包在脚模型上，依照它的尺寸，仔细地修剪。修剪好了，交给一个专管缝合的人。那人转动缝纫机，把每一个鞋面缝合起来，又用打洞器把穿带子的洞打好。然后交给另外三个人。那三个人把缝好的鞋面套在脚模型上，先缝上一层衬里的底皮，再装上扎好的厚底。完全做好之后，又把许多木片塞进去，使各处张紧。到这地步，皮鞋就成功了。

晏子

古代齊國的晏子有很好的口才，常常被派到別國去。有一囘，他被派到楚國去。楚王存心作難他，特地開一個低低的城牆洞讓他進去，因爲他是一個身材矮小的人。

晏子說：「這是狗洞呀。進狗國纔鑽狗洞。」

楚王聽他這樣說，只好開了城門讓他進去。

楚王問他說：「你們齊國爲什麼派你來，難道沒有人才嗎？」

晏子囘答說：「我們齊國派人出去，並不是隨隨便便的，好的人派到好的國裏去，不好的人派到不好的國裏去。我是最不好的人，所以被派到你們楚國來了。」

第49课 晏子

古代齐国的晏子有很好的口才，常常被派到别国去。有一回，他被派到楚国去。楚王存心作难他，特地开一个低低的城墙洞让他进去，因为他是一个身材矮小的人。晏子说：“这是狗洞呀。进狗国才钻狗洞。”楚王听他这样说，只好开了城门让他进去。楚王问他说：“你们齐国为什么派你来，难道没有人才吗？”晏子回答说：“我们齐国派人出去，并不是随随便便的，好的人派到好的国里去，不好的人派到不好的国里去。我是最不好的人，所以被派到你们楚国来了。”楚王两次受晏子的奚落，总想报复，就请晏子喝酒。这时候，左右捉着一个人，送楚王兩次受晏子的奚落，總想報復，就請晏子喝酒。這時候，左右捉着一個人，送到楚王面前，楚王問：「他是那裏人？」左右囘答：「他是齊國人。」楚王又問：「他犯的什麼罪？」左右囘答：「他做强盗。」

楚王這纔帶笑問晏子說：「你們齊國人都是做强盗的嗎？」

晏子不慌不忙囘答說：「常有人說，橘子種到淮水的北邊，就變做了枳。這大概是水土不同的緣故。楚國和齊國也是水土不同，所以齊國人在齊國不做强盗，一到楚國就做起强盗來了。」

楚王聽了，再也沒有話說，不料第三次還是受晏子的奚落。

到楚王面前，楚王问：“他是哪里人？”左右回答：“他是齐国人。”楚王又问：“他犯的什么罪？”左右回答：“他做强盗。”楚王这才带笑问晏子说：“你们齐国人都是做强盗的吗？”晏子不慌不忙回答说：“常有人说，橘子种到淮水的北边，就变做了枳。这大概是水土不同的缘故。楚国和齐国也是水土不同，所以齐国人在齐国不做强盗，一到楚国就做起强盗来了。”楚王听了，再也没有话说，不料第三次还是受晏子的奚落。

藺相如

秦王知道趙國得到一塊名貴的璧，就寫信給趙王說，秦國願意把十五個城來交換。趙王覺得兩難了。如果答應他，只怕拿不到十五個城。如果不答應他，又怕得罪了强大的秦國。怎麼辦呢？藺相如說：「答應他好了。我可以把璧送去，換了十五個城回來。倘若秦王不給十五個城，我一定帶回原璧。」趙王就派藺相如把璧送去。秦王得到了這塊名貴的璧，非常歡喜，叫左右傳觀。左右湊趣，一齊喊「萬歲！」

第50课 蔺相如

秦王知道赵国得到一块名贵的璧，就写信给赵王说，秦国愿意把十五个城来交换。赵王觉得两难了。如果答应他，只怕拿不到十五个城。如果不答应他，又怕得罪了强大的秦国。怎么办呢？蔺相如说：“答应他好了。我可以把璧送去，换了十五个城回来。倘若秦王不给十五个城，我一定带回原璧。”赵王就派蔺相如把璧送去。秦王得到了这块名贵的璧，非常欢喜，叫左右传观。左右凑趣，一齐喊“万岁！”蔺相如看秦王的神色，不像肯给十五个城，就说：“这块璧上有一点儿毛病，待我来指点。”秦王把璧交还蔺相如。蔺相如拿到了璧，就退后几步，藺相如看秦王的神色，不像肯給十五個城，就說：「這塊璧上有一點兒毛病，待我來指點。」秦王把璧交還藺相如。藺相如拿到了璧，就退後幾步，靠着柱子，呵斥秦王的失信。末了說：「倘若强迫我，我就把牠弄碎！」說着，就要把璧向柱子上撞去。

秦王恐怕他眞個把璧弄碎，就和他約定，什麼什麼十五個城劃給趙國，五天以後彼此交換。

藺相如退了出來叫同來的人帶着璧祕密囘趙國。到了五天以後，他再去見秦王，說：「璧已經送囘趙國去了。秦國倘若先把十五個城給趙國，趙國豈敢拿住了璧不放手？我知道欺騙大王是不應該的，我願受死罪。」

這實在出乎秦王的意料。秦王想，卽使殺了他，還是得不到璧，不如讓他囘去。從此也不再提交換的話了。

靠着柱子，呵斥秦王的失信。末了说：“倘若强迫我，我就把它弄碎！”说着，就要把璧向柱子上撞去。秦王恐怕他真个把璧弄碎，就和他约定，什么什么十五个城划给赵国，五天以后彼此交换。蔺相如退了出来，叫同来的人带着璧秘密回赵国。到了五天以后，他再去见秦王，说：“璧已经送回赵国去了。秦国倘若先把十五个城给赵国，赵国岂敢拿住了璧不放手？我知道欺骗大王是不应该的，我愿受死罪。”这实在出乎秦王的意料。秦王想，即使杀了他，还是得不到璧，不如让他回去。从此也不再提交换的话了。

景陽岡（一）

武松在酒店裏喝罷了酒，
提起棍棒走上景陽岡。
只見山神廟前貼着一張告示，
說岡上有虎，常把人命傷，
過往客商須得結伴走，
傍晚的時候不要過岡。
武松看罷毫不在意，
一步一步上去，不慌也不忙。
回頭看太陽，漸漸落下去了，
「那有什麽虎，他們膽小自心慌！」
一會兒，肚裏的酒發作起來，
他解開衣服，露出了胸膛。
亂樹林裏有塊大青石，
光溜溜的，正好作他的卧牀。
他放平身體將要睡去，
只聽一陣風，樹木都像發了狂。
一陣風過了，又聽撲的一聲響，
跳出來的是一隻虎——林中的王！

第51课 景阳冈

武松在酒店里喝罢了酒，提起棍棒走上景阳冈。只见山神庙前贴着一张告示，说冈上有虎，常把人命伤，过往客商须得结伴走，傍晚的时候不要过冈。武松看罢毫不在意，一步一步上去，不慌也不忙。回头看太阳，渐渐落下去了，“哪有什么虎，他们胆小自心慌！”一会儿，肚里的酒发作起来，他解开衣服，露出了胸膛。乱树林里有块大青石，光溜溜的，正好作他的卧床。他放平身体将要睡去，只听一阵风，树

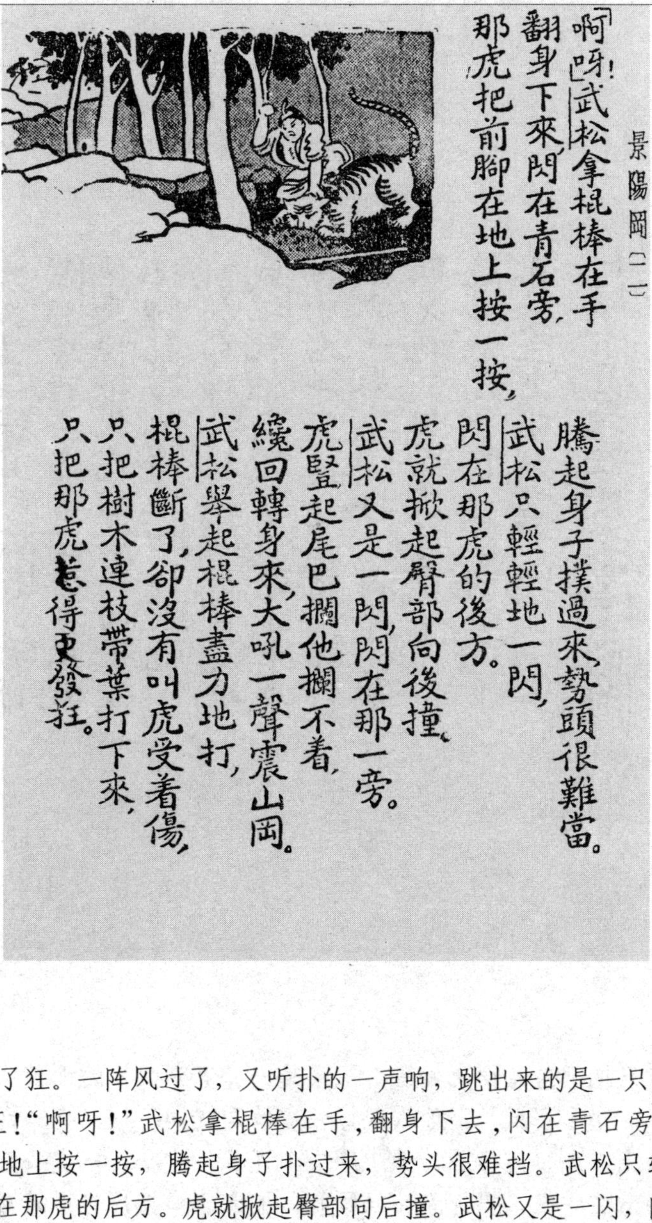

景陽岡(二)

「啊呀!」武松拿棍棒在手
翻身下來,閃在青石旁,
那虎把前脚在地上按一按,
騰起身子撲過來,勢頭很難當。
武松只輕輕地一閃,
閃在那虎的後方。
虎就掀起臀部向後撞。
武松又是一閃,閃在那一旁。
虎豎起尾巴攔他攔不着,
纔回轉身來,大吼一聲震山岡。
武松舉起棍棒盡力地打,
棍棒斷了,卻沒有叫虎受着傷,
只把樹木連枝帶葉打下來,
只把那虎惹得更發狂。

木都像发了狂。一阵风过了，又听扑的一声响，跳出来的是一只虎——林中的王！“啊呀！”武松拿棍棒在手，翻身下去，闪在青石旁。那虎把前脚在地上按一按，腾起身子扑过来，势头很难挡。武松只轻轻地一闪，闪在那虎的后方。虎就掀起臀部向后撞。武松又是一闪，闪在那一旁。虎竖起尾巴拦他拦不着，才回转身来，大吼一声震山冈。武松举起棍棒尽力地打，棍棒断了，却没有叫虎受着伤，只把树木连枝带叶打虎又是一撲直到武松的面前。
武松索性丟了棒，空手去抵當。
他乘勢揪住虎的頂皮向下按，
把腳亂踢他的眼睛和臉龐。
虎拚命掙扎，地上爬成個泥坑，
武松就把虎頭直按進坑中央，
抽出右手來，提起拳頭只顧打，
五六十拳把虎打得滿身的傷，
眼見牠氣都快沒有了，
這纔放了手，整一整衣裳。
正是三更明月當空照，
他踏着月光慢慢走下景陽岡。

下来，只把那虎惹得更发狂。虎又是一扑直到武松的面前。武松索性丢了棒，空手去抵挡。他乘势揪住虎的顶皮向下按，把脚乱踢他的眼睛和脸庞。虎拼命挣扎，地上爬成个泥坑，武松就把虎头直按进坑中央，抽出右手来，提起拳头只顾打，五六十拳把虎打得满身的伤，眼见它气都快没有了，这才放了手，整一整衣裳。正是三更明月当空照，他踏着月光慢慢走下景阳冈。

孫中山先生倫敦遇難

孫中山先生一生，遇到過各種的危難。他不怕什麼危難，勇敢地幹他的革命工作，四十年如一日，直到他逝世。民國前十五年，他在英國倫敦街上走路，忽然有一個同國人把他叫住，說彼此同鄉，請他一同去喝茶。正在交談的當兒，後面又來了兩個同國人，把他推推挽挽，帶到一所房子裏。這是滿清的公使館，那三個人就是公使館裏的「密探。」原來幹革命工作，打算推翻政府的人叫做「政治犯，」政治犯在別國照例是不能逮捕的。當時孫中山先生就是政治犯，所以滿清的公使館要逮捕他，只能用誘騙的手段。

第52课 孙中山先生伦敦遇难

孙中山先生一生，遇到过各种的危难。他不怕什么危难，勇敢地干他的革命工作，四十年如一日，直到他逝世。民国前十五年，他在英国伦敦街上走路，忽然有一个同国人把他叫住，说彼此同乡，请他一同去喝茶。正在交谈的当儿，后面又来了两个同国人，把他推推挽挽，带到一所房子里。这是满清的公使馆，那三个人就是公使馆里的“密探”。原来干革命工作，打算推翻政府的人叫做“政治犯”，政治犯在别国照例是不能逮捕的。当时孙中山先生就是政治犯，所以满清的公使馆要逮捕他，只能用诱骗的手段。孙中山先生被关在一间房子里，孫中山先生被關在一間房子裏，好比鳥兒進了籠，什麼時候纔得自由，實在無從知道。如果被他們送回中國，那麼，他是革命的領袖，死罪是免不了的。對於死，他並不怕。只是死了之後，再不能幹革命工作了，這是他最不願意的。

他於是寫信給他的先生英國人康德黎，叫他設法營救，託僕役把信送去。僕役接了信，卻去報告公使。因此，公使館看守孫中山先生更加嚴密，只等有汽船出口，就要把他祕密地送回中國。

孫中山先生時時刻刻當心察看，有沒有機會可以得到自由，結果那機會被他找到了。

好比鸟儿进了笼，什么时候才得自由，实在无从知道。如果被他们送回中国，那么，他是革命的领袖，死罪是免不了的。对于死，他并不怕。只是死了之后，再不能干革命工作了，这是他最不愿意的。他于是写信给他的先生英国人康德黎，叫他设法营救，托仆役把信送去。仆役接了信，却去报告公使。因此，公使馆看守孙中山先生更加严密，只等有汽船出口，就要把他秘密地送回中国。孙中山先生时时刻刻当心察看，有没有机会可以得到自由，结果那机会被他找到了。他看出公使馆里的一个英国仆役是明白人，懂得一点世界的情形，就同他谈话，他看出公使館裏的一個英國僕役是明白人，懂得一點世界的情形，就同他談話，談到滿清政府的腐敗，談到中國大衆的痛苦，談到革命黨人的志願。那英國僕役聽得感動了，非常佩服孫中山先生，願意給他幫忙。孫中山先生的第二封信就由他送到了康德黎手裏。

康德黎得信，就和他的夫人，還有一位朋友，共同設法營救。他們一方面報告英國的外交部，一方面通知當地的警察局，一方面寫成文字，登在倫敦的各種報紙上，責備滿清公使館，說不應該在別國逮捕政治犯。

本來是鬼鬼祟祟的事情，這就弄得沸沸揚揚了。英國政府就向滿清公使館提出交涉。滿清公使館當不住各方面的責備，只得把孫中山先生放了出來。

谈到满清政府的腐败，谈到中国大众的痛苦，谈到革命党人的志愿。那英国仆役听得感动了，非常佩服孙中山先生，愿意给他帮忙。孙中山先生的第二封信就由他送到了康德黎手里。康德黎得信，就和他的夫人，还有一位朋友，共同设法营救。他们一方面报告英国的外交部，一方面通知当地的警察局，一方面写成文字，登在伦敦的各种报纸上，责备满清公使馆，说不应该在别国逮捕政治犯。本来是鬼鬼祟祟的事情，这就弄得沸沸扬扬了。英国政府就向满清公使馆提出交涉。满清公使馆当不住各方面的责备，只得把孙中山先生放了出来。

河神的新娘（一）

背景畫廣闊的河面，波浪像魚鱗一般，對面的岸只見一線。在貼近背景的所在，舞臺開一個洞。如果把人投下去，從臺下看，就像投到河裏去了。

三個男人、兩個女人站在河旁邊談話。

男甲　今年那個新娘漂亮極了，我看見過了，鵝蛋臉兒，長長的眉毛，端端整整一個鼻子。

男乙　這樣的姑娘纔配嫁給河神呀。

男丙　河神看見了，一定歡喜她的。可是我不明白，她爲什麼在那裏哭？

女甲　她要離開父母，她要死在河裏，怎麼能不哭！

男乙　怎麼說她死在河裏！她去做河神的新夫人呢。

第53课　河神的新娘

背景画广阔的河面，波浪像鱼鳞一般，对面的岸只见一线。在贴近背景的所在，舞台开一个洞。如果把人投下去，从台下看，就像投到河里去了。三个男人、两个女人站在河旁边谈话。男甲：今年那个新娘漂亮极了，我看见过了，鹅蛋脸儿，长长的眉毛，端端正正一个鼻子。男乙：这样的姑娘才配嫁给河神呀。男丙：河神看见了，一定欢喜她的。可是我不明白，她为什么在那里哭？女甲：她要离开父母，她要死在河里，怎么能不哭！男乙：怎么说她死在河里！她去做河神的

女乙　到底死不死，我也不敢說。不過，我們每年送一個新娘到河裏去，從不曾看見她們囘來，這是眞的。

男丙　（輕輕地說）河神的事情最好不要亂說。他是非常靈驗的。新娘明明是嫁給他，我們卻說她去死，他會不高興的。

男甲　河神不高興，那還了得！他把河裏的水衝上岸來，我們都沒有命了！

五個人都露出恐慌的臉色，囘頭望河面。

男丙　所以我們只能相信他，討好他，大家捐出錢來，把新娘打扮得好好，送給他。

男甲　今年不比往年，等會兒新娘到來，那個新來的官

新夫人呢。女乙：到底死不死，我也不敢说。不过，我们每年送一个新娘到河里去，从不曾看见她们回来，这是真的。男丙：（轻轻地说）河神的事情最好不要乱说。他是非常灵验的。新娘明明是嫁给他，我们却说她去死，他会不高兴的。男甲：河神不高兴，那还了得！他把河里的水冲上岸来，我们都没有命了！五个人都露出恐慌的脸色，回头望河面。男丙：所以我们只能相信他，讨好他，大家捐出钱来，把新娘打扮得好好，送给他。男甲：今年不比往年，等会儿新娘到来，那个新

西門先生要親自來送嫁，這更見得恭敬了。

女甲 (歎氣)這一回公吏來收捐錢，我賣了五隻雞纔得給他。

女乙 我也賣了一斗米呢！

男乙 (向右邊指點)那邊一大批人來了！

其餘四個人一齊向右邊望。

一大批人裏，最先是男女百姓，其次是巫女和乘車的新娘，其次又是男女百姓，後面是衞隊、公吏和西門豹。舞臺上立刻擠滿了人，人人聲嘈雜，可是聽不清他們說些什麼。

西門豹站定在河邊，背向着河，舉起右手，作預備說話的姿勢。人

来的官西门先生要亲自来送嫁，这更见得恭敬了。女甲:(叹气) 这一回公吏来收捐钱，我卖了五只鸡才得给他。女乙: 我也卖了一斗米呢！男乙:(向右边指点)那边一大批人来了！其余四个人一齐向右边望。一大批人里，最先是男女百姓，其次是巫女和乘车的新娘，其次又是男女百姓，后面是卫队、公吏和西门豹。舞台上立刻挤满了人，人声嘈杂，可是听不清他们说些什么。西门豹站定在河边，背向着河，举起右手，作预备说话的姿势。人声渐渐地息了，大家面向着他。西门豹:

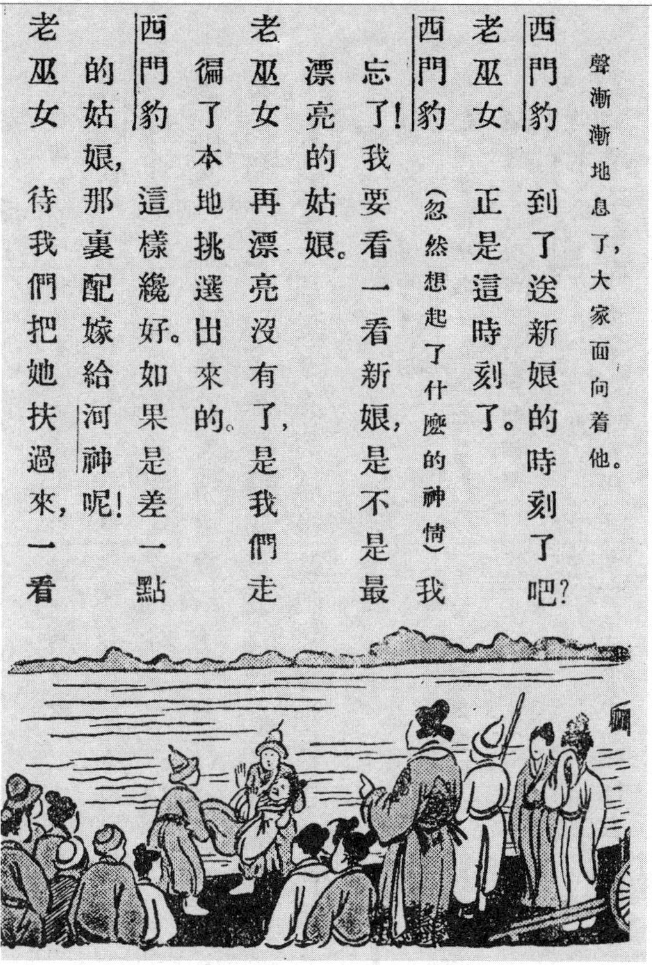
聲漸漸地息了，大家面向着他。

西門豹　到了送新娘的時刻了吧？

老巫女　正是這時刻了。

西門豹　（忽然想起了什麽的神情）我忘了！我要看一看新娘，是不是最漂亮的姑娘。

老巫女　再漂亮沒有了，是我們走徧了本地挑選出來的。

西門豹　這樣纔好。如果是差一點的姑娘，那裏配嫁給河神呢！

老巫女　待我們把她扶過來，一看

到了送新娘的时刻了吧？老巫女：正是这时刻了。西门豹：(忽然想起了什么的神情)我忘了！我要看一看新娘，是不是最漂亮的姑娘。老巫女：再漂亮没有了，是我们走遍了本地挑选出来的。西门豹：这样才好。如果是差一点的姑娘，哪里配嫁给河神呢！老巫女：待我们把她扶过来，一看就知道了。几个巫女把新娘从车里扶出，走到西门豹面前。西门豹：(仔细看新娘)这个新娘不见得漂亮呀……河神会不满意的……我想还是另外挑选一个……老巫女：另外挑选就要延过时刻了，

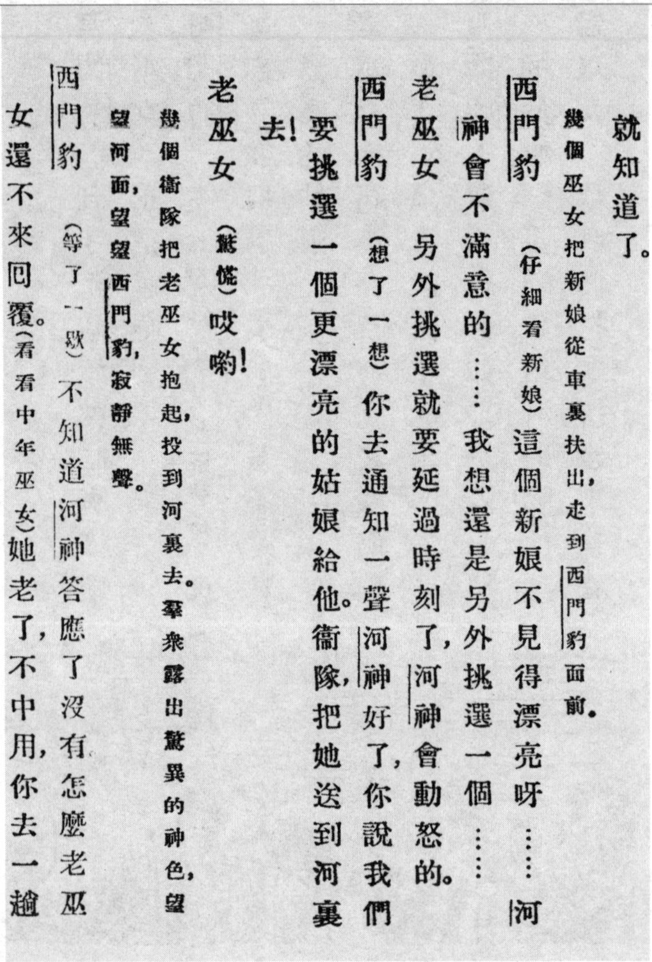
就知道了。

幾個巫女把新娘從車裏扶出，走到西門豹面前。

西門豹 （仔細看新娘）這個新娘不見得漂亮呀……河神會不滿意的……我想還是另外挑選一個……

老巫女 另外挑選就要延過時刻了，河神會動怒的。

西門豹 （想了一想）你去通知一聲河神好了，你說我們要挑選一個更漂亮的姑娘給他。衛隊，把她送到河裏去！

老巫女 （驚慌）哎喲！

幾個衛隊把老巫女抱起，投到河裏去。羣衆露出驚異的神色，望望河面，望望西門豹，寂靜無聲。

西門豹 （等了一歇）不知道河神答應了沒有，怎麼老巫女還不來回覆。（看看中年巫女）她老了，不中用，你去一趟

河神会动怒的。西门豹：（想了一想）你去通知一声河神好了，你说我们要挑选一个更漂亮的姑娘给他。卫队，把她送到河里去！老巫女：（惊慌）哎哟！几个卫队把老巫女抱起，投到河里去。群众露出惊异的神色，望望河面，望望西门豹，寂静无声。西门豹：（等了一歇）不知道河神答应了没有。怎么老巫女还不来回复。（看看中年巫女）她老了，不中用，你去一趟吧。卫队，把她送到河里去！中年巫女：啊！……几个卫队把中年巫女抱起，投到河里去。西门豹：（又等了一歇）她们女人办不

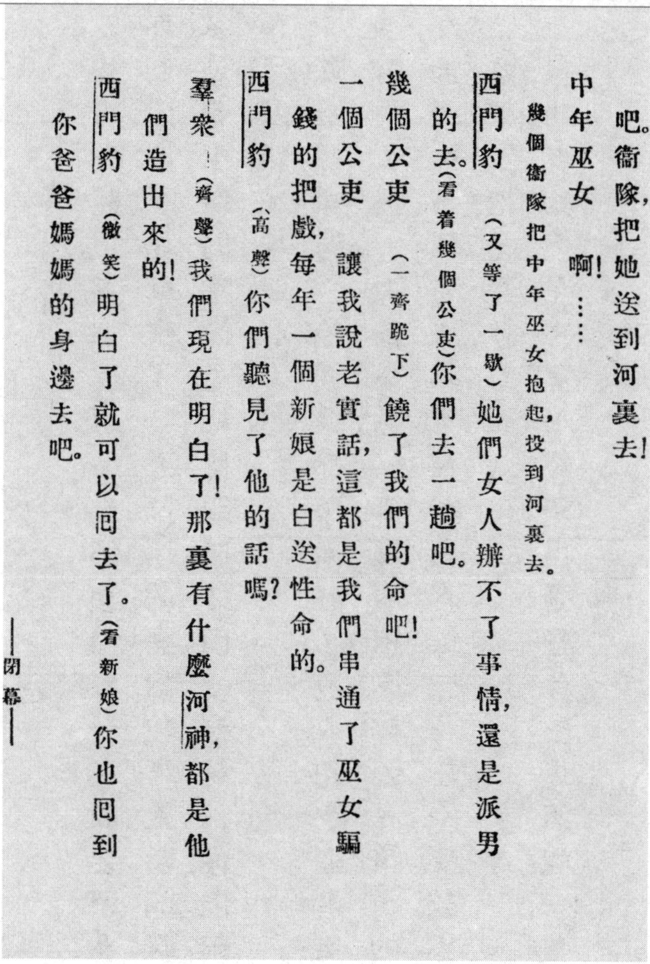
吧。衛隊，把她送到河裏去！

中年巫女 啊！……

幾個衛隊把中年巫女抱起，投到河裏去。

西門豹 （又等了一歇）她們女人辦不了事情，還是派男的去。（看着幾個公吏）你們去一趟吧。

幾個公吏 （一齊跪下）饒了我們的命吧！

一個公吏 讓我說老實話，這都是我們串通了巫女騙錢的把戲，每年一個新娘是白送性命的。

西門豹 （高聲）你們聽見了他的話嗎？

羣衆 ——（齊聲）我們現在明白了！那裏有什麼河神，都是他們造出來的！

西門豹 （微笑）明白了就可以回去了。（看新娘）你也回到你爸爸媽媽的身邊去吧。

——閉幕——

了事情，还是派男的去。(看着几个公吏) 你们去一趟吧。几个公吏：(一齐跪下) 饶了我们的命吧！一个公吏：让我说老实话，这都是我们串通了巫女骗钱的把戏，每年一个新娘是白送性命的。西门豹：(高声) 你们听见了他的话吗？群众 (齐声) 我们现在明白了！哪里有什么河神，都是他们造出来的！西门豹：(微笑) 明白了就可以回去了。(看新娘) 你也回到你爸爸妈妈的身边去吧。—闭幕—

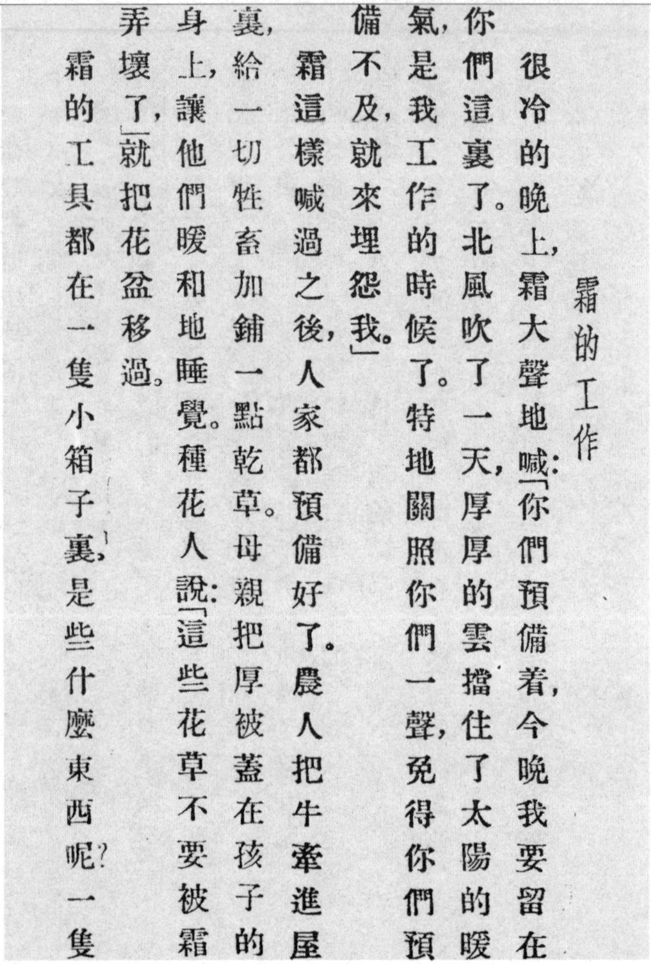
霜的工作

很冷的晚上，霜大聲地喊：「你們預備着，今晚我要留在你們這裏了。北風吹了一天，厚厚的雲擋住了太陽的暖氣，是我工作的時候了。特地關照你們一聲，免得你們預備不及，就來埋怨我。」霜這樣喊過之後，人家都預備好了。農人把牛牽進屋裏，給一切牲畜加鋪一點乾草。母親把厚被蓋在孩子的身上，讓他們暖和地睡覺。種花人說：「這些花草不要被霜弄壞了，」就把花盆移過。霜的工具都在一隻小箱子裏，是些什麼東西呢？一隻

第54课　霜的工作

很冷的晚上，霜大声地喊：“你们预备着，今晚我要留在你们这里了。北风吹了一天，厚厚的云挡住了太阳的暖气，是我工作的时候了。特地关照你们一声，免得你们预备不及，就来埋怨我。”霜这样喊过之后，人家都预备好了。农人把牛牵进屋里，给一切牲畜加铺一点干草。母亲把厚被盖在孩子的身上，让他们暖和地睡觉。种花人说：“这些花草不要被霜弄坏了，”就把花盆移过。霜的工具都在一只小箱子里，是些什么东西呢？一只颜色盒子，大大小小的画笔，还有剪刀和铁锤。霜背起小箱子，动手工作了。它把草叶和有些树叶涂成黄色，把有些树

顏色盒子，大大小小的畫筆，還有剪刀和鐵錘。霜背起小箱子，動手工作了。牠把草葉和有些樹葉塗成黃色，把有些樹葉塗成嫩紅色，更把有些樹葉塗成老紅色。牠拿起一枝大畫筆，蘸着銀白色來畫田地，田地上就像落過小雪一般。牠拿起一枝小畫筆，也蘸着銀白色來畫人家的窗玻璃，窗玻璃上就有了非常美麗的花紋。牠又用了剪刀剪開各種種子的殼，嘴裏唱着：「你熟了，散播到各處去吧！你熟了，散播到各處去吧！」最後牠到栗子樹上，說：「栗子也熟了，我要敲開那些硬殼，讓孩子和松鼠有栗子喫。」牠用了鐵錘把一個個硬殼都敲開。棕色的栗子就在毛茸茸的屋子裏露出來了。

叶涂成嫩红色，更把有些树叶涂成老红色。它拿起一枝大画笔，蘸着银白色来画田地，田地上就像落过小雪一般。它拿起一枝小画笔，也蘸着银白色来画人家的窗玻璃，窗玻璃上就有了非常美丽的花纹。它又用了剪刀剪开各种种子的壳，嘴里唱着：“你熟了，散播到各处去吧！你熟了，散播到各处去吧！”最后它到栗子树上，说：“栗子也熟了，我要敲开那些硬壳，让孩子和松鼠有栗子吃。”它用了铁锤把一个个硬壳都敲开。棕色的栗子就在毛茸茸的屋子里露出来了。

冬眠的蛙

我差不多停止了呼吸，
血液不再像往日那樣循環。
我不想喫什麽小蟲兒，
只因肚皮不餓，自然不貪饞。
我靜靜地睡在泥土裏，
不管他外面是雪地和風天。
人家說：這不就是死嗎？
不，不，那裏是死，這叫做「冬眠」。

你看那些植物的種子，
睡在泥裏，和我的「冬眠」相同，
但是，到了暖和的春天，
就會活動起來，做不少的工。
我的情形同牠們一樣，
到了春天，我也就活動起來。
我要撲滅田裏的害蟲，
更要唱些新歌，讓農人開懷。

第55课 冬眠的蛙

我差不多停止了呼吸，血液不再像往日那样循环。我不想吃什么小虫儿，只因肚皮不饿，自然不贪馋。我静静地睡在泥土里，不管他外面是雪地和风天。人家说：这不就是死吗？不，不，哪里是死，这叫做“冬眠”。你看那些植物的种子，睡在泥里，和我的“冬眠”相同，但是，到了暖和的春天，就会活动起来，做不少的工。我的情形同它们一样，到了春天，我也就活动起来。我要扑灭田里的害虫，更要唱些新歌，让农人开怀。

愚公

從前有個愚公，九十歲了，因爲他家前面聳着一座高山，出進都得繞圈兒走，有一天，召集他的兒子、孫子商議說：「高山擋在我家前面，累得我們每天走寃枉路。我們有力量，什麼事情不好做。大家拿出力量來，把牠搬開去。你們贊成嗎？」

兒子、孫子差不多齊聲回答：「好，把牠搬開去！」

愚公的妻在旁笑着說：「你的力量連一個土堆都搬不了，怎

第56课 愚公

从前有个愚公，九十岁了，因为他家前面耸着一座高山，出进都得绕圈儿走，有一天，召集他的儿子、孙子商议说：“高山挡在我家前面，累得我们每天走冤枉路。我们有力量，什么事情不好做。大家拿出力量来，把它搬开去。你们赞成吗？”儿子、孙子差不多齐声回答：“好，把它搬开去！”愚公的妻在旁笑着说：“你的力量连一个土堆都搬不了，怎么能搬一座山！并且，把泥土、石块放到哪里去呢？”儿子、

麼能搬一座山！並且，把泥土、石塊放到那裏去呢？」兒子、孫子毫不思索地喊出來：「放到海裏去就是了！」他們就動手工作，墾下泥土來，打下石塊來，用畚箕盛着，挑到海邊就向海裏倒。鄰家有幾個孩子覺得這事情有意思，也來同他們合作。他們這地方離海很遠，一來一回就得費三四個月工夫。

有個智翁聽到這新聞，跑來勸阻愚公說：「你也太欠聰明了。這麼大的年紀，要動山上的一草一木都不容易，怎麼能搬這麼高的山！」

孙子毫不思索地喊出来：“放到海里去就是了！”他们就动手工作，垦下泥土来，打下石块来，用畚箕盛着，挑到海边就向海里倒。邻家有几个孩子觉得这事情有意思，也来同他们合作。他们这地方离海很远，一来一回就得费三四个月工夫。有个智翁听到这新闻，跑来劝阻愚公说：“你也太欠聪明了。这么大的年纪，要动山上的一草一木都不容易，怎么能搬这么高的山！”愚公回答说：“我看你的聪明还及不到我邻家愚公回答說：「我看你的聰明還及不到我鄰家的幾個孩子。我的年紀這麼大，不久就要死了，我知道的。但是我有兒子、孫子在這裏。將來孫子生兒子，孫子的兒子長大，又生兒子，這樣子一代一代傳下去，是沒有窮盡的。前面這座山，卻不會加高了，我們只要一代一代不停手，總有一天會把牠搬完的。那時候，要出進就可以一直走，再不必繞圈兒走冤枉路了。你看我們的打算怎樣？」

愚公說罷，見智翁不再開口，忙回轉身，舉起鐵鏟，繼續他的工作。

的几个孩子。我的年纪这么大，不久就要死了，我知道的。但是我有儿子、孙子在这里。将来孙子生儿子，孙子的儿子长大，又生儿子，这样子一代一代传下去，是没有穷尽的。前面这座山，却不会加高了，我们只要一代一代不停手，总有一天会把它搬完的。那时候，要出进就可以一直走，再不必绕圈儿走冤枉路了。你看我们的打算怎样？”愚公说罢，见智翁不再开口，忙回转身，举起铁铲，继续他的工作。

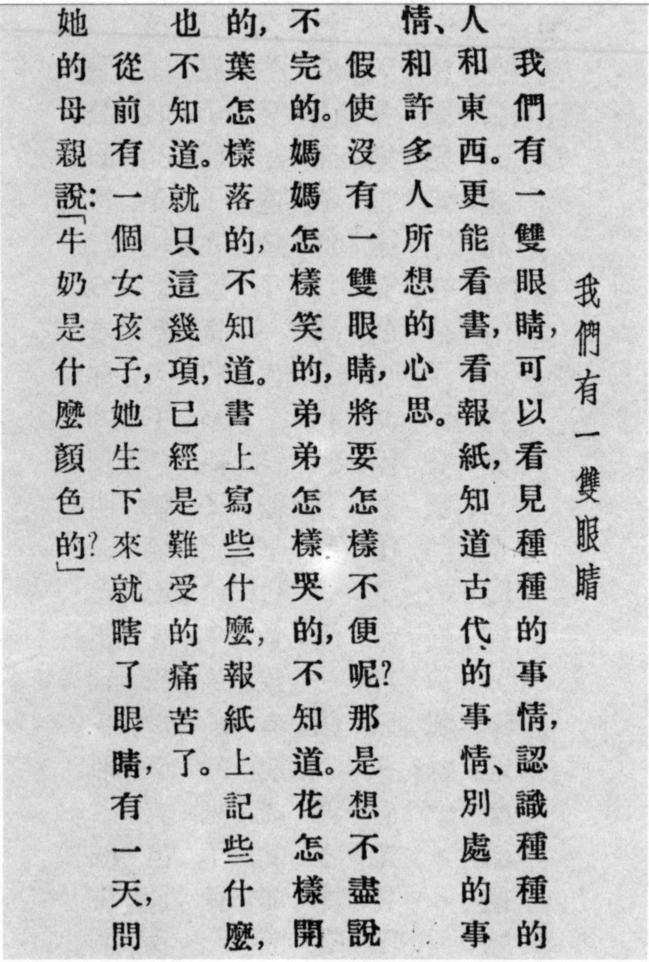
我們有一雙眼睛

我們有一雙眼睛，可以看見種種的事情，認識種種的人和東西。更能看書，看報紙，知道古代的事情、別處的事情、和許多人所想的心思。

假使沒有一雙眼睛，將要怎樣不便呢？那是想不盡說不完的。媽媽怎樣笑的，弟弟怎樣哭的，不知道。花怎樣開的，葉怎樣落的，不知道。書上寫些什麼，報紙上記些什麼，也不知道。就只這幾項，已經是難受的痛苦了。

從前有一個女孩子，她生下來就瞎了眼睛，有一天，問她的母親說：「牛奶是什麼顏色的？」

第57课 我们有一双眼睛

我们有一双眼睛，可以看见种种的事情，认识种种的人和东西。更能看书，看报纸，知道古代的事情、别处的事情和许多人所想的心思。假使没有一双眼睛，将要怎样不便呢？那是想不尽说不完的。妈妈怎样笑的，弟弟怎样哭的，不知道。花怎样开的，叶怎样落的，不知道。书上写些什么，报纸上记些什么，也不知道。就只这几项，已经是难受的痛苦了。从前有一个女孩子，她生下来就瞎了眼睛，有一天，问她的母亲说：“牛奶什么颜色的？”“牛奶的颜色同白纸一样的。”“那

「牛奶的顏色同白紙一樣的。」

「那麼，拿到手裏，也會嗶啦嗶啦發響的嗎？」

「不。你問牛奶的顏色呀，牛奶的顏色同麪粉一樣的。」

「那麼，也同麪粉一樣很細輭的嗎？」

「不。牛奶是白的，就同白兔一樣。」

「那麼，用手摸着，一定覺得又光滑又暖和的了。」

「還是不對。牛奶的顏色就同雪一樣白。」

「怎麼，牛奶同雪一樣冰冷的嗎？」

女孩子到底沒有知道牛奶的顏色是怎樣的。

這不是一個可笑的故事，卻是一個悲慘的故事。反過來想，就可以知道我們有一雙眼睛多麼幸福了。

么，拿到手里，也会哗啦哗啦发响的吗？”“不。你问牛奶的颜色呀，牛奶的颜色同面粉一样的。”“那么，也同面粉一样很细软的吗？”“不。牛奶是白的，就同白兔一样。”“那么，用手摸着，一定觉得又光滑又暖和的了。”“还是不对。牛奶的颜色就同雪一样白。”“怎么，牛奶同雪一样冰冷的吗？”女孩子到底没有知道牛奶的颜色是怎样的。这不是一个可笑的故事，却是一个悲惨的故事。反过来想，就可以知道我们有一双眼睛多么幸福了。

望遠鏡和顯微鏡

除了一雙眼睛以外，我們還有兩種眼睛。用了一種眼睛來看月亮，月亮好像搬到我們面前來了。上面有高高低低的山，有很深很深的許多洞，清清楚楚，可以仔細地數。如果移過一點來望天空，小小的星見得大了，本來看不見的星看得見了。這顆星和那顆星有什麼不同，也可以辨別出來。只須多看幾囘，

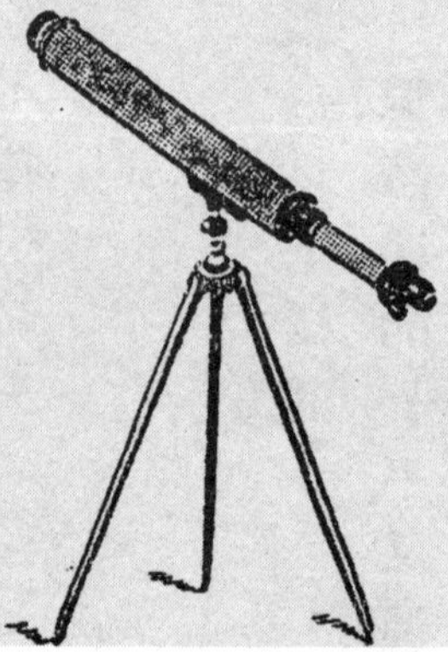

第58课 望远镜和显微镜

除了一双眼睛以外，我们还有两种眼睛。用了一种眼睛来看月亮，月亮好像搬到我们面前来了。上面有高高低低的山，有很深很深的许多洞，清清楚楚，可以仔细地数。如果移过一点来望天空，小小的星见得大了，本来看不见的星看得见了。这颗星和那颗星有什么不同，也可以辨别出来。只须多看几回，就会认识了各颗的星。用了另外一种

就會認識了各顆的星。

用了另外一種眼睛來看一滴血，一滴血就像一碗水，裏面有紅血球和白血球。如果看一滴生水，就能夠看見混在裏面的許多微生物。蒼蠅身上有什麼可怕的東西，病人的血和排洩物裏有那一種病菌，也都能夠檢查出來。有些人本來不相信有那些東西，但是一看到牠們有各式的形狀，並且在那裏活動，就不得不相信了。

這兩種眼睛就是望遠鏡和顯微鏡。

眼睛来看一滴血，一滴血就像一碗水，里面有红血球和白血球。如果看一滴生水，就能够看见混在里面的许多微生物。苍蝇身上有什么可怕的东西，病人的血和排泄物里有哪一种病菌，也都能够检查出来。有些人本来不相信有那些东西，但是一看到它们有各式的形状，并且在那里活动，就不得不相信了。 这两种眼睛就是望远镜和显微镜。

中學生的信

弟弟：一個星期不寫信了，可是我每天想到你同爸爸、媽媽。晚上自修的時候，就閉着眼睛描摹你們在家裏的情形：爸爸銜着捲煙在那裏看書吧，媽媽湊着燈光在那裏記帳或者做針線吧，你不停手地在那裏寫練習簿吧。再過一個多月，我可以回家了。離開了半年，再和你們聚在同一的燈光下，一定更覺有味。我盼望這一個多月快點兒過去。

星期三晚上，有人到校裏來捐錢，救濟陝西、甘肅的饑民。他們帶來一套記載饑民狀況的影片，就在大會堂裏開映。到處是乾燥的泥沙，不見一棵草，不見一張樹葉子。房屋七穿八洞，有了牆沒有了屋頂，

第59课 中学生的信

弟弟：一个星期不写信了，可是我每天想到你同爸爸、妈妈。晚上自修的时候，就闭着眼睛描摹你们在家里的情形：爸爸衔着卷烟在那里看书吧，妈妈凑着灯光在那里记账或者做针线吧，你不停手地在那里写练习簿吧。再过一个多月，我可以回家了。离开了半年，再和你们聚在同一的灯光下，一定更觉有味。我盼望这一个多月快点儿过去。星期三晚上，有人到校里来捐钱，救济陕西、甘肃的饥民。他们带来一套记载饥民状况的影片，就在大会堂里开映。到处是干燥的泥沙，不见一棵草，不见一张树叶子。房屋七穿八洞，有了墙没有了屋

有了屋頂缺少了門窗。那些餓民可怕極了，四肢简直是四根骨頭貼着一層皮，說明書上說：「他們沒有得喫，全身的肌肉都消磨完了！」我低下頭來不忍細看，但是那些餓民至今還像在我的眼前。當夜我捐了四角錢。總計全校的捐數，也有兩百多塊呢。

附帶寄給你一篇杭州游記，是我旅行了杭州以後寫的，經先生改過了。你前回來信，不是要我把旅行杭州的情形告訴你嗎？看了這一篇，就差不多跟着我到過杭州了。

我近来看顯微鏡的興致很好。把各種植物的纖维放到顯微鏡下面去看，就把看見的描在紙上。已經描了十多幅了，回家的時候帶給你看。

願爸爸、媽媽和你康健。

兄學忠。十二月八日。

顶，有了屋顶缺少了门、窗。那些饥民可怕极了，四肢简直是四根骨头贴着一层皮，说明书上说："他们没有得吃，全身的肌肉都消磨完了！"我低下头来不忍细看，但是那些饥民至今还像在我的眼前。当夜我捐了四角钱。总计全校的捐数，也有两百多块呢。附带寄给你一篇《杭州游记》,是我旅行了杭州以后写的,经先生改过了。你前回来信,不是要我把旅行杭州的情形告诉你吗？看了这一篇,就差不多跟着我到过杭州了。我近来看显微镜的兴致很好。把各种植物的纤维放到显微镜下面去看,就把看见的描在纸上。已经描了十多幅了,回家的时候带给你看。愿爸爸、妈妈和你康健。兄:学忠。十二月八日。

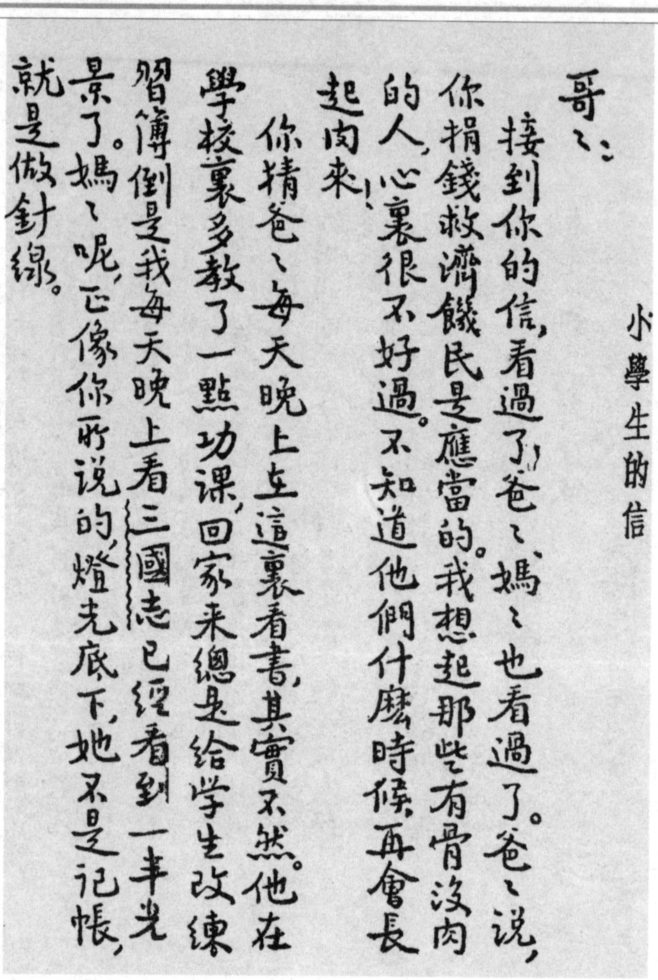
小學生的信

哥々：

接到你的信，看過了，爸々、媽々也看過了。爸々説，你捐錢救濟饑民是應當的。我想起那些有骨沒肉的人，心裏很不好過。不知道他們什麼時候再會長起肉来！

你猜爸々每天晚上在這裏看書，其實不然。他在學校裏多教了一點功課，回家来總是給学生改練習簿，倒是我每天晚上看三國志，已經看到一半光景了。媽々呢，正像你所説的，燈光底下，她不是記帳，就是做針線。

第60课 小学生的信

哥哥：接到你的信，看过了，爸爸、妈妈也看过了。爸爸说，你捐钱救济饥民是应当的。我想起那些有骨没肉的人，心里很不好过。不知道他们什么时候再会长起肉来！你猜爸爸每天晚上在这里看书，其实不然。他在学校里多教了一点功课，回家来总是给学生改练习簿，倒是我每天晚上看《三国志》，已经看到一半光景了。妈妈呢，正像你所说的，灯光底下，她不是记账，就是做针线。我把你的《杭州游记》看了几我把你的杭州游記看了幾徧。你说杭州西湖的好處在山不在湖，爸〻說這個话不錯的。我想，靈隱那地方一定很有趣。樹木遮蔽了天，山石奇〻怪〻的，泉水流下来發出聲音，幾個亭子靠在旁邊，簡直是圖畫呀。到底你們中学生，第一回旅行就到杭州，就玩西湖。我要到大後年纔是中学生呢。

告訴你，蠟梅花快要開了。玳瑁貓照常跟着我玩，完全小貓的脾氣，可是媽〻說，牠不久就要做母親了。

祝你進步。

弟學孝。十二月十二日。

遍。你说杭州西湖的好处在山不在湖，爸爸说这个话不错的。我想，灵隐那地方一定很有趣。树木遮蔽了天，山石奇奇怪怪的，泉水流下来发出声音，几个亭子靠在旁边：简直是图画呀。到底你们中学生，第一回旅行就到杭州,就玩西湖。我要到大后年才是中学生呢。告诉你，腊梅花快要开了。玳瑁猫照常跟着我玩，完全小猫的脾气，可是妈妈说，它不久就要做母亲了。祝你进步。弟：学孝。十二月十二日。

黑先生——最能幹的工人

天氣很冷，家裏生了火爐。晚飯過後，我們一家人坐在火爐旁邊取暖。我看着跳動的火燄，覺得有趣，身上暖烘烘的，又非常舒服，就自言自語說：「煤眞是我們的好朋友呀！」

父親側轉了頭問我：「你說牠能叫我們暖和嗎？」「是的。這樣的冷天，如果沒有煤，沒有這位黑先生，我們現在就沒有這樣舒服了。」

父親說：「叫我們暖和只是牠的小小的功勞。牠的功勞大得多呢，牠是最能幹的工人。」

姊姊好像懂得父親的意思了，接着說：「這位黑先生能給我們煑水、燒飯、做菜，的確是能幹的工人。」

第61课 黑先生——最能干的工人

天气很冷，家里生了火炉。晚饭过后，我们一家人坐在火炉旁边取暖。我看着跳动的火焰，觉得有趣，身上暖烘烘的，又非常舒服，就自言自语说：“煤真是我们的好朋友呀！”父亲侧转了头问我：“你说它能叫我们暖和吗？”“是的。这样的冷天，如果没有煤，没有这位黑先生，我们现在就没有这样舒服了。”父亲说：“叫我们暖和只是它的小小的功劳。它的功劳大得多呢，它是最能干的工人。”姐姐好像懂得父亲的意思了，接着说：“这位黑先生能给我们煮水、烧饭、做菜，的确是能干的工人。”父亲点点头说：“这些也是它的功劳。不过，它还能父親點點頭說:「這些也是牠的功勞,不過牠還能做更重要的工作。牠在一個鍋爐下面燃燒起來,就使水變做蒸汽。蒸汽推動機關上的活塞,使輪子旋轉起來,機器就活動了,火車和汽船就行駛了。如果沒有這位黑先生,各種工廠只好關起來,火車只好停在軌道上,汽船只好靠在碼頭邊,你們想,世界將成什麼樣子!」

我聽父親這樣說,眼睛看着燒得紅紅的煤塊,說:「我們這樣地把牠燒掉,不是很可惜的嗎?」

「不錯,」父親的眼睛也看着燒得紅紅的煤塊。隔了一會,他又說:「如果讓牠睡在地底下,不叫牠做一點工作,那是更可惜了。」

做更重要的工作。它在一个锅炉下面燃烧起来，就使水变做蒸汽。蒸汽推动机关上的活塞，使轮子旋转起来，机器就活动了，火车和汽船就行驶了。如果没有这位黑先生，各种工厂只好关起来，火车只好停在轨道上，汽船只好靠在码头边，你们想，世界将成什么样子！”我听父亲这样说，眼睛看着烧得红红的煤块，说：“我们这样地把它烧掉，不是很可惜的吗？”“不错，”父亲的眼睛也看着烧得红红的煤块。隔了一会，他又说：“如果让它睡在地底下，不叫它做一点工作，那是更可惜了。”

請黑先生出來

黑先生從那裏來的呢?古時代,地面上這裏那裏生着樹林,比較現在多。地面變動了,樹林被埋在泥沙裏,地面上又生着新的樹林。經過了不知多少年,地面又變動了,新的樹林也被埋在泥沙裏,地面上更生着新的樹林。這些木頭在地底下腐壞,就漸漸化做黑先生。

請黑先生出來是非常勞苦的事。鑛穴裏是一片黑暗的世界,氣悶難熬。採煤的工人提着燈往來,用着「鶴嘴」掘煤。掘來的煤放到小車裏。滿了一車,就推到堆積的地方,預備轉運出去。一切都靠着人身的力量,還要吸那難熬的空氣,眞是地獄裏的

第62课 请黑先生出来

黑先生从哪里来的呢?古时代,地面上这里那里生着树林,比较现在多。地面变动了,树林被埋在泥沙里,地面上又生着新的树林。经过了不知多少年,地面又变动了,新的树林也被埋在泥沙里,地面上更生着新的树林。这些木头在地底下腐坏,就渐渐化做黑先生。请黑先生出来是非常劳苦的事。矿穴里是一片黑暗的世界,气闷难熬。采煤的工人提着灯往来,用着“鹤嘴”掘煤。掘来的煤放到小车里。满了一车,就推到堆积的地方,预备转运出去。一切都靠着人身的力量,还要吸那难熬的空气,真是地狱里的工作。但是,如果用了机器,采

工作。

但是，如果用了機器，採煤的工人就沒有這樣勞苦了。

用了機器，自動的鎚子就會鑿下煤塊來。煤塊沿着一條槽落在一處。起重機就把牠提起來，倒到等在那裏的空車裏。那車也是用機器開動的。這樣，工人就只須照管機器好了。各處亮着電燈，多裝通氣的機器，那麼，鑛穴裏就同地面上一般光明、清爽了。

黑先生被工人請了出來，就乘着火車、汽船散到各處去。牠們原是預備替人做工的，人要牠們盡一分的力，就盡一分的力，人要牠們盡十分的力，就盡十分的力。

煤的工人就没有这样劳苦了。用了机器，自动的锤子就会凿下煤块来。煤块沿着一条槽落在一处。起重机就把它提起来，倒到等在那里的空车里。那车也是用机器开动的。这样，工人就只须照管机器好了。各处亮着电灯，多装通气的机器，那么，矿穴里就同地面上一般光明、清爽了。黑先生被工人请了出来，就乘着火车、汽船散到各处去。它们原是预备替人做工的，人要它们尽一分的力，就尽一分的力，人要它们尽十分的力，就尽十分的力。

「讓我拿一根火柴」

傍晚的時候，屋子裏見得暗了，「讓我拿一根火柴，」擦的一聲，就把燈點起來了。煑飯、做菜的時候，米同菜放好在鍋子、鑊子裏了，「讓我拿一根火柴，」擦的一聲，就把柴燒起來了。「讓我拿一根火柴，」這是多麼輕便的一句話呀。擦的一聲，就把燈點起來、柴燒起來，更不費力的事恐怕也很少了。

假如有一個古代的人在這裏，把這一句話說給他聽，他就不懂得什麼叫做火柴。告訴他點燈、燒柴是最不費力的事，他一定不肯相信，因爲在古代的人，取火這件事是很麻煩的。

第 63 课 “让我拿一根火柴”

傍晚的时候，屋子里见得暗了，“让我拿一根火柴”，擦的一声，就把灯点起来了。煮饭、做菜的时候，米同菜放好在锅子、炉子里了，“让我拿一根火柴”，擦的一声，就把柴烧起来了。“让我拿一根火柴”，这是多么轻便的一句话呀。擦的一声，就把灯点起来、柴烧起来，更不费力的事恐怕也很少了。假如有一个古代的人在这里，把这一句话说给他听，他就不懂得什么叫做火柴。告诉他点灯、烧柴是最不费力的事，他一定不肯相信，因为在古代的人，取火这件事是很麻烦的。古代的人“钻木取火”，没有耐性，不用力气，就不成功。现在童子军的古代的人「鑽木取火」沒有耐性，不用力氣，就不成功。現在童子軍的功課裏也有這一項，只要當過童子軍的人，就會知道古代的人取一個火怎樣地困難。古代的人又有「養火」的辦法，把火看作家族中最貴重的東西。萬一養着的火死了（這就是說火滅了）什麼時候會養起新火來是說不定的。在斷火的時期中，只好過着野蠻的生活。

後來用燧石打火，必須有熟練的手法，又必須有燒過的紙煤，紙煤要藏得好好地，受了潮就沒有用。這個方法傳得很長久，差不多一直到我們的祖父手裏。

但是，現在我們只消說「讓我拿一根火柴，」擦的一聲，就得到我們所要的火了。

功课里也有这一项，只要当过童子军的人，就会知道古代的人取一个火怎样地困难。古代的人又有“养火”的办法，把火看作家族中最贵重的东西。万一养着的火死了（这就是说火灭了），什么时候会养起新火来是说不定的。在断火的时期中，只好过着野蛮的生活。后来用燧石打火，必须有熟练的手法，又必须有烧过的纸煤，纸煤要藏得好好地，受了潮就没有用。这个方法传得很长久，差不多一直到我们的祖父手里。但是，现在我们只消说“让我拿一根火柴”，擦的一声，就得到我们所要的火了。

雜耍

新年頭，戲院裏來了一個表演雜耍的班子，父親、母親帶着我一同去看。全班男女和孩子共有十多人，每一場由兩三個人多到六七個人表演。

最先登場的是兩男兩女，手裏各斜張着一把紙傘，把牠旋轉着。又各取一個皮球放到傘頂上，就像有一條線牽住在那裏一般，總不掉下來。後來他們各用一隻手把傘高高舉起，急速地旋轉着，那皮球還是不掉下來。

第二場登場的幾個人各拿着一根兩尺光景的細棒，棒頭捲着紙條。他們把細棒在空中打圈兒，紙條散開來了，成爲轉動的螺旋形。又把細棒圍着身子打迴旋，紙條就圍着身子急速地轉動。他們的姿勢刻刻變換，紙條的

第64课 杂耍

新年头，戏院里来了一个表演杂耍的班子，父亲、母亲带着我一同去看。全班男女和孩子共有十多人，每一场由两三个人多到六七个人表演。最先登场的是两男两女，手里各斜张着一把纸伞，把它旋转着。又各取一个皮球放到伞顶上，就像有一条线牵住在那里一般，总不掉下来。后来他们各用一只手把伞高高举起，急速地旋转着，那皮球还是不掉下来。第二场登场的几个人各拿着一根两尺光景的细棒，棒头卷着纸条。他们把细棒在空中打圈儿，纸条散开来了，成为转动的螺旋形。又把细棒围着身子打回旋，纸条就围着身子急速地转动。他

姿勢也刻刻變換。沒有一條紙條碰着了地，沒有一條紙條貼着身子。忽然一齊停手，紙頭拖在地上，每條至少有兩丈長呢。

有一場是轉盤子。每人雙手各拿一條長竹片，頂着一隻磁盤子。只見他們的手輕輕地抖動，磁盤子不停地旋轉，不知他們用的什麼勁。一會兒，竹片一順地向左彎了，又一順地向右彎了，這好像荷塘裏風吹的荷葉，眞是好看。後來

们的姿势刻刻变换，纸条的姿势也刻刻变换。没有一条纸条碰着了地，没有一条纸条贴着身子。忽然一齐停手，纸头拖在地上，每条至少有两丈长呢。有一场是转盘子。每人双手各拿一条长竹片，顶着一只磁盘子。只见他们的手轻轻地抖动，磁盘子不停地旋转，不知他们用的什么劲。一会儿，竹片一顺地向左弯了，又一顺地向右弯了，这好像荷塘里风吹的荷叶，真是好看。后来他们变换姿势：仰身，弯腰，一膝跪下，双膝跪下，甚至俯身卧在地上。然而两手总是轻轻地抖动，磁盘子总是不停地旋转。又有一场很惊人的。表演的是一个十三四岁的

他們變換姿勢：仰身，彎腰，一膝跪下，雙膝跪下，甚至俯身臥在地上。然而兩手總是輕輕地抖動，磁盤子總是不停地旋轉。

又有一場很驚人的。表演的是一個十三四歲的女孩子。先在方桌子上擺一隻長板櫈，一杯茶放在板櫈底下。於是那女孩子站到長板櫈上，雙手叉腰，身子慢慢地向後彎屈。直到她的頭髮觸着方桌子了，她就銜住茶杯，把身子仰起一點，喝乾了茶。又把空茶杯放到原處，纔一個觔斗翻下來，直立在地上。看了這一場表演，全體的看客都拍手讚美。女孩子就對大衆深深地一鞠躬，表示感謝的意思。

女孩子。先在方桌子上摆一只长板凳，一杯茶放在板凳底下。于是那女孩子站到长板凳上，双手叉腰，身子慢慢地向后弯屈。直到她的头发触着方桌子了，她就衔住茶杯，把身子仰起一点，喝干了茶。又把空茶杯放到原处，才一个跟斗翻下来，直立在地上。看了这一场表演，全体的看客都拍手赞美。女孩子就对大众深深地一鞠躬，表示感谢的意思。

口技

一個人坐在青布幔後面表演口技，許多人一聲不響地聽他。

遠遠有狗叫聲起來了。漸叫漸近，就有一個婦人驚醒，哈哈地打着呵欠。她的丈夫迷迷胡胡說着夢話。一會兒，孩子醒了，拉直喉嚨大哭。婦人就哼起催眠的調子來，輕輕地拍他。他含着奶頭還是嗚咽地哭。又有一個大一點的孩子醒了，發着脾氣，吵鬧不休。這當兒，婦人拍孩子，給孩子催眠，丈夫呵斥大孩子，大孩子咕嚕着，小孩子含着奶頭啼哭：這些聲音同時發作，熱鬧非常。

兩個孩子漸漸睡熟，先絕了聲。接着丈夫的鼾聲起來

第65课 口技

一个人坐在青布幔后面表演口技，许多人一声不响地听他。远远有狗叫声起来了。渐叫渐近，就有一个妇人惊醒，哈哈地打着呵欠。她的丈夫迷迷糊糊说着梦话。一会儿，孩子醒了，拉直喉咙大哭。妇人就哼起催眠的调子来，轻轻地拍他。他含着奶头还是呜咽地哭。又有一个大一点的孩子醒了，发着脾气，吵闹不休。这当儿，妇人拍孩子，给孩子催眠，丈夫呵斥大孩子，大孩子咕噜着，小孩子含着奶头啼哭：这些声音同时发作，热闹非常。两个孩子渐渐睡熟，先绝了声。接着丈夫的鼾声起来了。妇人拍孩子，不久也就停止了。只听见悉悉索索

了。婦人拍孩子，不久也就停止了。只聽見悉悉索索老鼠走動的聲音。偶然有幾件磁器被老鼠撞翻了。婦人在睡夢中輕輕咳嗽。

忽然一個人驚慌地喊「火!」丈夫就起來喊「火!」婦人也起來喊「火!」兩個孩子一齊哭了。立刻有不知多少人喊「火!」不知多少孩子哭起來，不知多少狗叫起來。房子坍了，着火的木頭爆裂着，風呼呼地吹，中間夾雜着喊「救命」的聲音、搬東西的聲音、救火員潑水的聲音。聽客聽了，彷彿火場就在面前，差不多連氣都不敢透了。

但是，一切聲音突然截止了。從青布幔後面走出來那個表演的人。聽客端相他的嘴，也沒有什麼比衆不同的地方。

老鼠走动的声音。偶然有几件磁器被老鼠撞翻了。妇人在睡梦中轻轻咳嗽。忽然一个人惊慌地喊“火!”丈夫就起来喊“火!”妇人也起来喊“火!”两个孩子一齐哭了。立刻有不知多少人喊“火!”不知多少孩子哭起来，不知多少狗叫起来。房子坍了，着火的木头爆裂着，风呼呼地吹，中间夹杂着喊“救命”的声音、搬东西的声音、救火员泼水的声音。听客听了，仿佛火场就在面前，差不多连气都不敢透了。但是，一切声音突然截止了。从青布幔后面走出来那个表演的人。听客端相他的嘴，也没有什么与众不同的地方。

踢毽子

「這裏有布，有銅錢，有雞毛，
做個毽子來玩好不好？」
「好，自己做來自己玩，
更比現成玩具有味道！」
「那麽，我拿針兒，你拿翦刀，
工作雖小要分勞。」
「我們的工作完成了，
小小毽子多輕巧！」
「看，像有一條線把牠繫牢，
一腳腳踢着總不落掉；

第66课 踢毽子

“这里有布，有铜钱，有鸡毛，做个毽子来玩好不好？”“好，自己做来自己玩，更比现成玩具有味道！”“那么，我拿针儿，你拿剪刀，工作虽小要分劳。”“我们的工作完成了，小小毽子多轻巧！”“看，像有一条线把它系牢，一脚脚踢着总不落掉；看，我右脚换到左脚，还能转一个身，扭一扭腰。”“我腾身把它踢得高高，蹲身就把膝盖儿抱，

看，我右脚換到左脚，
還能轉一個身，扭一扭腰。
「我騰身把牠踢得高高，
蹲身就把膝蓋兒抱，
待牠落下又騰身一脚，
看接連着踢到多少。」
「那怕北風吹，白雪飄，
不用生火爐，把煤燒，
我們踢得滿身是汗，
還得除帽子，脫棉袍。」

待它落下又腾身一脚，看接连着踢到多少。”“哪怕北风吹，白雪飘，不用生火炉，把煤烧，我们踢得满身是汗，还得除帽子，脱棉袍。”

輕氣球

昨天，舅母送給弟弟一個輕氣球玫瑰紫的顏色，有足球那樣大。弟弟歡喜得了不得；一直玩到睡覺的時候，還把牠繫在牀欄上，眼睛看着牠，漸漸地閉攏去。

今天早上，我將醒未醒，只聽弟弟喊我道：「哥哥，告訴你，一個頂有趣的夢！」

我張開眼來問他做的什麼夢，他並不就囘答我，卻說：「如果眞能夠這樣，多麼好呀！」然後指着輕氣球說：「在夢裏，牠把我帶上了天。」

我看繫在牀欄上的輕氣球，還同昨夜一樣浮在空中，微微地提動着，不過略爲小了一點。

弟弟接着說：「夢裏，我牽着輕氣球在花園裏跑。忽然我的腳離開了地面，原來輕氣球向上升了。看看太陽漸漸

第67课 轻气球

昨天，舅母送给弟弟一个轻气球，玫瑰紫的颜色，有足球那样大。弟弟欢喜得了不得；一直玩到睡觉的时候，还把它系在床栏上，眼睛看着它，渐渐地闭拢去。今天早上，我将醒未醒，只听弟弟喊我道：“哥哥，告诉你，一个顶有趣的梦！”我张开眼来问他做的什么梦，他并不就回答我，却说：“如果真能够这样，多么好呀！”然后指着轻气球说：“在梦里，它把我带上了天。”我看系在床栏上的轻气球，还同昨夜一样浮在空中，微微地晃动着，不过略为小了一点。弟弟接着说：“梦里，我牵着轻气球在花园里跑。忽然我的脚离开了地面，原来轻气

大起來，大到像一個圓桌面。我身上熱得利害，我心裏想，再上去可不得了。但是，立刻覺得這並不是太陽，卻是月亮。月亮是個好地方，我倒要去玩一趟呢。就看見高不見頂的大樹，雪團一般的兔子。還有些什麼，現在記不清了。可惜只是個夢；如果眞能夠這樣，多麼好呀!」

我坐了起來，一壁穿衣，一壁說:「乘輕氣球的人已經有好許多了，他們並不是做夢。」

「有好許多了?」弟弟也坐了起來，露出不相信的臉色。「他們到過月亮裏嗎?」

「月亮裏雖然沒有到過，升到天空卻是平常的事。」

「我要問問他們，升到天空的情形可和我夢裏相同。」

「舅父就坐過飛機，飛機同輕氣球……」

弟弟不等我說完，搶着說:「飛機同輕氣球差不多的嗎?那麼我就去問他。」

球向上升了，看看太阳渐渐大起来，大到像一个圆桌面。我身上热得厉害，我心里想，再上去可不得了。但是，立刻觉得这并不是太阳，却是月亮。月亮是个好地方，我倒要去玩一趟呢。就看见高不见顶的大树，雪团一般的兔子。还有些什么，现在记不清了。可惜只是个梦；如果真能够这样，多么好呀!”我坐了起来，一壁穿衣，一壁说：“乘轻气球的人已经有好许多了，他们并不是做梦。”“有好许多了？”弟弟也坐了起来，露出不相信的脸色。“他们到过月亮里吗？”“月亮里虽然没有到过，升到天空却是平常的事。”“我要问问他们，升到天空的情形可和我梦里相同。”“舅父就坐过飞机，飞机同轻气球……”弟弟不等我说完，抢着说：“飞机同轻气球差不多的吗？那么我就去问他。”

乘飛機記

舅父把他乘飛機的情形告訴我們，現在把他的話記下來。

「從上海乘飛機到南京，只消兩點鐘；倘若乘火車，最快也要七點鐘。一天，我因爲有一件要緊的事，嫌火車費時間，就乘飛機到南京。

「飛機的模樣，你們在畫片上、報紙上看見得多了，不必細講。我所坐的是一隻水陸兩用的飛機，起初停在陸上。駕

第68课 乘飞机记

舅父把他乘飞机的情形告诉我们，现在把他的话记下来。“从上海乘飞机到南京，只消两点钟；倘若乘火车，最快也要七点钟。一天，我因为有一件要紧的事，嫌火车费时间，就乘飞机到南京。飞机的模样，你们在画片上、报纸上看见得多了，不必细讲。我所坐的是一只水陆两用的飞机，起初停在陆上。驾驶员开动机关，前面的推进翼旋转起来了。我和其他三个乘客便爬上木梯，跨进舱中坐定。驾驶员再开动另一个机关，飞机前进了，徐徐地从码头驶到水面。飞机在水面前进，

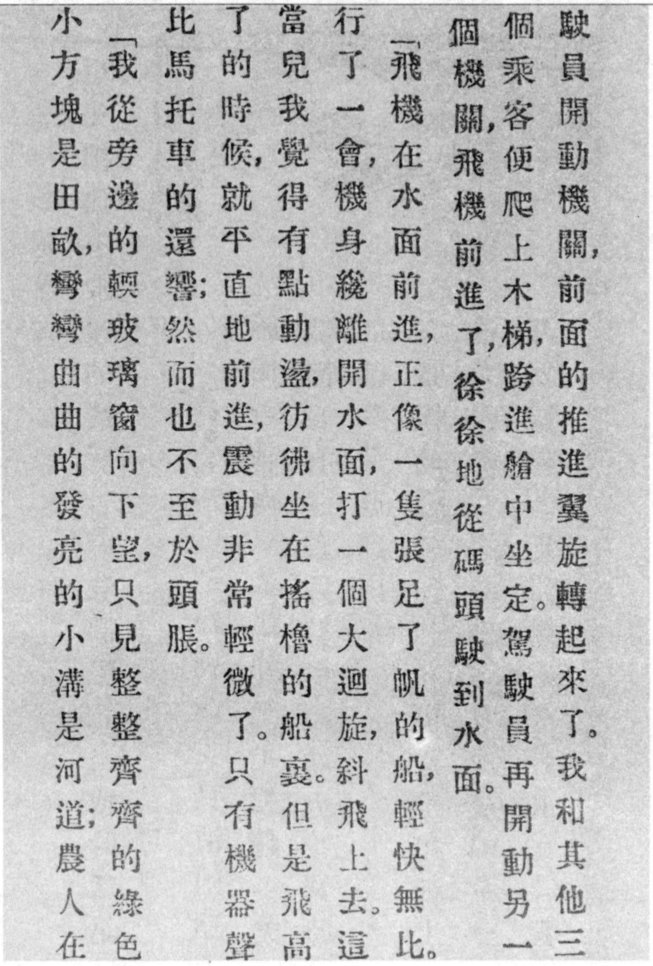
駛員開動機關，前面的推進翼旋轉起來了。我和其他三個乘客便爬上木梯，跨進艙中坐定。駕駛員再開動另一個機關，飛機前進了，徐徐地從碼頭駛到水面。

「飛機在水面前進，正像一隻張足了帆的船，輕快無比。行了一會，機身纔離開水面，打一個大迴旋，斜飛上去。這當兒我覺得有點動盪，彷彿坐在搖櫓的船裏。但是飛高了的時候，就平直地前進，震動非常輕微了。只有機器聲比馬托車的還響；然而也不至於頭脹。

「我從旁邊的輭玻璃窗向下望，只見整整齊齊的綠色小方塊是田畝，彎彎曲曲的發亮的小溝是河道；農人在

正像一只张足了帆的船，轻快无比。行了一会，机身才离开水面，打一个大回旋，斜飞上去。这当儿我觉得有点动荡，仿佛坐在摇橹的船里。但是飞高了的时候，就平直地前进，震动非常轻微了。只有机器声比马托车的还响；然而也不至于头胀。我从旁边的软玻璃窗向下望，只见整整齐齐的绿色小方块是田亩，弯弯曲曲的发亮的小沟是河道；农人在那里工作，真同蚂蚁一般。飞过城市的时候，便见一片灰

那裏工作，眞同螞蟻一般。飛過城市的時候，便見一片灰黑色的、歷亂的屋面，和鮮明、整齊的田野大不相同。最有趣是飛過湖面和山項的時候了。湖面平靜，像一面鏡子；點綴着幾隻帆船，彷彿要睡去似的。飛近山項便稍稍升高，待越過了再降低，正像車兒經過一座橋；看那山上的樹木，簡直是幾叢小草罷了。

「到了南京，又打一個大迴旋，斜落在下關的江面，着水時也極平穩。我看同行的三個乘客，他們臉上都露出愉快的神色。」

黑色的、历乱的屋面，和鲜明、整齐的田野大不相同。最有趣是飞过湖面和山顶的时候了。湖面平静，像一面镜子；点缀着几只帆船，仿佛要睡去似的。飞近山顶便稍稍升高，待越过了再降低，正像车儿经过一座桥；看那山上的树木，简直是几丛小草罢了。到了南京，又打一个大回旋，斜落在下关的江面，着水时也极平稳。我看同行的三个乘客，他们脸上都露出愉快的神色。”

風和水

我們怎麼能做各種工作呢?假使我們身體裏沒有一種力量,能夠種田嗎?能夠織布嗎?能夠開動機器嗎?那是不能夠的。所以,做各種工作全靠着一種力量。力量不單是我們有。一塊木頭,一塊煤,一陣風,一道流動的水,牠們也都有力量。我們可以用牠們的力量代替我們做工作。牠們的力量比我們的大,用了牠們,我們既然省了力,工作又可以多做不少。要用木頭,還得到樹林裏去砍,要用煤,還得到鑛裏去採。惟有風和水最現成了。架一座風車,聯在機關上,上面裝幾扇受風的翼子。風吹拂着,翼子轉動,機關就連帶地轉動,代替我們做工作

第69课 风和水

我们怎么能做各种工作呢?假使我们身体里没有一种力量,能够种田吗?能够织布吗?能够开动机器吗?那是不能够的。所以,做各种工作全靠着一种力量。力量不单是我们有。一块木头,一块煤,一阵风,一道流动的水,它们也都有力量。我们可以用它们的力量代替我们做工作。它们的力量比我们的大,用了它们,我们既然省了力,工作又可以多做不少。要用木头,还得到树林里去砍,要用煤,还得到矿里去采。惟有风和水最现成了。架一座风车,联在机关上,上面装几扇受风的翼子。风吹拂着,翼子转动,机关就连带地转动,代替我

了。

架一座水車，聯在機關上，旁邊裝幾塊受水的板子。水冲激着，板子轉動，機關就連帶地轉動，代替我們做工作了。

用了風車、水車，如果僅僅舂一點米，造一點紙頭，那還對不起風和水，因爲牠們還能夠做更重要的工作。更重要的工作是什麼？就是轉動發電機。風和水的力量轉動了發電機，電的力量又去轉動各種的機器，所做的工作不是很多了嗎？

所以，在常有大風的地方，在河流很急的地方，在掛着大瀑布的地方，應該設起發電廠來，讓風和水盡量地代替我們做工作。

们做工作了。架一座水车，联在机关上，旁边装几块受水的板子。水冲激着，板子转动，机关就连带地转动，代替我们做工作了。用了风车、水车，如果仅仅舂一点米，造一点纸头，那还对不起风和水，因为它们还能够做更重要的工作。更重要的工作是什么？就是转动发电机。风和水的力量转动了发电机，电的力量又去转动各种的机器，所做的工作不是很多了吗？所以，在常有大风的地方，在河流很急的地方，在挂着大瀑布的地方，应该设起发电厂来，让风和水尽量地代替我们做工作。

窮人和富翁

從前，有一個窮人請教一個富翁道：「你這樣富足，一定有什麼方法的。告訴了我吧，我將一生一世感激你。」富翁隨隨便便囘答道：「不錯，我有方法；我這裏什麼東西都是偷來的。」窮人說了幾聲「多謝」轉身便跑。他立刻動手去偷。農人辛辛苦苦種出來的東西他要偷，工人辛辛苦苦做成功的東西他要偷。他有時爬牆頭，有時掘壁洞，凡是眼睛看到、心思想到的，總要設法偷到手裏。他希望偷得同富翁一樣地富足。

有一天，他被人家捉住了。法官判他的罪，把他監禁三年；偷來的東西完全沒收。

第70课 穷人和富翁

从前，有一个穷人请教一个富翁道：“你这样富足，一定有什么方法的。告诉了我吧，我将一生一世感激你。”富翁随随便便回答道：“不错，我有方法；我这里什么东西都是偷来的。”穷人说了几声“多谢”转身便跑。他立刻动手去偷。农人辛辛苦苦种出来的东西他要偷，工人辛辛苦苦做成功的东西他要偷。他有时爬墙头，有时掘壁洞，凡是眼睛看到、心思想到的，总要设法偷到手里。他希望偷得同富翁一样地富足。有一天，他被人家捉住了。法官判他的罪，把他监禁三年；偷来的东西完全没收。三年之后，他从监狱里出来，两手空空，依然是三年之後，他從監獄裏出來，兩手空空，依然是個窮人。便跑到富翁那裏，開口罵道：「壞東西，我上了你的當！」富翁摸不着頭腦，叫他說個明白；等他一五一十說了，纔說：「當初你跑得太快了，不曾聽我說清楚。原來我的偷和你大不相同：我偷自然的東西，不偷人家的東西。」窮人睜大了眼睛問：「你這話什麼意思？」富翁說：「我種田、耕地，收了五穀；鑿石、伐木，造了房子；打獵、捕魚，有了鳥、獸、魚、蝦；我用各種東西做工具；我叫風、水、陽光做伙伴。這許多不都是自然的東西嗎？我偷了來，誰也沒有話說。至於人家辛辛苦苦得來的東西，只該由人家去受用，怎麼能偷他們的？」歇了一歇，富翁又說：「你的頭腦太糊塗了，所以上了自己的當！」

个穷人。便跑到富翁那里，开口骂道：“坏东西，我上了你的当！”富翁摸不着头脑，叫他说个明白；等他一五一十说了，才说：“当初你跑得太快了，不曾听我说清楚。原来我的偷和你大不相同：我偷自然的东西，不偷人家的东西。”穷人睁大了眼睛问：“你这话什么意思？”富翁说：“我种田、耕地，收了五谷；凿石、伐木，造了房子；打猎、捕鱼，有了鸟、兽、鱼、虾；我用各种东西做工具；我叫风、水、阳光做伙伴。这许多不都是自然的东西吗？我偷了来，谁也没有话说。至于人家辛辛苦苦得来的东西，只该由人家去受用，怎么能偷他们的？”歇了一歇，富翁又说：“你的头脑太糊涂了，所以上了自己的当！”

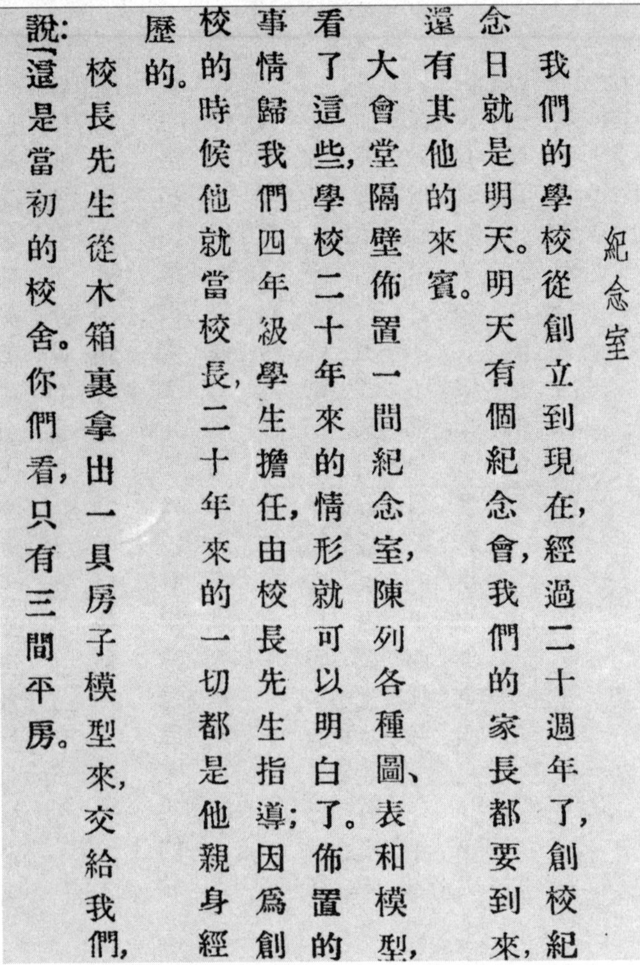

紀念室

我們的學校從創立到現在，經過二十週年了，創校紀念日就是明天。明天有個紀念會，我們的家長都要到來，還有其他的來賓。大會堂隔壁佈置一間紀念室，陳列各種圖、表和模型，看了這些，學校二十年來的情形就可以明白了。佈置的事情歸我們四年級學生擔任，由校長先生指導；因爲創校的時候他就當校長，二十年來的一切都是他親身經歷的。

校長先生從木箱裏拿出一具房子模型來，交給我們，說：「還是當初的校舍。你們看，只有三間平房。

第71课 纪念室

我们的学校从创立到现在，经过二十周年了，创校纪念日就是明天。明天有个纪念会，我们的家长都要到来，还有其他的来宾。大会堂隔壁布置一间纪念室，陈列各种图、表和模型，看了这些，学校二十年来的情形就可以明白了。布置的事情归我们四年级学生担任，由校长先生指导；因为创校的时候他就当校长，二十年来的一切都是他亲身经历的。校长先生从木箱里拿出一具房子模型来，交给我们，说：“这是当初的校舍。你们看，只有三间平房。十周年的时候把它拆掉，

十週年的時候把牠拆掉，擴充地面，造起現在這一所樓房，纔做了這一具模型。應該把牠擺在主要的地方。」

我們就把牠擺在靠東牆正中的桌子上。

「這是開學第一天照的相」校長先生拿一張照片給我們看，說道：「你們看，當時只有多少人？」

一位同學數了一數，說道：「二十三個學生——現在我們有兩百五十多，十倍都不止了。」

另一位同學看看照片，又看看校長先生，說道：「你的模樣改變得多了。」

扩充地面，造起现在这一所楼房，才做了这一具模型。应该把它摆在主要的地方。”我们就把它摆在靠东墙正中的桌子上。“这是开学第一天照的相。”校长先生拿一张照片给我们看，说道：“你们看，当时只有多少人？”一位同学数了一数，说道：“二十三个学生——现在我们有两百五十多，十倍都不止了。”另一位同学看看照片，又看看校长先生，说道：“你的模样改变得多了。”校长先生笑了一笑，说：“到底二十年了。”“你左边的一位先生是谁呀？”校长先生现出悲伤的脸色，叹一校長先生笑了一笑，說：「到底二十年了。」

「你左邊的一位先生是誰呀？」

校長先生現出悲傷的臉色，歎一口氣說：「這位是莫先生，小朋友的好教師，我的好同伴！他去世十三年了。另外有他的半身相片，我們也要把牠掛起來。」

他又檢出一疊照片給我們，說道：「這是五年以前各屆畢業生的照片，最近五年的都在招待室裏，現在要併在一起，順着年份掛起來。——這兩本裏貼着的是畢業生寄來的信，應該擺在照片的近旁。他們到了別處去，做着各種的事業，卻並不把學校忘記，常常有信寄來，這是很可以感動的！」

我們大家不約而同地對校長先生看了一眼，彷彿說：「我們將來畢業了，也決不會忘記你同學校的。」

口气说：“这位是莫先生，小朋友的好教师，我的好同伴！他去世十三年了。另外有他的半身相片，我们也要把它挂起来。”他又捡出一叠照片给我们，说道：“这是五年以前各届毕业生的照片，最近五年的都在招待室里，现在要并在一起，顺着年份挂起来。——这两本里贴着的是毕业生寄来的信，应该摆在照片的近旁。他们到了别处去，做着各种的事业，却并不把学校忘记，常常有信寄来，这是很可以感动的！”我们大家不约而同地对校长先生看了一眼，仿佛说：“我们将来毕业了，也决不会忘记你同学校的。”

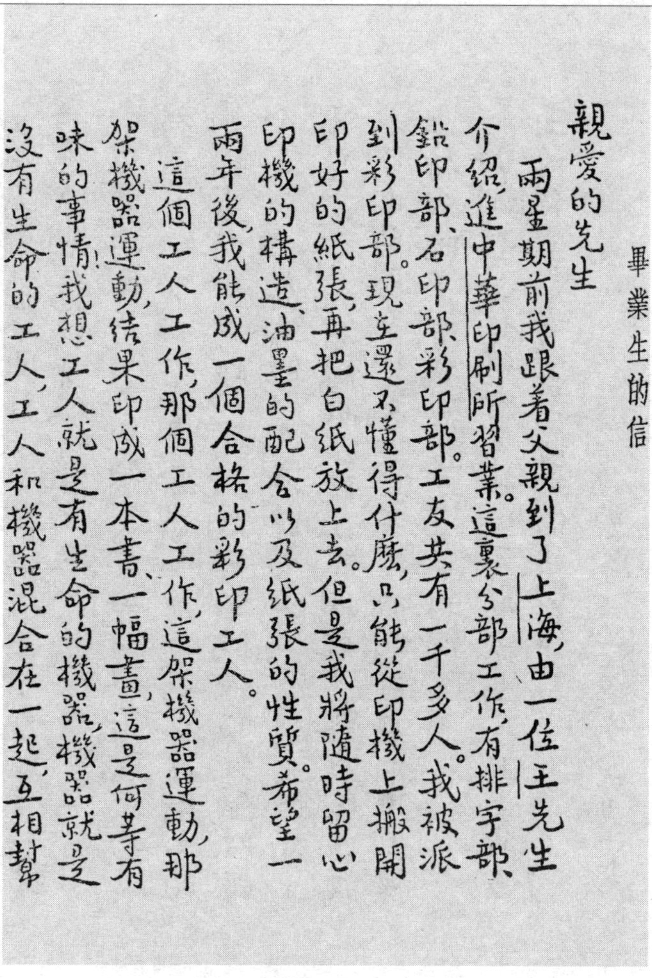
畢業生的信

親爱的先生

兩星期前我跟着父親到了上海，由一位王先生介绍，進中華印刷所習業。這裏分部工作，有排字部、鉛印部、石印部、彩印部。工友共有一千多人。我被派到彩印部。現在還不懂得什麼，只能從印機上搬開印好的紙張，再把白紙放上去。但是我將隨時留心印機的構造、油墨的配合以及紙張的性質。希望一兩年後，我能成一個合格的彩印工人。

這個工人工作，那個工人工作，這架機器運動，那架機器運動，结果印成一本書、一幅畫，這是何等有味的事情！我想工人就是有生命的機器，機器就是沒有生命的工人，工人和機器混合在一起，互相幫

第72课 毕业生的信

亲爱的先生：两星期前我跟着父亲到了上海，由一位王先生介绍，进中华印刷所习业。这里分部工作，有排字部、铅印部、石印部、彩印部。工友共有一千多人。我被派到彩印部。现在还不懂得什么，只能从印机上搬开印好的纸张，再把白纸放上去。但是我将随时留心印机的构造、油墨的配合以及纸张的性质。希望一两年后，我能成一个合格的彩印工人。这个工人工作，那个工人工作，这架机器运动，那架机器运动，结果印成一本书、一幅图，这是何等有味的事情！我想工人就是有生命的机器，机器就是没有生命的工人，工人和机器混合在

助製成種々東西，這就叫做工業。我覚得工業很有
意思，我願意終身做一個工人。
這裏每天工作八小時，下午五時放工。晚上我進
補習学校，功課一半是常識，一半是彩印技術上的
知識。寄宿舍就在印刷所隔壁，因為地位狹窄，牀鋪
分上下兩層，各睡一人。我睡的是上層，醒来時向上
看望，還覚得寬暢，如果睡在下面，就比較氣悶了。我
和下面的朋友約定，二個月後我们掉過来睡，他睡
上層，我睡下層。我想這是公平的辦法。
此刻就要往補習学校去，不能多寫了。兩星期後
再給你寄信，希望先得到你的回信。
你的學生徐有方。 九月十日。

一起，互相帮助，制成种种东西，这就叫做工业。我觉得工业很有意思，我愿意终身做一个工人。这里每天工作八小时，下午五时放工。晚上我进补习学校，功课一半是常识，一半是彩印技术上的知识。寄宿舍就在印刷所隔壁，因为地位狭窄，床铺分上下两层，各睡一人。我睡的是上层，醒来时向上看望，还觉得宽畅，如果睡在下面，就比较气闷了。我和下面的朋友约定，二个月后我们掉过来睡，他睡上层，我睡下层。我想这是公平的办法。此刻，就要往补习学校去，不能多写了。两星期后再给你寄信，希望先得到你的回信。你的学生徐有方。九月十日。

一個郵差

在我家一帶送信的，向來是這一個郵差。他額上有幾條皺紋，嘴周圍生着濃黑的短髭；他大概四十多歲了。他走路很快。因爲掛着郵袋，右肩略微聳起；左手按着郵袋的口；右手裏是一疊信件：這樣子他移動着兩條腿，在路上往來，走出這一家，又走進那一家。有人問他爲什麼不慢點走。他回答道：「寄信人個個希望他們的信趕快送到；收信人在那裏等信，希望也同樣地急切；兩面的希望都在我的身上，我怎能不快點跑！」

第73课 一个邮差

在我家一带送信的，向来是这一个邮差。他额上有几条皱纹，嘴周围生着浓黑的短须；他大概四十多岁了。他走路很快。因为挂着邮袋，右肩略微耸起；左手按着邮袋的口；右手里是一叠信件：这样子他移动着两条腿，在路上往来，走出这一家，又走进那一家。有人问他为什么不慢点走。他回答道：“寄信人个个希望他们的信赶快送到；收信人在那里等信，希望也同样地急切；两面的希望都在我的身上，我怎能不快点跑！”他熟识各家的人，并且知道各家的信由谁寄来。他授他熟識各家的人並且知道各家的信由誰寄來，他授信給張家的孩子：「你爸爸來信了，快去交給媽媽吧！」他授信給王家老太太：「王老太太，你的兒子又給你寄信來了，你該快活三天呢！」他授一封掛號信給沈家的婦人：「沈先生匯錢回來了，這裏有他的掛號信！」他總是用這樣的腔調對收信人講話，同時臉上露着笑意，眼睛看定受信人，好像他們接到了信也就是他的快樂。

這裏的人個個歡喜他。不論風雨寒暑，他按時在路上經過，大家望見他的綠衣服，心裏自然會高興起來。

信给张家的孩子："你爸爸来信了，快去交给妈妈吧！"他授信给王家老太太："王老太太，你的儿子又给你寄信来了，你该快活三天呢！"他授一封挂号信给沈家的妇人："沈先生汇钱回来了，这里有他的挂号信！"他总是用这样的腔调对收信人讲话，同时脸上露着笑意，眼睛看定受信人，好像他们接到了信也就是他的快乐。这里的人个个欢喜他。不论风雨寒暑，他按时在路上经过，大家望见他的绿衣服，心里自然会高兴起来。

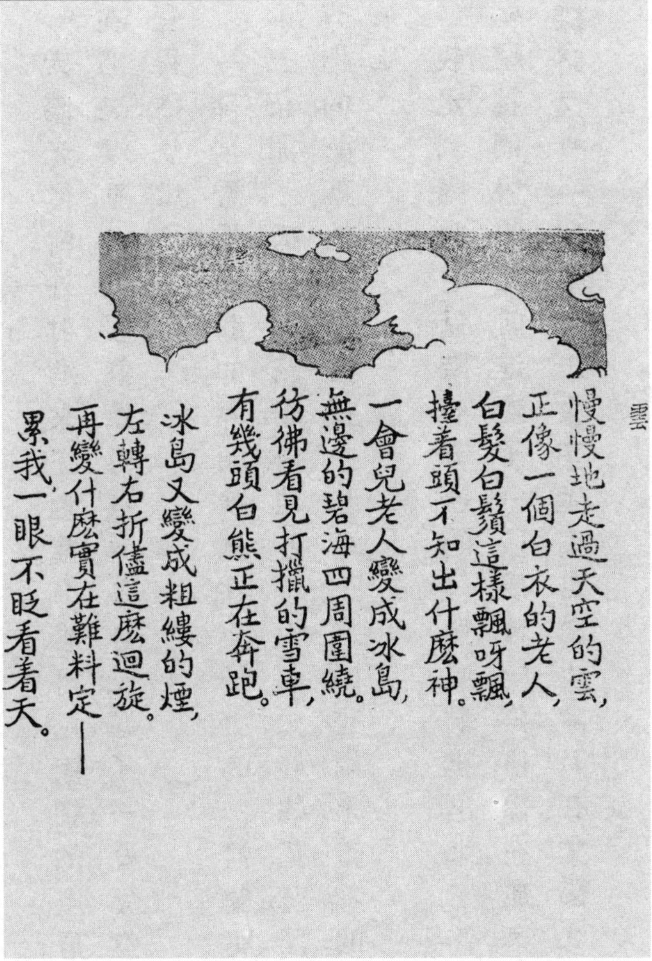

雲

慢慢地走過天空的雲，
正像一個白衣的老人，
白髮白鬚這樣飄呀飄，
擡着頭不知出什麼神。
一會兒老人變成冰島，
無邊的碧海四周圍繞。
彷彿看見打獵的雪車，
有幾頭白熊正在奔跑。
冰島又變成粗縷的煙，
左轉右折儘這麼迴旋。
再變什麼實在難料定——
累我一眼不眨看着天。

第74课　云

慢慢地走过天空的云，正像一个白衣的老人，白发白须这样飘呀飘，抬着头不知出什么神。一会儿老人变成冰岛，无边的碧海四周围绕。仿佛看见打猎的雪车，有几头白熊正在奔跑。冰岛又变成粗缕的烟，左转右折尽这么回旋。再变什么实在难料定——累我一眼不眨看着天。

春天

太陽光從窗外射進來。在光當中，看得見極細的塵屑在那裏浮動。一股暖氣薰得我週身舒服；過了一會兒，竟覺得熱烘烘了。

一陣清香拂過我的鼻頭邊。擺在桌子上的一盆蘭花有三朵開了。碧綠的花瓣，白地紅斑、舌頭一般的花蕊，怪有趣的。蘭葉的影子描在白牆頭上，就同畫幅上畫着的一般。

我走到庭前。看見階石旁邊的一個泥洞裏出來三個螞蟻。牠們慢慢地前進，走了一段便停一停，彷彿在那裏探路。又有一個螞蟻出來了。牠獨自爬上階石，在太陽光

第75课 春天

太阳光从窗外射进来。在光当中，看得见极细的尘屑在那里浮动。一股暖气熏得我周身舒服；过了一会儿，竟觉得热烘烘了。一阵清香拂过我的鼻头边。摆在桌子上的一盆兰花有三朵开了。碧绿的花瓣，白底红斑、舌头一般的花蕊，怪有趣的。兰叶的影子描在白墙头上，就同画幅上画着的一般。我走到庭前。看见阶石旁边的一个泥洞里出来三个蚂蚁。它们慢慢地前进，走了一段便停一停，仿佛在那里探路。又有一个蚂蚁出来了。它独自爬上阶石，在太阳光中急速地前进。什么

中急速地前進。

什麼地方傳來蜂兒嗡嗡的聲音？我擡起頭來尋，尋不見。可是聽到了這聲音，就彷彿看見了紅紅白白、如山如海的花。

我走出了大門，細細的柳條上，不知什麼時候染上了嫩黃色。仔細看去，說牠黃色也不對，竟是異樣可愛的綠。輕輕的風把柳條的下梢一順地托起，一會兒便又默默地垂下了。

柳樹下的池塘裏，魚兒好快樂呀！成羣地游到這邊，游到那邊。白雲、青空以及柳樹的影子，都在水中輕輕地蕩漾。一幅活動的畫圖！

我深深地吸了一口氣，不自主地說：「完全是春天了！」

地方传来蜂儿嗡嗡的声音？我抬起头来寻，寻不见。可是听到了这声音，就仿佛看见了红红白白、如山如海的花。我走出了大门，细细的柳条上，不知什么时候染上了嫩黄色。仔细看去，说它黄色也不对，竟是异样可爱的绿。轻轻的风把柳条的下梢一顺地托起，一会儿便又默默地垂下了。柳树下的池塘里，鱼儿好快乐呀！成群地游到这边，游到那边。白云、青空以及柳树的影子，都在水中轻轻地荡漾。一幅活动的画图！我深深地吸了一口气，不自主地说："完全是春天了！"

林則徐(一)

帝國主義刮人家的錢,吸人家的血,只想把東西賣給人家,不問牠有用沒有用。像鴉片煙那樣的毒東西,只因有利可圖,也會拿來賣給人家。賣了就有人吸;吸成了癮,精神委頓了,身體衰弱了,成爲沒用的人。然而帝國主義是不管這一層的。

清朝的初年,我國就很有一些人吸鴉片了。當時曾經下命令,不准賣,不准吸。可是沒有效驗,運來的鴉片和吸鴉片的人只見多起來。拿了有用的金錢,換來惡毒的鴉片,傷害自家的精神和身體,這是何等喫虧的事情!道光年間,清政府便派林則徐着力禁煙。

第76课 林则徐

帝国主义刮人家的钱,吸人家的血,只想把东西卖给人家,不问它有用没有用。像鸦片烟那样的毒东西,只因有利可图,也会拿来卖给人家。卖了就有人吸;吸成了瘾,精神委顿了,身体衰弱了,成为没用的人。然而帝国主义是不管这一层的。清朝的初年,我国就很有一些人吸鸦片了。当时曾经下命令,不准卖,不准吸。可是没有效验,运来的鸦片和吸鸦片的人只见多起来。拿了有用的金钱,换来恶毒的鸦片,伤害自家的精神和身体,这是何等吃亏的事情!道光年间,清政府便派林则徐着力禁烟。林则徐是个热心、能干的人,派着他,他就

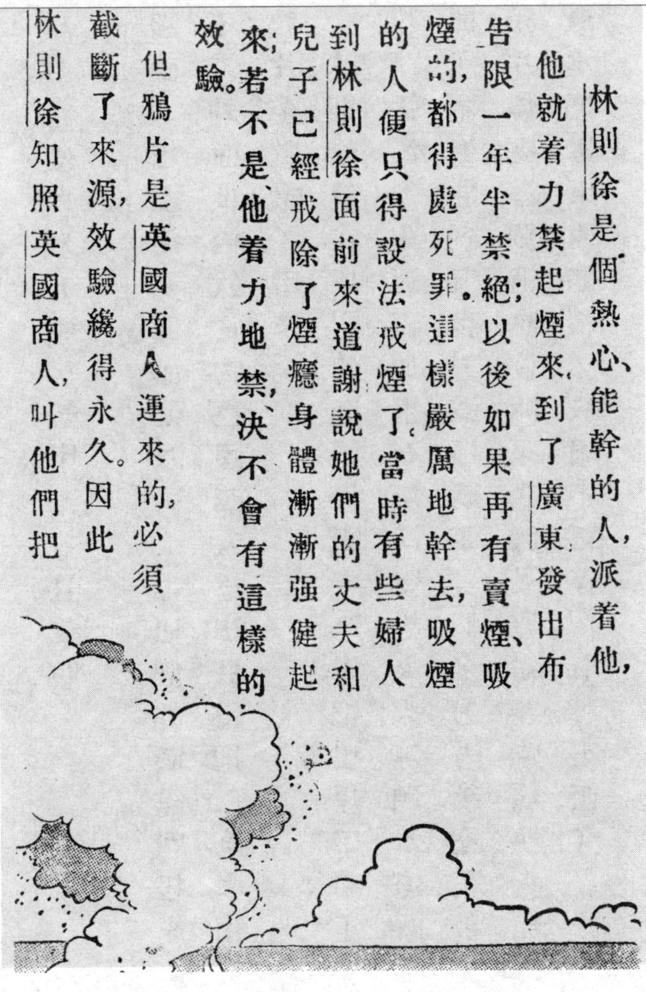

林則徐是個熱心、能幹的人，派着他，他就着力禁起煙來。到了廣東發出布告限一年半禁絕；以後如果再有賣煙、吸煙的，都得處死罪。這樣嚴厲地幹去，吸煙的人便只得設法戒煙了。當時有些婦人到林則徐面前來道謝，說她們的丈夫和兒子已經戒除了煙癮，身體漸漸强健起來；若不是他着力地禁，決不會有這樣的效驗。

但鴉片是英國商人運來的，必須截斷了來源，效驗纔得永久。因此林則徐知照英國商人，叫他們把

着力禁起烟来。到了广东，发出布告限一年半禁绝；以后如果再有卖烟、吸烟的，都得处死罪。这样严厉地干去，吸烟的人便只得设法戒烟了。当时有些妇人到林则徐面前来道谢：说她们的丈夫和儿子已经戒除了烟瘾，身体渐渐强健起来；若不是他着力地禁，决不会有这样的效验。但鸦片是英国商人运来的，必须截断了来源，效验才得永久。因此林则徐知照英国商人，叫他们把藏在那里的鸦片全数缴出来，并且声明以后不再运鸦片。英国商人想迁延不理。他就派兵士把他们的商馆围起来，不许外面供给饮食物。英国商人没法，只得把二万多箱

藏在那裏的鴉片全數繳出來，並且聲明以後不再運鴉片。英國商人想遷延不理。他就派兵士把他們的商館圍起來，不許外面供給飲食物。英國商人沒法，只得把二萬多箱鴉片全數繳了出來。

林則徐就在虎門的海岸邊開成池子，把鴉片切開了投下去，浸了半天，再加生石灰，便發起火來；等潮水退時，開了木柵冲到海裏去。這樣燒了一個多月，方纔把全數鴉片燒完。這個消息傳開來，我國人覺得非常痛快。火和海水把毒東西銷燬了！我國不再存留着毒東西了！

鸦片全数缴了出来。林则徐就在虎门的海岸边开成池子，把鸦片切开了投下去，浸了半天，再加生石灰，便发起火来；等湖水退时，开了木栅冲到海里去。这样烧了一个多月，方才把全数鸦片烧完。这个消息传开来，我国人觉得非常痛快。火和海水把毒东西销毁了！我国不再存留着毒东西了！英国领事官见商人吃了亏，又知他们在我国的商业将从此跌落，便调来军舰，预备攻澳门。但是林则徐早已有了防备。他沿海岸布置铁链、木伐、暗椿；又买了三百多门大炮，排列在岸上；更预备战船多只，招募壮丁多名，认真操练攻战的方法。广东的海岸经

林則徐(二)

英國領事官見商人喫了虧，又知他們在我國的商業將從此跌落，便調來軍艦，預備攻澳門。但是林則徐早已有了防備。他沿海岸布置鐵鍊、木筏、暗樁；又買了三百多門大礮，排列在岸上；更預備戰船多隻，招募壯丁多名，認眞操練攻戰的方法。廣東的海岸經他這樣一保護，英國軍艦便不敢草率動手了。

可惜當時各地的官吏，像林則徐那樣熱心、能幹、明白道理的並不多。他們大都是自私自利、膽小如鼠的人，平時一點不講究軍備，對於外國人只知道害怕。英國人看穿了這一層，便放開澳門不攻，卻去攻浙江省。果然，浙江省的幾處地方被他們佔據了。他們便又向北侵犯天津，

他这样一保护，英国军舰便不敢草率动手了。可惜当时各地的官吏，像林则徐那样热心、能干、明白道理的并不多。他们大都是自私自利、胆小如鼠的人，平时一点不讲究军备，对于外国人只知道害怕。英国人看穿了这一层，便放开澳门不攻，却去攻浙江省。果然，浙江省的几处地方被他们占据了。他们便又向北侵犯天津，军舰直驶大沽口，然后提出要求的条件。各地的官吏害怕起来了，一致抱怨林则徐，说他办事不得当，闹出祸事来。清政府也没了主张，便派人同英国人议和，一面把林则徐革职，派他到新疆的军队里去服役——这种刑罚叫做充

軍艦直駛進大沽口，然後提出要求的條件。

各地的官吏害怕起來了，一致抱怨林則徐，說他辦事不得當，鬧出禍事來。清政府也沒了主張，便派人同英國人議和，一面把林則徐革職，派他到新疆的軍隊裏去服役——這種刑罰叫做充軍。

受着冤枉的罪名，走着遙遠的路途，辛辛苦苦到新疆去，這當兒，林則徐的心裏多少難堪呀！可是他還沒有到新疆，清政府就把他放回了。

「鴉片戰爭」以後，鴉片又運來了，而且比以前更多。漸漸地國內也種起鴉片來了，禁種、禁吸，至今還沒有大效驗。這更叫人想起林則徐了。

現在市上有一種「林文忠公戒煙丸」，那藥方就是當時林則徐所配製的。

军。受着冤枉的罪名，走着遥远的路途，辛辛苦苦到新疆去，这当儿，林则徐的心里多少难堪呀！可是他还没有到新疆，清政府就把他放回了。“鸦片战争”以后，鸦片又运来了，而且比以前更多。渐渐地国内也种起鸦片来了，禁种、禁吸，至今还没有大效验。这更叫人想起林则徐了。现在市上有一种“林文忠公戒烟丸”，那药方就是当时林则徐所配制的。

我們的力量

流過我們村前的一條河給我們受了幾年的災難。乾旱的時候，差不多連河底都露了出來。我們田裏要水，整天整夜踏水車。但戽起來的只是些泥漿，那裏够用呢！水漲的時候，河面立刻高過了田面。我們沒有辦法，只好對着水波歎氣。等到水退，稻都爛了。

原來河底的泥沙積得太多，以致河身太淺了。這只有把牠開深的一個辦法。單只開深我們村前的一段還是沒有用，必須把整條的河開深纔行。於是我們發起合力開河，派人到沿河各村去，徵求他們的同意。

沿河各村的人都踴躍地囘答道：「合力開河，好！現在稻還沒有下種，立刻動手吧！」

第77课 我们的力量

流过我们村前的一条河给我们受了几年的灾难。干旱的时候，差不多连河底都露了出来。我们田里要水，整天整夜踏水车。但戽起来的只是些泥浆，哪里够用呢！水涨的时候，河面立刻高过了田面。我们没有办法，只好对着水波叹气。等到水退，稻都烂了。原来河底的泥沙积得太多，以致河身太浅了。这只有把它开深的一个办法。单只开深我们村前的一段还是没有用，必须把整条的河开深才行。于是我们发起合力开河，派人到沿河各村去，征求他们的同意。沿河各村的人都踊跃地回答道：“合力开河，好！现在稻还没有下种，立刻动手吧！”

一道一道的土壩在河面上築起來了。幾百個男女在河岸邊工作，掘的掘，挑的挑，把掘起來的泥壅在兩旁的田裏。每人的布衫溼透了汗，每人的兩條腿塗滿了泥漿。然而每人起勁、高興，因爲這個工作便利了自己，也便利了大衆。

半個月之後，工作完畢了，把土壩拆去，河裏流動着澄清的水。這時候，兩岸的人齊聲唱起來：

我們的力量已經把災難趕開！

我們的力量已經把災難趕開！

現在河水變成了忠心的伙伴，

牠將隨我們的意把田畝灌溉！

一道一道的土坝在河面上筑起来了。几百个男女在河岸边工作，掘的掘，挑的挑，把掘起来的泥壅在两旁的田里。每人的布衫湿透了汗，每人的两条腿涂满了泥浆。然而每人起劲、高兴，因为这个工作便利了自己，也便利了大众。半个月之后，工作完毕了，把土坝拆去，河里流动着澄清的水。这时候，两岸的人齐声唱起来：我们的力量已经把灾难赶开！我们的力量已经把灾难赶开！现在河水变成了忠心的伙伴，它将随我们的意把田亩灌溉！

孔廟和孔林

孔子的家鄉在山東省曲阜縣，現在有津浦鐵路經過該縣的境界。孔廟就在城裏頭。周圍十里的一個城，廟佔了牠西面的一半。

廟裏頭一道道的門和牌坊，以及歷代所立的石碑，上面題着的字句都是讚美孔子的。

正中是大成殿，用合抱的圓石柱支持着，柱上雕刻着龍紋，又精緻，又偉大。殿中央供着孔子的木像，兩旁是他的弟子的像。殿前有杏壇，用黃磚頭砌成，形狀像個茅亭，據說當時孔子就在這

第78课 孔庙和孔林

孔子的家乡在山东省曲阜县，现在有津浦铁路经过该县的境界。孔庙就在城里头。周围十里的一个城，庙占了它西面的一半。庙里头一道道的门和牌坊，以及历代所立的石碑，上面题着的字句都是赞美孔子的。正中是大成殿，用合抱的圆石柱支持着，柱上雕刻着龙纹，又精致，又伟大。殿中央供着孔子的木像，两旁是他的弟子的像。殿前有杏坛，用黄砖头砌成，形状像个茅亭，据说当时孔子就在这块地方教学生的。县城的北门外，桧树、柏树成林；中间一条道路，隐隐望得见红墙头：这是孔林，就是孔子的坟墓所在地。墓门里面一条甬

塊地方教學生的。

縣城的北門外，檜樹、柏樹成林；中間一條道路，隱隱望得見紅牆頭：這是孔林，就是孔子的墳墓所在地。墓門裏面一條甬道，長一里光景。當中放着一隻大石鼎，旁邊立着兩個石頭人，一個執笏，一個執劍。甬道盡頭處便是享殿。享殿後面正中便是孔子的墳墓，高一丈五尺；前面有一塊篆字的石碑，題着「大成至聖文宣王墓」八個字。——整個孔林周圍有十多里，比曲阜城來得大了。

孔廟和孔林一直由孔子的子孫保管着。因爲那裏是我國有名的古蹟，津浦路上經過的人往往要在曲阜下車，去參觀一番。

道，长一里光景。当中放着一只大石鼎，旁边立着两个石头人，一个执笏，一个执剑。甬道尽头处便是享殿，享殿后面正中便是孔子的坟墓，高一丈五尺；前面有一块篆字的石碑，题着“大成至圣文宣王墓”八个字。——整个孔林周围有十多里，比曲阜城来得大了。孔庙和孔林一直由孔子的子孙保管着。因为那里是我国有名的古迹，津浦路上经过的人往往要在曲阜下车，去参观一番。

瀑布

還沒看見瀑布，
先聽見瀑布的聲音，
好像疊疊的浪湧上岸灘，
又像陣陣的風吹過松林。

山路忽然一轉，
啊，望見了瀑布的全身！
這般景象沒法譬喻，
千丈青山襯着一道白銀。

站在瀑布脚下仰望，
好偉大呀，一座珍珠的屏！
時時来一陣風，
把牠吹得如煙，如霧，如塵。

第79课 瀑布

还没看见瀑布，先听见瀑布的声音，好像叠叠的浪涌上岸滩，又像阵阵的风吹过松林。山路忽然一转，啊，望见了瀑布的全身！这般景象没法比喻，千丈青山衬着一道白银。站在瀑布脚下仰望，好伟大呀，一座珍珠的屏！时时来一阵风，把它吹得如烟、如雾、如尘。

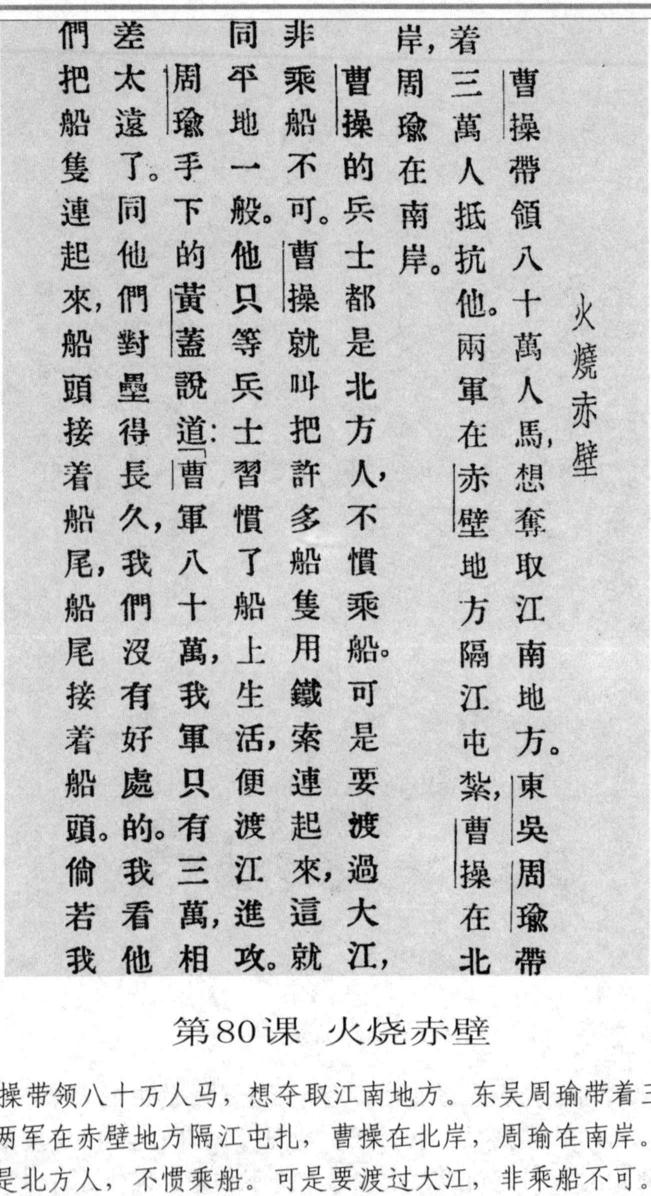
火燒赤壁

曹操帶領八十萬人馬，想奪取江南地方。東吳周瑜帶着三萬人抵抗他。兩軍在赤壁地方隔江屯紮，曹操在北岸，周瑜在南岸。

曹操的兵士都是北方人，不慣乘船。可是要渡過大江，非乘船不可。曹操就叫把許多船隻用鐵索連起來，這就同平地一般。他只等兵士習慣了船上生活，便渡江進攻。

周瑜手下的黃蓋說道：「曹軍八十萬，我軍只有三萬，相差太遠了。同他們對壘得長久，我們沒有好處的。我看他們把船隻連起來，船頭接着船尾，船尾接着船頭。倘若我

第80课 火烧赤壁

曹操带领八十万人马，想夺取江南地方。东吴周瑜带着三万人抵抗他。两军在赤壁地方隔江屯扎，曹操在北岸，周瑜在南岸。曹操的兵士都是北方人，不惯乘船。可是要渡过大江，非乘船不可。曹操就叫把许多船只用铁索连起来，这就同平地一般。他只等兵士习惯了船上生活，便渡江进攻。周瑜手下的黄盖说道：“曹军八十万，我军只有三万，相差太远了。同他们对垒得长久，我们没有好处的。我看他们把船只连起来，船头接着船尾，船尾接着船头。倘若我们用火进攻，他们逃都逃不了的。”周瑜说这个意思很好。但是怎样用火进攻，还得想

們用火進攻，他們逃都逃不了的。

周瑜說這個意思很好。但是怎樣用火進攻，還得想個計策。黃蓋說，計策已經有了，一切準備也由他擔任。周瑜聽了，自然歡喜非常。

黃蓋就寫一封信給曹操，派人送去。信裏說：東吳兵少，實在抵當不住八十萬大軍。周瑜不自量力，想把雞蛋敵石頭，誰也知道要失敗的，他自己願意離開東吳，投降曹操。還有許多兵士、糧草，投降時隨船帶去。

曹操看罷黃蓋的信，也歡喜得了不得。

个计策。黄盖说，计策已经有了，一切准备也由他担任。周瑜听了，自然欢喜非常。黄盖就写一封信给曹操，派人送去。信里说：“东吴兵少，实在抵挡不住八十万大军。周瑜不自量力，想把鸡蛋敌石头，谁也知道要失败的。他自己愿意离开东吴，投降曹操。还有许多兵士、粮草，投降时随船带去。曹操看罢黄盖的信，也欢喜得了不得。江面上吹着极大的东南风，波浪汹涌，像山一般，向北岸冲去。曹操正在迎风眺望。忽然一个兵士指着说：“江南隐隐有一簇船帆，使着风来了！”一会儿，又有一个兵士报道：“来船的大旗上写着‘黄’字！”曹操笑道：

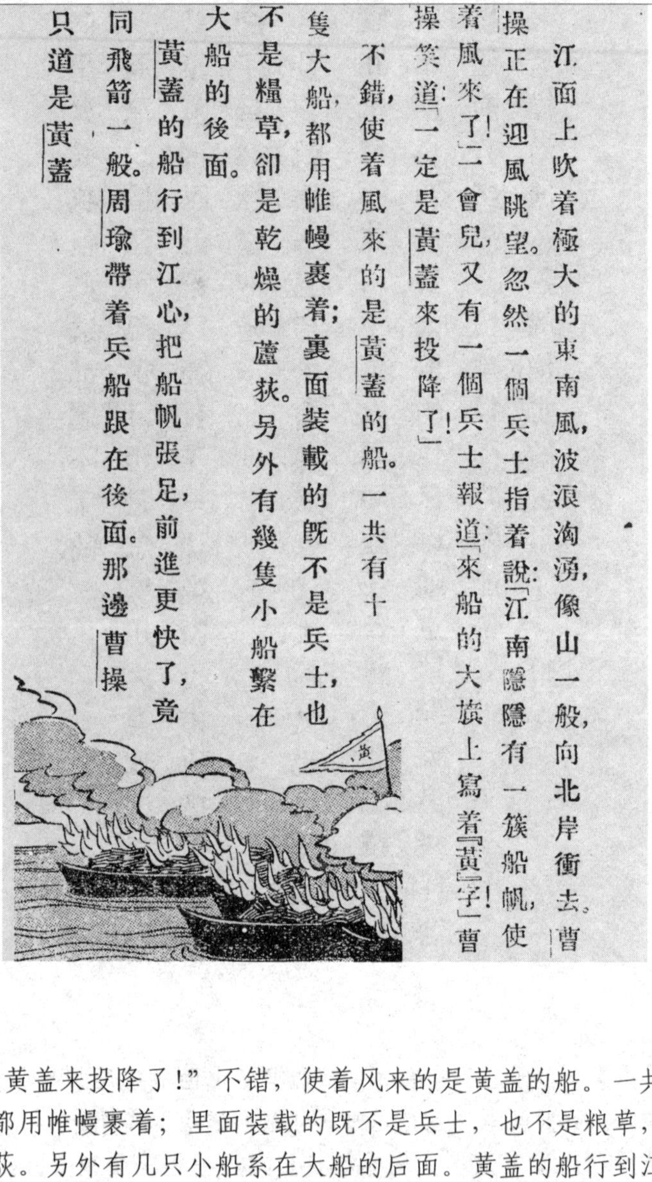
江面上吹着極大的東南風，波浪洶湧，像山一般，向北岸衝去。曹操正在迎風眺望。忽然一個兵士指着說：「江南隱隱有一簇船帆，使着風來了！」一會兒，又有一個兵士報道：「來船的大旗上寫着『黃』字！」曹操笑道：「一定是黃蓋來投降了！」

不錯，使着風來的是黃蓋的船。一共有十隻大船，都用帷幔裹着；裏面裝載的既不是兵士，也不是糧草，卻是乾燥的蘆荻。另外有幾隻小船繫在大船的後面。黃蓋的船行到江心，把船帆張足，前進更快了，竟同飛箭一般。周瑜帶着兵船跟在後面。那邊曹操只道是黃蓋

“一定是黄盖来投降了！”不错，使着风来的是黄盖的船。一共有十只大船，都用帷幔裹着；里面装载的既不是兵士，也不是粮草，却是干燥的芦荻。另外有几只小船系在大船的后面。黄盖的船行到江心，把船帆张足，前进更快了，竟同飞箭一般。周瑜带着兵船跟在后面。那边曹操只道是黄盖投降，并不防备。行到距离曹营二里的江面，黄盖把十船芦荻一齐烧着，自己上了小船，解了系住的绳索。这时候东南风很急，十只火船立刻冲进曹营。曹营的船只一时都着了火；又被铁

投降，並不防備。

行到距離曹營二里的江面，黃蓋把十船蘆荻一齊燒着，自己上了小船，解了繫住的繩索。這時候東南風很急，十隻火船立刻衝進曹營。曹營的船隻一時都着了火；又被鐵索連着，無法逃避。火更向岸上竄去，一會兒，岸上的兵營也燒起來了。

火光照得滿天通紅，濃煙封沒了江面和江岸。哭聲、喊聲混成一片。人馬燒死、溺死的不計其數。

曹操乘小船逃上江岸。背後周瑜的兵追來，鼓聲震天。兵心更亂了，都不敢戰鬭。曹操只得帶了他們從華容道逃走。道路泥滑難走，要把乾草塡了，人馬纔得過去。因此，塡草的兵士被踏死的很不少。連同死在火裏、水裏的，八十萬人馬損失到一半以上。

索连着，无法逃避。火更向岸上窜去，一会儿，岸上的兵营也烧起来了。火光照得满天通红，浓烟封没了江面和江岸。哭声、喊声混成一片。人马烧死、溺死的不计其数。曹操乘小船逃上江岸。背后周瑜的兵追来，鼓声震天。兵心更乱了，都不敢战斗。曹操只得带了他们从华容道逃走。道路泥滑难走，要把干草填了，人马才得过去。因此，填草的兵士被踏死的很不少。连同死在火里、水里的，八十万人马损失到一半以上。

從農家出來的畫家

有一個農家的孩子，每天和父親、姊、妹一同到田裏去工作。他的衣袋裏常常藏着炭塊，休息的時候，就拿出炭塊來，在石頭上描寫農人種田的模樣和牛馬行動的狀態。喫過午飯，家裏的人睡午覺的時候，他獨自帶了一本小簿子，出去描寫風景。沒有一個人教導他，也沒有一個人知道他，他的畫卻一天一天好起來了。有一天，他在田裏工作，看見一個老人，模樣非常地好。可惜他身邊沒有帶炭塊和紙張，不能把他描寫成一幅畫。他便仔細看了一會，把那老人

第81课 从农家出来的画家

有一个农家的孩子，每天和父亲、姐、妹一同到田里去工作。他的衣袋里常常藏着炭块，休息的时候，就拿出炭块来，在石头上描写农人种田的模样和牛马行动的状态。吃过午饭，家里的人睡午觉的时候，他独自带了一本小簿子，出去描写风景。没有一个人教导他，也没有一个人知道他，他的画却一天一天好起来了。有一天，他在田里工作，看见一个老人，模样非常地好。可惜他身边没有带炭块和纸张，不能把他描写成一幅画。他便仔细看了一会，把那老人的模样牢牢地记在心里。回到家里之后，就拿炭块把记在心里的老人的模样画了出

的模樣牢牢地記在心裏。囘到家裏之後，就拿炭塊把記在心裏的老人的模樣畫了出來。畫得很好，沒有一點不準確的地方，他自己非常歡喜，便把這幅畫給他的父親看。

父親看他這幅畫這樣好，問他道：「你是端相着這個老人畫的嗎？」

「不。我今天在田裏看見這個老人，就把他的模樣記在心裏，囘來之後，纔把他畫出來，幸而沒有忘記。」

父親歡喜得說不出話來，只把孩子的頭抱在胸前。過了好一會，纔說道：「好孩子，從明天起，你不要種田了，用功描畫吧！我要帶你到城裏去，給你找一位先生。」

這個孩子就是法國的大畫家米勒。

来。画得很好，没有一点不准确的地方。他自己非常欢喜，便把这幅画给他的父亲看。父亲看他这幅画这样好，问他道：“你是端相着这个老人画的吗？”“不。我今天在田里看见这个老人，就把他的模样记在心里。回来之后，才把他画出来，幸而没有忘记。”父亲欢喜得说不出话来，只把孩子的头抱在胸前。过了好一会，才说道：“好孩子，从明天起，你不要种田了，用功描画吧！我要带你到城里去，给你找一位先生。”这个孩子就是法国的大画家米勒。

月光曲

德國有個音樂家，叫做裴德芬。一天晚上，他走過一所很齷齪的茅屋前，忽然立定了。因爲裏面有鋼琴聲音送出來，那曲調正是他所編的。

一會兒，鋼琴聲音停了，只聽見一個女子說道：「這樣難的曲調，我到底不會彈。倘若能夠聽裴德芬先生自己彈一回，多麼好呀！」

又聽一個男子說道：「妹妹，我只要不這樣窮，就會買了入場券給你去聽裴德芬先生的音樂了。你且等着吧。」

聽到這裏，裴德芬推門走了進去。裏面只點一支小蠟

第82课 月光曲

德国有个音乐家，叫做贝多芬。一天晚上，他走过一所很龌龊的茅屋前，忽然立定了。因为里面有钢琴声音送出来，那曲调正是他所编的。一会儿，钢琴声音停了，只听见一个女子说道：“这样难的曲调，我到底不会弹。倘若能够听贝多芬先生自己弹一回，多么好呀！”又听一个男子说道：“妹妹，我只要不这样穷，就会买了入场券给你去听贝多芬先生的音乐了。你且等着吧。”听到这里，贝多芬推门走了进去。里面只点一支小蜡烛。一个男子在那里做皮鞋。旧钢琴前坐着一个十

燭。一個男子在那裏做皮鞋。舊鋼琴前坐着一個十六七歲的姑娘。仔細看去，那姑娘的眼睛是瞎的。

那男子問裴德芬來做什麼。裴德芬一時說不出來，斷續地囘答道：「我是音樂家，聽了你們的談話，想彈一曲鋼琴給這位姑娘聽。」接着又問道：「剛纔那曲調，姑娘從那裏學來的」

那姑娘怕羞似地囘答道：「以前我們鄰家有一位夫人，她每晚彈這個曲調，我從她那裏聽來的。」

六七岁的姑娘。仔细看去，那姑娘的眼睛是瞎的。那男子问贝多芬来做什么。贝多芬一时说不出来，断续地回答道："我是音乐家，听了你们的谈话，想弹一曲钢琴给这位姑娘听。"接着又问道："刚才那曲调，姑娘从哪里学来的。"那姑娘怕羞似地回答道："以前我们邻家有一位夫人，她每晚弹这个曲调，我从她那里听来的。"这时候窗外吹来一阵风，把蜡烛火吹熄了。龌龊、狭窄的一间屋子照着月亮，立刻显得美丽起来。贝多芬便坐到钢琴前，弹那姑娘刚才弹的曲调。兄妹两个听這時候窗外吹來一陣風，把蠟燭火吹熄了。齷齪、狹窄的一間屋子照着月亮，立刻顯得美麗起來。裴德芬便坐到鋼琴前，彈那姑娘剛纔彈的曲調。兄妹兩個聽得呆了，等裴德芬彈罷，一齊叫起來道：「原來你就是裴德芬先生！請再彈一曲吧！」裴德芬看着室內銀樣的月光，一首新的曲調編成功了，說道：「我來彈一首月光曲吧。」他的手指便在鋼琴上彈動起來。那月光曲美妙非凡，兄妹兩個聽出了神，好像喝醉一般，簡直忘記了一切。待漸漸清醒過來的時候，裴德芬早已不在屋子裏了。

得呆了，等贝多芬弹罢，一齐叫起来道："原来你就是贝多芬先生！请再弹一曲吧！"贝多芬看着室内银样的月光，一首新的曲调编成功了，说道："我来弹一首《月光曲》吧。"他的手指便在钢琴上弹动起来。那《月光曲》美妙非凡，兄妹两个听出了神，好像喝醉一般，简直忘记了一切。待渐渐清醒过来的时候，贝多芬早已不在屋子里了。

留聲機

先生替我們碧桐會借到一架留聲機。今天下午功課完了，就把牠開起來，大家坐着靜聽。

起先開的一片叫做梅花三弄，是絲竹的合奏。笙、簫、笛、胡琴、三弦混合起來，分不清這是什麼的聲音，那是什麼的聲音。只覺得那複雜的聲音柔和極了。大家跟着牠的節拍，有的輕輕點頭，有的輕輕拍手，臉上都現出舒適的神色。

接着開的一片叫做將軍令，和梅花三弄大不相同，是

第83课 留声机

先生替我们碧桐会借到一架留声机。今天下午功课完了，就把它开起来，大家坐着静听。起先开的一片叫做《梅花三弄》，是丝竹的合奏。笙、箫、笛、胡琴、三弦混合起来，分不清这是什么的声音，那是什么的声音。只觉得那复杂的声音柔和极了。大家跟着它的节拍，有的轻轻点头，有的轻轻拍手，脸上都现出舒适的神色。接着开的一片叫做《将军令》，和《梅花三弄》大不相同，是锣、鼓、铜钹、喇叭的合奏。调子

鑼、鼓、銅鈸、喇叭的合奏。調子是高的，急促的。我們受了聲音的激動，彷彿要站起來舞一會跳一會纔好；又彷彿看見成千成萬的軍隊簇擁着，快步向前進行。一會兒，聲音最高的長喇叭響起來了；我們彷彿看見成羣的軍馬舉起前蹄，直立着身體，在那裏長鳴。

又開空城計，這是我國的一種歌劇，差不多大家都知道的。諸葛亮的一段唱句，那音調表示出他的從容態度，好像他城裏頭眞個有了埋伏似的。扮司馬懿的「大

是高的，急促的。我们受了声音的激动，仿佛要站起来舞一会跳一会才好；又仿佛看见成千成万的军队簇拥着，快步向前进行。一会儿，声音最高的长喇叭响起来了；我们仿佛看见成群的军马举起前蹄，直立着身体，在那里长鸣。又开《空城计》，这是我国的一种歌剧，差不多大家都知道的。诸葛亮的一段唱句，那音调表示出他的从容态度，好像他城里头真个有了埋伏似的。扮司马懿的“大面”角色，声音极宏大，

面」角色，聲音極宏大，常帶着鼻音；後來聽一個懂得的同學說，那個大面也很不壞。最後開的一片是裴德芬的月光曲。鋼琴聲音響起來了。開頭是靜靜的調子，彷彿大海的那邊，一個月亮靜靜地透起，升到天空，把海面照得同水晶一般。不久調子變得激烈起來了，好像有許多仙人在月光中游戲，奏着音樂，發狂地跳舞。調子愈來愈急，結果成爲波濤洶湧，浪花飛濺一般的聲響。這樣美妙的音樂，莫怪茅屋裏的兄妹兩個要聽出神了。

常带着鼻音；后来听一个懂得的同学说，那个大面也很不坏。最后开的一片是贝多芬的《月光曲》。钢琴声音响起来了。开头是静静的调子，仿佛大海的那边，一个月亮静静地透起，升到天空，把海面照得同水晶一般。不久调子变得激烈起来了，好像有许多仙人在月光中游戏，奏着音乐，发狂地跳舞。调子愈来愈急，结果成为波涛汹涌、浪花飞溅一般的声响。这样美妙的音乐，莫怪茅屋里的兄妹两个要听出神了。

毛蟲和白菜

一條毛蟲停在白菜上，昂起了頭想心思。想了一會，對白菜說道「我看你眞是個可憐的東西，生根在泥裏，沒有一點自由。你不懂得什麼叫做『走』，你一生不能動一步。」白菜不響。

毛蟲顯出驕傲的神色，又說道「你看我雖然不能像麻雀那樣飛來飛去，可是我有腳，能够『走』，要到那裏就到那裏。我的身體是自由的，我比你幸福多了。」

白菜依然不響。

毛蟲見白菜不理牠，生氣了，說道「不中用的植物，連我

第84课　毛虫和白菜

一条毛虫停在白菜上，昂起了头想心思。想了一会，对白菜说道：“我看你真是个可怜的东西，生根在泥里，没有一点自由。你不懂得什么叫做‘走’，你一生不能动一步。”白菜不响。毛虫显出骄傲的神色，又说道：“你看我虽然不能像麻雀那样飞来飞去，可是我有脚，能够‘走’，要到哪里就到哪里。我的身体是自由的，我比你幸福多了。”白菜依然不响。毛虫见白菜不理它，生气了，说道：“不中用的植物，连我的话都听不懂！”白菜这才开口了：“我不能像你那样走，犹如你不

的話都聽不懂!」

白菜這纔開口了:「我不能像你那樣走,猶如你不能像麻雀那樣飛,你何必對我驕傲呢?你又說什麼『不中用的植物,』那更是瞎說。你要知道,對於你們動物,植物是最有用的東西。世界上要是沒有我們植物,也就沒有你們動物了。」

毛蟲驚奇地說:「這個話倒沒有聽見過。」

白菜笑着說:「這是很容易明白的。只消想你自己,不是喫一點我的葉子過活嗎?一切動物沒有不靠着植物過活的。」

毛蟲說:「你的話有點不對。像獅子和虎,不是靠着動物

能像麻雀那样飞，你何必对我骄傲呢？你又说什么‘不中用的植物’，那更是瞎说。你要知道，对于你们动物，植物是最有用的东西。世界上要是没有我们植物，也就没有你们动物了。”毛虫惊奇地说：“这个话倒没有听见过。”白菜笑着说：“这是很容易明白的。只消想你自己，不是吃一点我的叶子过活吗？一切动物没有不靠着植物过活的。”毛虫说：“你的话有点不对。像狮子和虎，不是靠着动物过活吗？”白菜说：“你忘记了狮子和虎所吃的动物，像山羊和野兔，一定要吃草的了。只

過活嗎？」

白菜說：「你忘記了獅子和虎所喫的動物，像山羊和野兎，一定要喫草的了。只要想到這一層，就知道獅子和虎也是靠着植物過活的。」

毛蟲點點頭。

白菜又說：「惟有我們植物能够喫『非生物』。最古最古的時代，世界上還沒有動物，卻已經有植物了，喫的是鹽、水和空氣等等東西。」

毛蟲不再驕傲了，說道：「原來這樣的。謝謝你給了我好多的知識！」

要想到这一层，就知道狮子和虎也是靠着植物过活的。”毛虫点点头。白菜又说：“惟有我们植物能够吃‘非生物’。最古最古的时代，世界上还没有动物，却已经有植物了，吃的是盐、水和空气等等东西。”毛虫不再骄傲了，说道：“原来这样的。谢谢你给了我好多的知识！”

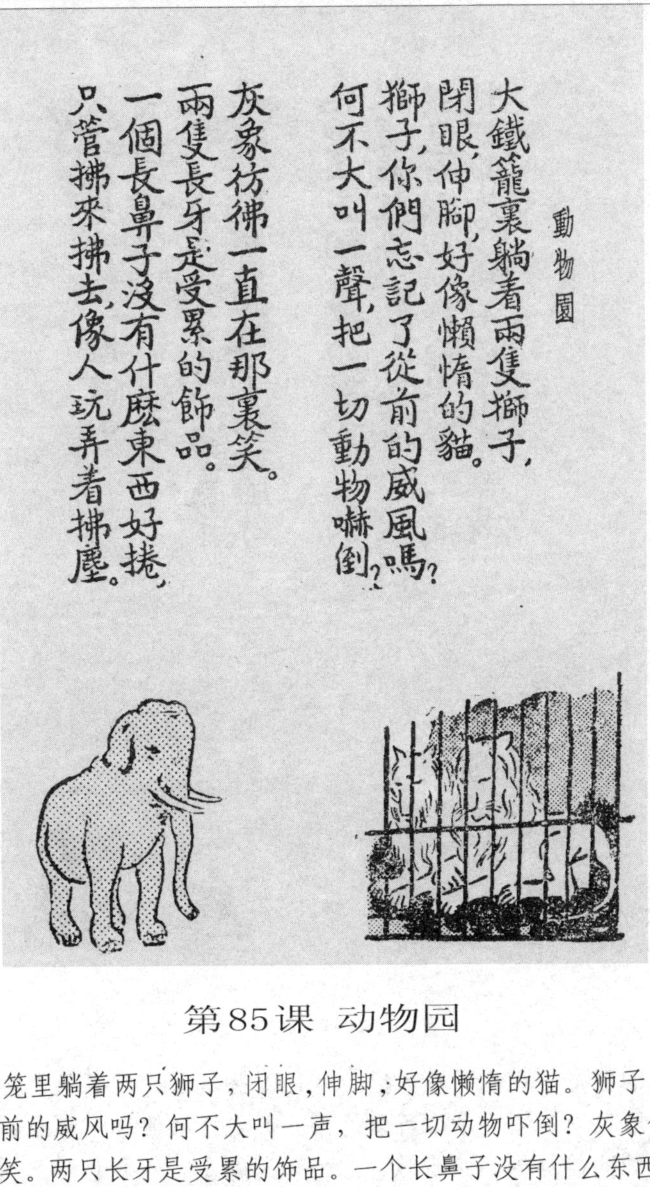
動物園

大鐵籠裏躺着兩隻獅子，閉眼，伸腳，好像懶惰的貓。獅子，你們忘記了從前的威風嗎？何不大叫一聲，把一切動物嚇倒？

灰象彷彿一直在那裏笑。兩隻長牙是受累的飾品。一個長鼻子沒有什麽東西好捲，只管拂來拂去，像人玩弄着拂塵。

第85课 动物园

大铁笼里躺着两只狮子，闭眼，伸脚，好像懒惰的猫。狮子，你们忘记了从前的威风吗？何不大叫一声，把一切动物吓倒？灰象仿佛一直在那里笑。两只长牙是受累的饰品。一个长鼻子没有什么东西好卷，只管拂来拂去，像人玩弄着拂尘。成群的猴子占一座假山，一刻不停，

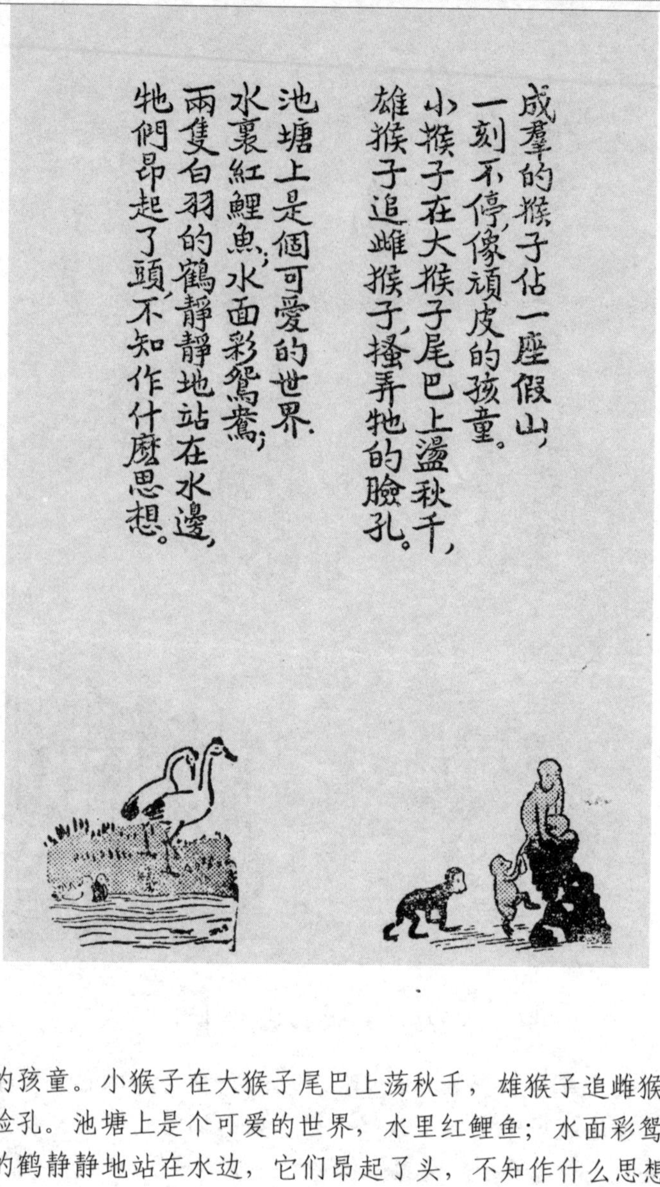

成羣的猴子佔一座假山，
一刻不停，像頑皮的孩童。
小猴子在大猴子尾巴上盪秋千，
雄猴子追雌猴子，搔弄牠的臉孔。
池塘上是個可愛的世界，
水裏紅鯉魚；水面彩鴛鴦；
兩隻白羽的鶴靜靜地站在水邊，
牠們昂起了頭，不知作什麼思想。

像顽皮的孩童。小猴子在大猴子尾巴上荡秋千，雄猴子追雌猴子，搔弄它的脸孔。池塘上是个可爱的世界，水里红鲤鱼；水面彩鸳鸯；两只白羽的鹤静静地站在水边，它们昂起了头，不知作什么思想。

達爾文

英國人達爾文(一八〇九——一八八二)小時候在學校裏讀書,成績並不好,先生和父親都認他是個平常的孩子。然而他離開了學校,便往山裏跑,採集各種的植物、鑛物和貝殼,帶回家收藏起來;更觀察蟲、鳥的形態和行動,一件一件記錄起來。山野猶如他的課室,一切自然物就是他的書本,他獨自用功,竟得到了不少的知識。

他漸漸大起來,進大學學醫,覺得沒有什麼興味。又改學宗教,也不是他所喜歡的。後來遇到幾位先生,他們對於動物、植物、鑛物都愛精細地研究,並且做種種的實驗,

第86课 达尔文

英国人达尔文（1809 — 1882）小时候在学校里读书，成绩并不好，先生和父亲都认他是个平常的孩子。然而他离开了学校，便往山里跑，采集各种的植物、矿物和贝壳，带回家收藏起来；更观察虫、鸟的形态和行动，一件一件记录起来。山野犹如他的课室，一切自然物就是他的书本，他独自用功，竟得到了不少的知识。他渐渐大起来，进大学学医，觉得没有什么兴味。又改学宗教，也不是他所喜欢的。后来遇到几位先生，他们对于动物、植物、矿物都爱精细地研究，并且做种种的实验，这才配了他的胃口，便和他们在一起做工夫。他很想

這纔配了他的胃口，便和他們在一起做工夫。他很想周游世界，去考察各地的動物、植物、礦物。剛巧英國政府派出考察隊往南美洲，便加入該隊，一連在外邊五年，游歷了美、澳、亞三洲。他看到千萬種新奇的生物，一一比較牠們的狀態和性質；更從地底下掘到許多的化石和古代獸類的骨頭。於是他懂得了各種生物的來源。

他說，各種生物在最初是同種，一代代傳下來，變種又變種，經過了不知多少年，纔變成現在這麼多的種類。他說，我們人是猿類的動物變成功的。

對於他的說法，自然有許多人不相信。但是看了他的書，知道了他的證據，那就硬要不相信也辦不到了。

周游世界，去考察各地的动物、植物、矿物。刚巧英国政府派出考察队往南美洲，便加入该队，一连在外边五年，游历了美、澳、亚三洲。他看到千万种新奇的生物，一一比较它们的状态和性质；更从地底下掘到许多的化石和古代兽类的骨头。于是他懂得了各种生物的来源。他说，各种生物在最初是同种，一代代传下来，变种又变种，经过了不知多少年，才变成现在这么多的种类。他说，我们人是猿类的动物变成功的。对于他的说法，自然有许多人不相信。但是看了他的书，知道了他的证据，那就硬要不相信也办不到了。

编后记

“上海图书馆馆藏拂尘·老课本”有三种:《商务国语教科书》、《开明国语课本》、《世界书局国语读本》,在岁月中尘封了将近百年。

《商务国语教科书》是庄俞等编写,张元济校订,特点是从居家、处世方面取材,以儿童周围事物和见闻立义,注意农业、工业、商业等实用知识和日常应用知识,穿插了不少聪明孩子的故事。本书自1917年初版问世,十年中共发行七八千万册,是民国时期影响最大的语文教科书。虽然文白交加的语言会让今天的学生感到陌生,但精美的图画和精炼的语句还是让人爱不释手。

《开明国语课本》由叶圣陶亲自编写,全部是创作或再创作。以确能发展儿童的阅读能力和表达能力为目标,内容紧扣儿童生活,从儿童周围开始,逐渐拓展到社会。材料活泼隽趣,文体兼容博取,文章力选各体的模式,词、句、语调切近儿童口吻,以适应儿童学习心理。初年级课本的文字用手写体,由丰子恺书写并绘插图。特点是图画与文字有机配合,这在当时同类教科书中是很新颖的做法。课本于1932年初版后印行40余版次。

《世界书局国语读本》是魏冰心等编写,薛天汉等校订,于20世纪30年代出版。这是受五四新文化影响最早用白话文编写的教科书之一。特点是课文内容中采入寓言、笑话、自然故事、生活故事、传说历史和儿童民歌,以增加学生的阅读趣味。

这套图文并茂、琅琅上口的百年老课本曾经滋养了我们的前辈，并启迪过他们的智慧。今天我们将此发掘出来，是因为这些老课本或许还具有一定的参考和借鉴的价值。考虑到今天学生的阅读习惯，我们在保留原书风貌的同时，删去了一些不合时宜的内容。原课文下附有简体字说明。

还要说明的是，由于我们得到的版本年代过久，其中一些图文已经模糊，不得已只能这般影印，还请读者多多谅解。

历史在新旧的交替中向前发展，文化在传承中不断更新，昔日的老课本对于我们今天还能觅得多少可以继承或发扬的传统呢？还能为今天的孩子们提供多少有意义有价值的教育启迪呢？这应该是在它再次面世后的评说。

—— 编者 ——

图书在版编目(CIP)数据

开明国语课本：全2册/叶圣陶编；丰子恺绘. —上海：上海科学技术文献出版社，2005（2025.8重印）

ISBN 978-7-5439-2485-7

Ⅰ. ①开… Ⅱ. ①叶…②丰… Ⅲ. ①小学语文课—教材 Ⅳ. ① G624.201

中国版本图书馆CIP数据核字(2018)第213553号

责任编辑：陈宁宁
封面设计：一步设计工作室

开明国语课本（上下册）
KAIMING GUOYU KEBEN
叶圣陶　编　丰子恺　绘
出版发行：上海科学技术文献出版社
地　　址：上海市淮海中路1329号4楼
邮政编码：200031
经　　销：全国新华书店
印　　刷：常熟市人民印刷有限公司
开　　本：890×1240　1/32
印　　张：13.375
版　　次：2025年8月第28次印刷
书　　号：ISBN 978-7-5439-2485-7
定　　价：36.00元
http://www.sstlp.com